学术指导◎张人利

深度整合式教学

高 燕◎编著

华东师范大学出版社
·上海·

图书在版编目(CIP)数据

深度整合式教学/高燕编著. —上海:华东师范大学出版社,2023
ISBN 978-7-5760-3735-7

Ⅰ.①深… Ⅱ.①高… Ⅲ.①中小学教育-研究 Ⅳ.①G63

中国国家版本馆CIP数据核字(2023)第051223号

深度整合式教学

编　著	高　燕
策划编辑	彭呈军
责任编辑	吴　伟
责任校对	张　筝　时东明
装帧设计	卢晓红

出版发行	华东师范大学出版社
社　　址	上海市中山北路3663号　邮编 200062
网　　址	www.ecnupress.com.cn
电　　话	021-60821666　行政传真 021-62572105
客服电话	021-62865537　门市(邮购)电话 021-62869887
地　　址	上海市中山北路3663号华东师范大学校内先锋路口
网　　店	http://hdsdcbs.tmall.com

印刷者	上海锦佳印刷有限公司
开　本	787毫米×1092毫米　1/16
印　张	21.25
字　数	382千字
版　次	2023年4月第1版
印　次	2023年11月第2次
书　号	ISBN 978-7-5760-3735-7
定　价	76.00元

出版人　王　焰

(如发现本版图书有印订质量问题,请寄回本社客服中心调换或电话021-62865537联系)

序

张民生　国家教育咨询委员

上海市静安区教育学院附属学校是一所公办的九年一贯制学校，其前身是一所薄弱初中——静安区海防中学，1998年通过调整改为现校名。

立校至今这20余年的时间，学校大约每10年上一个台阶。第一个台阶是学校从一所薄弱学校，通过教学改革引领，成为家门口的好学校。第二个台阶是通过课程改革引领，学校成为有社会声誉的优质学校。现在正在上第三个台阶，学校推进以学生为中心的立体化改革（校园空间重构、环境优化、课程教学评价数字化整合等），探索面向未来的现代化学校成长之路。本书是对学校发展过程中第二个台阶做出的总结。

一所极为普通的薄弱学校，在这20余年的时间里，实现了令人瞩目的跨越式发展，他们是怎样做到的？这是我在写序的这段时间里反复思考的问题。我思考的结论是，静教院附校的发展，起始于"改革"，成功于"改革"。改革成就学校，成就教师，最终成就学生。这是一种真正的"改革自觉"，这里的"自觉"是指识变、应变和求变的观念与能力。

在静教院附校持续推进的这些改革中，体现了丰富的设计思维。思维之一是，以国家课改和本市二期课改提出的"素质教育""以学生发展为本""核心素养"为总目标，再结合区域和学校实际确定每一阶段改革的具体工作目标，要求清晰明确、前后连贯、接地气、有操作性。通过持续的改革，学校一个台阶、一个台阶地往上攀登。思维之二是，改革具体切入点的确定以及全体教师的真正认同是改革成功的关键，因此要确保教师可参与、有作为，这样的改革也会成就教师队伍（即全体教职员工）的成长。思维之三是，教育改革涉及学生的成长，必须细致而慎重。改革的具体行动由点到面，由浅入深，稳妥推进，并随时关注社会和家长的反馈。思维之四是，成功的改革，必须有结合实际的创新。

学校第一阶段的改革聚焦于日常教学，教师均可参与。但教师没有改革的经验，不知如何参与，针对这个关键问题，学校提出，学习、借鉴教育家段力佩提出的"茶馆式教学法"（读读、议议、练练、讲讲）。段力佩长期担任静安区育才中学的校长，"茶馆式教学法"就是给教师们提供了一个学做改革的"支架"。静教院附校改革的正式名称是"后'茶馆式'教学"，这个"后"字是为推动基于继承的创新，这充分体现了学校的改革智慧。2010年，"后'茶馆式'教学"荣获教育部全国基础教育课程改革教学成果一等奖，2014年又获得国家教学成果一等奖。

在第一阶段改革的后期,第二阶段的改革已开始启动(这就是改革自觉)。其背景是进入21世纪,面对知识经济的到来,国际、国内教育界有很多新的思考,纷纷提出新的培养目标,特别是把学生关键能力的培养提上了议事日程。例如,我国在2010年发布的《国家中长期教育改革和发展规划纲要(2010—2020年)》中,就提出"德育为先""能力为重""全面发展"的目标。这促进静教院附校进一步总结和反思:前阶段针对学科课堂教学的改革,是正确且富有成效的,但还需要进一步向综合性、实践性、跨学科拓展和深化,以全面落实关键能力的培养。由此学校开始了第二阶段的改革——"深度整合式教学的研究与实践"。

学校把国家课程中的信息科技、劳动技术、小学自然、初中科学、初中社会等多门具有综合性及实践性的课程进行统整,以主题引领整合课程内容,并以多种教学方式和多样化的评价,组织学生进行学习和实践。由于改变了传统单一的课堂讲解式教学,学生走出校门、走进社会,广泛开展跨学科的多样化学习和实践活动,大大激发了学生的学习兴趣和潜能。

这一改革开始时,学校专门成立了一支由11门学科16名教师组成的实验团队,开启了课程自主研发的创新之路。在改革的过程中,课程的研发、教研和实施,都是由多学科教师组成的团队合作承担的。通过改革,能胜任改革的教师队伍也形成了。2022年,本项教育改革获得了上海市教学成果特等奖。

在推进这两项主要改革的过程中,学校还推出了一些规模相对较小的改革,例如"小学一年级数学课程推迟开设"项目、"提升德育课程实效性"项目等,这形成了学校多项改革相互联动的整体格局。

"一位好校长意味着一所好学校""一所好学校成就了一位好校长"。年逾七旬的张人利校长是学校改革的设计者和改革实践的引领者,在他和全体教师的努力下,今天的静教院附校已成为一个有高度自觉的改革共同体,其对改革意义的悟、对改革实践的智,令人印象深刻。这是最值得总结、学习、推广的具有中国特色、上海特点的学校发展经验。当前,学校第三阶段的改革已经启动,期待这会为基础教育作出更大的贡献。

前 言

上海市静安区教育学院附属学校(以下简称静教院附校)是一所九年一贯制公办学校,秉持"遵循学生的认知规律,让学生成为身心健康的自然人;遵循学生的发展规律,让学生成为适合未来的社会人"的办学理念,以课程与教学改革为突破口,不断优化教学方式,着力培养学生的关键能力,取得了一些可喜的成果,产生了良好的辐射效应。学校从一所名不见经传的薄弱学校,发展成闻名遐迩实施素质教育的优质学校,得益于张人利校长带领全体师生的勇于改革,不断探索,他们筚路蓝缕的奋斗精神是学校发展的宝贵财富。

学校教育改革的历程令人感慨万千。1998年,正是上海市中小学校第一期课程改革取得初步成效,第二期课程改革酝酿启动的关键时刻,我校开展了课程与教学改革,明确提出"最佳发展期"的理念,即"按学生最佳发展期设课,创学生最近发展区施教",并持续不断地推进各项教育教学实践研究。学校制定了静教院附校课程设置方案,大胆地对学校部分年级的课程进行改革。这项课程教学改革有效地解决了"人在什么时候学习什么学科最合理、学习课程中的什么内容最有效"的问题,充分体现了以学生发展为本的教育理念。2008年,学校在上一阶段教学改革的基础上,开展了后"茶馆式"教学的研究,进一步聚焦课堂教学中如何关注作为学习主体的学生这一核心问题。该研究改变了课堂教学的逻辑结构,教学从以学科体系为线索变成了以学生的认知(或学习)为线索,鼓励学生自己进行建构。在实践中,后"茶馆式"教学产生了具体的教学方式、教学手段、教学策略以及具备学科、学段、课型特征的教学方法,形成了较为完整的课堂教学实践操作体系。该研究在国内外教育领域都产生了广泛而深远的影响,2014年获得了首届国家级教学成果一等奖。

随着我国教育教学改革的不断深入,国家对基础教育改革提出了更高的要求。中共中央办公厅、国务院办公厅颁布的《关于深化教育体制机制改革的意见》中就明确指出,要在培养学生基础知识和基本技能的过程中,强化学生关键能力的培养,包括认知能力、合作能力、创新能力、职业能力。从"关键能力培育"这个角度审视过往,我们发现前两轮的课程与教学改革虽然获得了教学成果奖项,受到了广泛的肯定,在国内外产生了很大的影响,但也存在着局限性,即基本未涉及对学生关键能力的培养,没有解决跨学科学习的问题,于是,"深度整合式教学"应运而生。为了强化学生关键能力的培育,学校对多门适合主题教学的国家综合课程进行统整实施，形成了国家课程校本化实施新样态——深度整合式教学。该实践研究突破了教学课程单一化、片面化的难题，不仅在本校产生了积极效果，而且成果辐射校外，影响深远。该研究探索出了一条基于证据的强化学生认知、合作、创新和职业等关键能力培育的有效途径，在没有增加课时数的基础上，通过课程统整实施，将信息科技教学融入主题教学之中，让信息科技教学进入常态，显著地提高学生的数字化素养，顺应社会发展。深度整合式教学打造了一支能够全面优化教学方式，且能够在不同教学场景中对其加以恰当应用的教师队伍。学校在教学内容、教学方式、教学评价等方面取得了大量的研究成果，这些研究成果倾注了研究团队的心血和智慧，同时也备受关注和认可，荣获2022年上海市市级教学成果特等奖。

本书共分为八章，第一、二章主要介绍学校前期的课程与教学改革。第三、四章描述深度整合式教学研究的形成与深入开展的情况。第五章阐释深度整合式教学研究取得的成果。第六章呈现课程统整研究中大量优秀的案例，为本书的精华内容所在。第七章论述深度整合式教学研究在现行国家课程改革中的价值及推广的现实意义。第八章对强化课程综合性和实践性、推动育人方式变革作出反思。

深度整合式教学研究凝聚了张人利校长以及广大师生的努力，历经数年辛勤耕耘，该研究终于能够以教改新著的形式呈现给社会与教育界的同仁们。作为研究的负责人和本书的主编，我深切地感谢张人利校长，他以教育家的睿智与热忱，引领大家确定研究方向、提炼改革成果、评估实践效果，对该研究进行全方位的科学管理与指导，显示了一位优秀教育家的风范和人格魅力。感谢王连方老师、范春芳老师、王爽老师、周子晴老师、程金霞老师，他们以主人翁的态度参与本书部分章节初稿的撰写，提供了大量素材和实证资料。感谢为本书提供主题鲜明、内容丰富的深度整合式教学新样态优秀案例的伙伴们，他们有着丰富的教学一线经验，为本书的编写贡献了智慧。还要感谢静安区教育局、上海市教委教研室、华东师范大学的领导和专家对此项研究的大力支持，以及华东师范大学出版社为此书倾注的无私帮助。

本书的编写经历了漫长的过程，改了一稿又一稿，但"新生儿"总是要呱呱坠地的。我知道她还不够完美，也知道我和我的伙伴们还需要继续在教学一线奋勇前行。衷心希望各界教育专家和同仁们不吝指教，愿中国的教育改革盛开绚丽的花朵，愿我们的孩子们成为建设社会主义强国的栋梁之才。

高　燕

目 录

第一章 教学沉疴费思量　　1

　　一、教学内容重知识、轻能力　　3
　　二、教学方式单一、欠整合　　5
　　三、教学评价"唯分数"　　6
　　四、先行改革催生深度整合式教学的产生　　8

第二章 旧雨新风催春苗　　11

　　一、学校发展回望路　　13
　　二、研究学生"最佳发展期"　　14
　　三、后"茶馆式"教学的研究　　16
　　四、深度整合式教学应运而生　　17

第三章　教学新论葆精华　21

一、建构主义学习理论的支撑　23
二、学生本位价值取向的指导意义　24
三、深度整合式教学的概念界定与假设　26

第四章　精雕细琢绘蓝图　35

一、初绘与构图：全新教学样态的实践探索　37
二、孕育与嫁接：实践研究的推进　59
三、纵深与发展：实践研究空间的拓展　65
四、完善与提高：实践研究的深入递进　74

第五章 倾心凝聚结硕果　　79

一、形成深度整合式教学的基本理念与特征　　81
二、开发深度整合式教学的优质主题　　86
三、优化教学环节,提高教学效能　　94
四、形成协同研修模式,促进教师专业发展　　102
五、创设一体化信息平台,助力研究深化　　109
六、开发现代化学习空间,促进能力培育　　114

第六章 新花绽放满园春　　127

一、精心设计高质量学习主题　　129
二、优秀案例之"绣美家园":走进美丽校园　　130
三、优秀案例之"智慧生活":设计温馨家园　　164
四、优秀案例之"探觅文化":体味文化之旅　　190
五、优秀案例之"启梦科学":铸就科学素养　　218
六、优秀案例之"社会万象":审视社会问题　　253

第七章　辛勤耕耘获丰收　　　　　　　　　293

一、学生的关键能力大幅度提高　　　　　295
二、学生的自主学习能力显著提升　　　　300
三、教师的教学方式全面优化　　　　　　307
四、深度整合式教学的效应辐射　　　　　315

第八章　吾将上下而求索　　　　　　　　323

一、课程综合化改革的突破　　　　　　　325
二、反思课程综合化改革　　　　　　　　326
三、深度整合式教学的创新价值　　　　　327
四、改革无涯，踔厉前行　　　　　　　　327

后记　　　　　　　　　　　　　　　　　328

第一章
教学沉疴费思量

深度整合式教学是静教院附校的最新教学成果，着力于解决学校传统教学的弊端，培育学生的关键能力，是一次全新的教改尝试。有关学生学习的规律和科学的课程理论为深度整合式教学的产生奠定了理论基础，学校历次课程教学改革的经验为深度整合式教学提供了强有力的支撑。

深度整合式教学是问题导向的教学研究，其通过审视目前课堂教学存在的弊端，分析当前课堂教学在内容、方式、评价以及改革中的具体问题，并进一步剖析教学内容组织方式的模式、场景、价值和范围，最终致力于生成一种以问题解决为导向的教学样态。

一、教学内容重知识、轻能力

(一) 教学内容分类上，区分过细，跨学科实施不够

目前义务教育阶段开设的课程包括语文、数学、外语、道德与法治、物理、化学、生物、历史、地理、音乐、美术和体育等科目，各学科之间的横向联系比较少，往往都是各自教授各自科目中所涉及的内容，教学中很少体现出学科之间的内在关联和逻辑，课堂中更是较少关注各科目知识的深度整合。同时，跨学科教学越到高年级越缺乏，特别是在国家课程中，各年级学科绝大多数都是独立课程。而现实情况是，无论是基于国家教育高质量发展的时代需求，还是适应学生终身全面发展的现实需要，对各学科进行整合，提高跨学科占比都是一项意义重大的教学革新。

当下主要存在两种教学形态：一是以苏联模式为主，特点是分科多。这种教学形态与教学理论的代表人物是苏联著名教育家凯洛夫，其核心思想是，课堂教学以教师为中心，课堂教学过程主要是教师的讲授和学生的记忆与训练，教学形态主要呈现出文化知识和相关

技能传递的特征;二是以西方欧美教学模式为主,特点是分科少。这种教学形态与教学理论的主要代表人物是美国实用主义教育家杜威,其核心思想是,课堂教学以学生为中心,重在引导学生从学习中有所获得,这种教学形态强调学生知识的自我内化和主动生成。

　　幼儿园教育是不分科的,但基础教育却特别强调分科。幼儿园教学不分科,孩子在幼儿园里学习了大量的知识,也包括道德与法治知识(比如过马路看红绿灯等)。从幼儿园过渡到小学,学科一下子细分了很多。幼儿园是主题学习(比如过家家),小学突然开始系统学习。教育部门鼓励小学低年级开展主题式综合实践活动课程,就是从幼小衔接的角度出发,通过这种学习状态与方式,使学生更容易接受。学生未来都要走向社会,遇到的问题很少是通过单一学科的知识就能解决的,基本上都需要跨学科的知识来解决。幼儿园主题教学需要多学科知识。基础教育阶段教学内容分科过细,这不仅不利于学生在基础教育阶段习得与巩固各类知识,而且无法帮助学生对零碎的知识进行整合与整体吸收,也难以培养学生未来从事社会活动所需要的核心素养。如果能将各学科间教学进行深度整合,进行真正意义上的跨学科教学,就可以有效解决这一现实问题,切实打破学科间的知识隔阂,并逐步突破学科间的人为界限。

(二) 教学内容结构上,学科体系教学太多,主题教学不够

　　义务教育阶段主要还是依照学科体系进行分门类的教学。比如说,各学科相异的思维导图和概念图等,虽然可以有效帮助学生快速熟悉某一学科的具体知识,却常常阻碍着学生融会贯通各类知识。现实情况是,基于各学科体系建构起来的独立式的课程教学和基于学生能力发展与素养提升而形成的整合式的教学活动经常处于一种相互矛盾的状态。虽然教师在日常的教学安排中注重学科知识的体系化教授,有利于学生掌握这一学科的整体性知识,梳理好特定学科的知识关系,但是这样却难以兼顾学生独特性、个性化、探索性的学习品质和能力的培养。当然,这是长期以来存在于学校日常教学与考评活动中的主要问题之一,也是学生中高考与素质教育较难和谐并进的症结所在。因此,如何处理基于学科知识学习的传统课堂教学与基于学生关键能力发展的活动教学的关系,如何将传统分科式的体系教学与创新视角下的整合式的主题教学进行有机融合,成为当前教育教学亟待解决的关键问题之一。值得欣慰的是,目前无论是从理论层面的研究,还是现实层面的教学实践来看,教育教学工作者对这一问题的重视程度越来越高,大家均能达成的共识就是将二者进行融合,而不是简单的相加与合并。

主题教学是以学生的全面发展为目标,通过单一学科或跨学科知识的整合以及自主探究的方法培养学生主体性能力的教学方式。当下的劳动技术课程多以主题教学为主。在疫情时期,多数教师向学生布置适合居家完成的任务,诸如亲子家务。这一主题教学活动和相关的教学设计,不仅直接增加了学生的生活和生命体验,而且让学生们进行了自主探索和思考,是较为典型的主题教学方式。但是,在深入分析此类主题教学的本质内涵和实施程序后,不难发现,这种主题教学还只是一种较低层次的整合模式,其低层次主要体现在这种主题教学是将原本分散的知识进行简单的串联,并没有打破原有知识之间的壁垒,在学科知识界限依旧存在的前提下,整合教学并未突显出其真正的功能和价值。因为,主题教学仅仅是较低层次的整合,未能触及深度整合的核心要义。虽然我国过于注重系统教学,缺乏主题教学,但是在现实的教育教学活动中,主题教学有时也会有所呈现。例如,英语牛津教材就是典型的主题教学,其优势在于可以让学生在情境中学习、在活动中体会,以促进自身能力的培养,它改变了大多数学生在英语学习中的沉默现象,改善了中国学生的哑巴英语状况,但是劣势也十分明显,如果学生前期的英语基础知识储备不够,语法系统没有建构起来,就会使得主题教学活动流于表面和形式化,较难达到预期的效果。

二、教学方式单一、欠整合

教学方式主要包括组织方式、认知方式、活动方式三大类,每一类又可细分为不同类型。第一,组织方式。具体包括人员组织方式和内容组织方式两类。人员组织方式多种多样,比如教师讲和学生听、独立学习和合作学习等,在教学中,这些人员组织方式理应并存,但过去我们总是过于偏重某一种组织方式。内容组织方式有单一学科和跨学科两种,在教学中,这两种内容组织方式可兼备。第二,认知方式。具体包括直接知识的学习、间接知识的学习两类。前者主要通过"做中学",即在探究性学习、实践性学习等方式中获得,后者主要通过"书中学",即在教师讲学生听这种接受性学习的方式中获得。第三,活动方式。具体包括刷题、辩论、演讲、参观等多种类型。上述不同类型的教学方式均各有利弊,但过去的教学总是偏重一部分,忽视另一部分。

(一) 我国中小学的教学方式比较单一

从组织方式、认知方式和活动方式出发分析当前的学校教学活动,可以明显看到大多数学校,乃至绝大多数学校的课堂教学,主要还是以传统的接受性学习为主,通过教师讲、学生听获得前人已总结出的间接知识。学生探究让位于教师教学,跨学科学习和主题教学流于表面,"书中学"占据主导地位。更加明显的是,学校课堂教学的活动方式也多为特定学科的习题练习,尽管有时候也存在演讲、辩论或者参观等其他形式的活动方式,但这些往往只是为了应对各类评课、赛课的"教学大餐",日常教学的"三餐"中,学科间的跨领域学习和整合只流于形式,并未如愿发挥实效。这样一来,学生个体的学习活动就被人为地割裂开来,不同学科知识间的逻辑联系也逐渐被淡漠,学生的学习往往过分集中于特定知识点的反复练习和专项考核,而缺乏对知识的整体性理解和关联性反思。

(二) 多种教学方式优化实施不够

新课程推进后,广大中小学教师认识到学生的学习可以是获得间接知识的有意义的接受性学习,也可以是获得直接知识的探究性、实践性学习。但由于受到传统教学思路的影响,现阶段大多数课程的教学还是多以课本教材为载体,以记忆、理解和训练为主要方式,课堂过于沉闷。教师较多关注特定阶段内知识的讲解,较少关注教学情境的创设,教学思路上存在偏差,教学方法上也稍显乏味。虽然在目前的学校教学中,有部分学校的课堂教学也呈现出了教师教学与学生自主或合作探究相结合、单一学科与跨学科学习并行、在系统教学中纳入主题教学、"做中学"与"书中学"相联系等形态,但这些也往往只是从一种方式转变为另一种方式,未能较好地兼顾和并济各类教学方式的实践优势,因此很难做到多种教学方式的优化实施。从教育政策层面同样可以看到,中央文件过去提"教学方式转变",现在提"教学方式优化",即外界对改变教学观念,创新教学思路和教学方法都提出了新的要求。

三、教学评价"唯分数"

与"润物细无声"的教育理念和价值追求形成鲜明对比,当下社会对"分数""升学率"等教学指标的孜孜以求已成为一种十分正常的态势。在教学实践中,纸笔测试几乎占据评价的全部内容,对学生的实践性、过程性、表现性和增值性评价应用明显不够。从实践来看,目前学校对学生的评价主要以学期中、学期末的评语,或者相关的分析报告为载体,评价方式的核心更多的还是关注阶段性的成绩,很少关注学生的能力发展。目前的教学评价主要存在以下五方面的弊端。

(一) 结果评价多,过程评价少

以往的学生评价主要集中在学生对一个单元、一个模块以及一门学科知识的学习和掌握情况,如学期中、学期末对学生进行总结性的评价,以整体判断学生学习知识过程中的表现,是一种终结性的评价方式。这种评价缺少在日常教学中对学生点点滴滴进步的关注,对学生在情感、态度和价值观方面的评价更是缺乏。这样一来,教学的连续性就在无形中丧失了,教师不能较好地接收有关学生日常学习的实时动态,并在教学中做出相应的调整,因此教学的效能明显低下。

(二) 量化评价多,描述评价少

以往对学生进行评价时,常常是过分重视学生在某场考试中取得的分数,较少关注学生可能进步的潜能,只注重某一次考试后,学生比上一次考试多考了多少分,却忽视分数背后的内在含义。学校对教师教学的评价亦是如此,往往只注重教师的教学得分,而忽略了不同教师面对的是不同的学生群体,需要考虑不同的学情。总而言之,这类评价的核心问题在于多采用便捷性的量化评价方式,忽视了实质性优化的描述性评价方法。

(三) 区分选拔多,达标表现少

目前,各类教学评价旨在通过运用不同方法区分和选拔具有特定品质的学生群体,比如中考、高考的体制机制选拔出的学生往往集中拥有踏实努力、认真学习和坚持不懈等优秀品质。当然,这种教育选拔机制有值得肯定的一面,但也存在一些无法回避的问题。比如说,在中考、高考的指挥棒下,基础教育阶段过早筛去了一些富有特定禀赋、但整体表现欠佳的学生。试想,如果在基础教育中多给这类学生创设进一步学习的机会,无疑会为高等教育阶段培养更多富有创造性的人才。这就需要在早期的教育中优化评价方式,创新评价模式,给予学生更多的成长空间和发展可能。

(四) 纸笔评价多,实践评价少

毫无疑问,在日常的教学活动中,利用频率最多的教学评价方式就是纸笔评价,包括学期各个阶段的模拟测试与各种类型的选拔性考试等,这些评价模式的实践方式各异,但内核却是一致的。这也导致了多数同学的学理知识基本扎实,但是一遇到理论联系实际的问题就显得手足无措。相比之下,对学生进行实践性评价就显得弥足珍贵。在今后的教学评

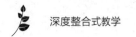

价中,应该对学生进行更多的实践性评价,以解教学评价效能低下的困境。

(五) 即时评价多,长期连续跟踪评价少

受多种因素的影响,基础教育阶段对学生的评价往往只限于即时性评价,多是记录学生在某时某阶段内的习得结果,这种静止形态的评价对学生的发展助力有限,往往会错过教育学生的最佳时机。现在有不少教师进行跟踪性评价的尝试,如建立学生成长档案袋等,但是这类模式在实践中也无法起到连续的作用,有时候流于表面,不能起到实质性作用。

四、先行改革催生深度整合式教学的产生

不少学校曾试图克服以上弊端,做出一些创新,但是囿于课程规划和教学资源的约束,这些创新也只限于在少数学生参与的校本课程中开展。例如学校开设的"身边的食品安全"校本课程,因为现今社会中,食品安全问题被众多社会群体所关注,这一类型问题的认识和理解本身就需要多学科的视角,涉及不同学科知识的交叉融合,需要从理论和实践两方面进行观察和剖析。教师采用专题知识讲解的方式,通过多媒体等信息技术手段,以对这一专题知识有兴趣的同学为对象,进行专业知识的普及。通过制作精美、富有科学性、知识性和趣味性的栏目,让学生了解实际生活中的知识,推动教师和学生共同领略科学知识的力量。

此外,"民以食为天",这类话题具备广泛的讨论场域。教师可以在教学中穿插更加具体的专题教学,如安排探讨"转基因食品是否更有利于身体健康/营养吸收"等问题,通过这种问题式的教学方法引发学生进一步的思考。这样不仅有利于学生主动吸收相关的理论知识,而且有助于学生在无形之中将理论知识与社会实践相联系,实现知识的内化。课程还可以引入"添加剂"这一贴近学生日常生活的事物,通过自制含有可食用添加剂的食品,让学生在实际操作中感受科学技术的严谨性和趣味性。这一系列动手操作的任务不仅能提升学生学习的参与度和主动性,还可以帮助学生养成严谨的科学态度和实验意识。

在探究过程中,除了可以引入以问题为中心的启发式教学外,还可以进一步运用借助于课堂互动讨论的头脑风暴式教学。如果说以问题为中心的教学方式有助于引发学生主动思考学习内容,提高学生学习的积极性和兴趣度。那么互动讨论式的教学方式就应该被

视为问题引入式教学方式的进一步升华。比如可以在课堂教学中引入诸如"补钙剂真的有用吗?"这样的现实问题,激发学生们思考人体是如何吸收钙质,以及补钙剂的主要成分等理论知识相关的问题。在此基础上,经过学生的思考和相互讨论,进一步抛出问题——"什么样的人需要补钙?""最好的补钙方法是什么?"这样,通过对同一系列问题的反复思考,可以有效训练学生的逻辑辩证能力,提升其认知水平,而且同伴间的相互讨论可以帮助学生养成批判性思维能力,还可以帮助学生对特定知识进行内化吸收,进而培养其主动思考、自主探究、解决问题的核心素养。

上述课程确实符合跨学科式学习、主题式学习、探究式学习的要求,但它仅满足了部分学生的兴趣和需求,无法实现学生全员学习。

基于学校在教学改革方面进行的努力和探索,为达成全体学生关键能力的培育这一教改目标,学校研究聚焦的重要核心问题是:如何探索形成一种切实有效的教学样态,克服以上种种弊端。研究者只要在教学改革中注重挖掘学生这种隐性教学资源,在教学理念中实现从以教师为中心到以学生为中心的转向,课堂教学的改革便有了依据和抓手。这就需要我们回归到教学改革的逻辑原点,重新思考教学改革的现实目的,厘清教学改革重在培养学生的何种能力。基于以上学理层面的论证,在教学实践中,可以从某一主题出发,根据课程培养目标的需要,打造出不同样态的课程供学生们选择。

深度整合式教学作为一种将跨学科式教学、主题式教学、探究式教学等融为一体的教学样态,弥补了以往教学模式的不足。相比于单一学科的学习,以往的课堂教学中多是"老师讲,学生听;老师强调,学生记忆"的教学,深度整合式教学则更多地关注学生的主动探究和自主生成,更加强调在学习过程中培养学生的各项关键能力。在这个过程中,教师的教学身份也发生了转变,即从"讲授者"变为"参与者",与学生一起成为课程资源的创生者。而且,得益于智能时代的技术赋能,运用多种信息技术,可以做到对学生的学习进行实时、动态、科学和全面的评价。

第二章
旧雨新风催春苗

不积跬步，无以至千里；不积小流，无以成江海。深度整合式教学的产生，是在学校诸多课程教学改革基础上的深化和发展。最佳发展期教学、后"茶馆式"教学等前期改革的成功经验，为深度整合式教学的开展奠定了基础。

一、学校发展回望路

学校的前身——海防中学，是一所典型的薄弱学校，无论是生源质量，还是师资水平、管理水平在全区都是靠后的。1998年起，学校由上海市静安区教育学院承办，并自此更名为静安区教育学院附属学校（简称静教院附校）。但是，单纯地更换校名、改换门庭，并没有从根本上改变学校发展乏力的状况，教学改革前途未卜。

事实上，在更名之初，静教院附校仍处于"百废待兴"的状态。一是学校管理滞后，有限的教育资源并未得到充分利用。比如学校的图书馆大门常年紧闭，不对师生开放，书架上落满灰尘，使用率不高，甚至没有图书管理员。此外，由于体育节、文化节等课外活动不是教育局督察学校的重点内容，因此当时学校并不重视文体活动，已经整整五年没开过运动会，师生课外活动极其匮乏，甚至有部分教师和工作人员在工作时间躺在沙发上、无所事事。二是学生的学业基础在全区垫底，亟待提升。在生源质量上，学生的各门学科学业成绩均排在全区倒数第一。张人利校长幽默地形容当时学生的成绩：如果有哪门学科的成绩不是全区垫底，甚至会让全校师生欢呼。正是鉴于这种情况，区教育局的领导、教育学院的教研员很少来校指导工作。三是家长的教育理念陈旧，将教育子女的责任全部推给学校。教育孩子本应是家校协同的事，但受制于观念局限，部分家长理直气壮地将教育子女的责任完全推给学校，当起了"甩手掌柜"。

正是由于硬件条件差、名声基础不好,学校只能从改进软件入手,加强自身内涵发展,谋求"重生"之路。1998年至今,学校开展了一系列课程教学改革,一步步改变了学校发展滞后的现状,最终实现了从薄弱学校到名校强校的跨越式发展,形成了优质教育的品牌。

自1998年至今,静教院附校先后进行了最佳发展期教学改革、后"茶馆式"教学改革、深度整合式教学改革,每一轮改革内容均延续至今,并逐渐叠加升级。前几次重大的课程教学变革,都直接与深度整合式教学密切相关。

二、研究学生"最佳发展期"

1998年,正是上海市中小学校一期课程改革取得初步成效、二期课程改革酝酿启动的关键时刻,人们的视野从课堂教学领域的改革逐步延伸拓展到课程改革,制定适合办学实际的课程改革方案成为静教院附校改革和发展的第一步。于是,学校开始进行课程与教学改革,明确提出了"最佳发展期",即"按学生最佳发展期设课,创学生最近发展区施教"的课程改革理念,并持续不断地推进各项教育教学实践研究。

为何会提出"最佳发展期",首先需要了解课程设置的概念。关于课程设置,一般要考虑三个方面,一是学科体系自身的发展,二是社会需求和发展,三是学生的发展。从当时中小学的课程设置情况来看,国家对学科知识与技能体系发展的关注仍然过多,但对社会的需求,特别是对学生个性发展的考虑还远远不够。事实上,课程除了要考虑社会的需求和发展,合理体现学科内在的体系结构,还应当意识到对于不同年龄阶段的学生而言,学习同一门学科,达成同一个学科的教学目标所花费的时间是不同的,所以就要找到每一门学科所对应的学生学习效率最高的年龄阶段。基于这样的想法,学校大胆地提出了小学一年级的课程改革。依据《附校课程设置方案》,对一年级原有的课程进行了适度的调整:加强语言教学,包括汉语和英语。首先,一年级语文及其他课程的课时数不变,汉语教学强调增加识字量,逐步扩大阅读面,减少书写。其次,一年级开设的英语课强调听说,淡化书写,不学音标。最后,一年级不开设数学必修,每周只开设一节数学活动课(英数课),用英语引导学生对自身周围环境中的数、量、形等产生兴趣;到二年级才开设数学必修课,每周四节(不增加),到高年级增加课时数,使数学课的总数与国家规定相符合。学校的课程改革既涉及必修课程,又涉及选修课程;既包括基础型课程,也包括拓展型、探究型课程。

学校基于"最近发展区"理论,提出了一个重大的教育问题——"按学生最佳发展期设课",目的在于研究学习的内容。在教育理论中,"最近发展区"是指学生在有指导、有教师帮助或是集体活动的情况下所能达到的问题解决水平与学生在独立活动中所能达到的问题解决水平之间的差异。2000年,我们提出了"人在什么时候学习什么学科最合理,学习学科中的什么内容最有效"的核心理念,以学生发展为本,在课程设置上充分考虑学生的"最佳发展期"正是该理念的现实反映。具体而言,学校在按"最佳发展期"设课的理念上形成了一些共识:第一,学生学习效率最高的年龄阶段,就是学生学习这门学科的"最佳发展期"。第二,"最佳发展期"一定处于学生的敏感期,但学生的敏感期不一定是教育上的最佳发展期,比如初中生常常对异性很敏感,但这不是如何发展的问题,而是如何正确引导的问题。所以"最佳发展期"的确定不仅要有心理学依据,还应该有生理学依据以及对学科内部结构体系和社会发展状况的全面考虑。第三,同一年龄阶段的学生在生理、心理上的共性特征是十分明显的,公共必修课的设置应该以共性特征为依据。另外,不同学生应该有不同的"最佳发展期",活动课程和选修课程的开发设置也应该符合某一类学生的"最佳发展期"。第四,如果在不同的社会、家庭环境中成长,即使是同一年龄阶段的学生,其"最佳发展期"也会有所不同,会受到社会、家庭环境的制约。第五,学生的"最佳发展期"是动态变化的,会受到学科知识体系的拓展和更新,以及社会需求和发展的影响。第六,知识有两种,一种是显性的知识,可以"书中学",一种是隐性的或默会的知识,可以"做中学"。因为探索知识的过程、获得知识的方法本身就是一种知识,所以对知识有了新的认识,必然会对学习效益产生新的价值取向。不但要衡量学生掌握了多少知识,而且要充分关注学生在掌握知识这一过程中的体验与感悟。"最佳发展期"关注的就是学生学习的效益,这个效益应该从课程的三维目标——"知识与技能""过程与方法""情感态度与价值观"来判断。

以学生的"最佳发展期"作为调整课程设置的战略,学校提出了"两个重心移位"的具体思路,即把形象思维比较强的学科如外语、语文等"重心"往下移,一年级加强语言教学(包括外语、语文等);把抽象思维比较强的学科如数学、物理等"重心"往上移,甚至考虑一年级不开设数学必修课。可以提前开设一些涉及数学、物理、化学、生物的活动课。例如一年级开设数学活动课,为学生培养一种"数感",一种"形感";六、七年级开设理科综合活动课,教给学生观察、分析、思考的方法。学校对学科内部的教学设置也进行了调整。比如,对于一年级的外语教学,以口语为主,基本上不出现书写,更不教音标。这不仅仅是为了避免和一年级母语教学中的语文拼音字母混淆,更是考虑了6—7岁的孩子发音器官柔软,语音的模仿能力最强,是学习听、说语言的"最佳发展期"。同样,对于小学语文教学,考虑低龄儿童记忆力强的特征,语文的词汇量应该增加。

总而言之,"最佳发展期"课程改革解决了"人在什么时候学习什么学科最合理、学习学科中的什么内容最有效"的问题,这是一个如何提高教育有效性的重大问题,具体包括如何按照学生的认知发展规律来设计和设置课程;如何确定不同学科、学科中不同内容的起始学习时间,才能在同样的时间内取得更高的效益;如何在不同年级和学段分配各学科的课时才能顺应学生不同年龄阶段课程学习重点和身心发展规律等。实践研究证明,小学低年级的语言学习效果最好,应该强调汉语和英语学习、淡化数学学习。但是,"最佳发展期"课程改革只研究了语文、数学、英语等单一学科学习的内容,没有解决跨学科学习的问题;只研究了学生的年龄阶段与认知规律之间的关系,没有涉及对学生关键能力的培养。

三、后"茶馆式"教学的研究

2008年初,静教院附校在借鉴上海和全国优秀教学模式和教学方法的基础上,特别是对20世纪著名教育家段力佩先生提出的"读读、议议、练练、讲讲"茶馆式教学开展了深入研究,针对学校自身存在的问题,成功申报了上海市教育科学研究重点课题"提高义务教育阶段学生学业效能的研究",试图通过提高学生学业效能的研究与实践,进一步减轻过重的学业负担,提高教学质量,并且把这一研究成果直接落实到教学的核心环节课堂上,由此提出了后"茶馆式"教学。

茶馆式教学值得传承的是其关注学生,试图改变课堂教学的逻辑结构,而在教学方式、手段和教学方法等方面,它也有进一步发展的空间,比如基于实践使教学改革能够灵活地适应于不同年级、不同学科和不同课型,以提高每堂课的教学效能。于是,学校在后"茶馆式"教学中明确提出了教学的研究既有对学科的研究,更有对人的研究,特别是在义务教育阶段,往往对人的研究的复杂程度会超过对学科研究的复杂程度。具体而言,后"茶馆式"教学认为学科体系和学生认知的逻辑结构并不一定重合,学科体系的逻辑结构是人为的,不同人有不同的理解。教师认为学生是有差异的,即使学生都认真听教师讲了,即使教师讲得正确、清楚,也会有学生不懂,这与学生聪明与否无关,更多的是因为大家理解不同。学科和学科体系要靠学生自己构建,而且这一过程也不一定完全相同。教师的作用在于遵循学生的认知规律,帮助学生构建学科体系,由此在课堂教学中产生了"学生的学堂",而不是"教师的讲堂"。所以,后"茶馆式"教学通过教学实践,对"茶馆式"教学进行了创新发展。

一方面，教学方式更加多元，从"书中学"一种方式，到"书中学""做中学"两种方式并举。在新课程推进后，学校更清楚地认识到学生的学习方式有两种：一种是有意义的接受性学习，即"书中学"；另一种是"做中学"，即让学生获得直接知识的研究性、实践性学习。学校推进"做中学"的学习方式，是实际教学的需求，旨在解决教学实践中存在的具体问题。另一方面，教学方法更加灵活。从"读读"开始到"读、议、练、讲、做"等多种方法，教师可以根据不同学科、不同学段、不同课型灵活地应用各种教学方法，彰显各自不同的教学艺术。

多年的实践研究使后"茶馆式"教学在国内外教育教学领域产生了广泛而深远的影响。2010年，后"茶馆式"教学得到教育部关注，获得了国家首届基础教育课程改革教学研究成果一等奖。2013年，学校成功申报了教育部重点课题"后'茶馆式'教学的发展研究"，在实践中不断完善和发展后"茶馆式"教学，并于2014年获得了国家级教学成果一等奖。《纽约时报》《人民教育》及上海各主流媒体都对此作出了大篇幅报道。经上海市教委批准，后"茶馆式"教学已成为中小学多门学科教师的培训课程。2013年11月，上海市教委命名成立上海市后"茶馆式"教学研究所，每个月均有一次全国性的开放活动，供全国各地的校长、老师前来观摩学习。互联网上有大量关于后"茶馆式"教学的学习体会与赞誉，上海市及全国其他各地中小学都有进一步学习、掌握后"茶馆式"教学的愿望。

但是，后"茶馆式"教学改革是偏重教学科学性的研究，由于教学是一项十分复杂的活动，所以在具体推进中存在一定的困难。一方面，学校之间的教学实践差异较大，一些学校不能较好地应用"脚手架"教学手段，具体而言，如果教师在课堂教学中提出的问题不合理、不科学，就不能较好地形成问题组合，会进一步影响整个课堂的教学效果。另一方面，多种方式、手段、方法的恰当应用，也给教师造成了更大的课堂教学压力。而且后"茶馆式"教学只是研究如何真正落实国家在课本、教学要求中规定的单一学科知识和技能的教学，没有解决跨学科学习的问题；只是从学生的认知规律中研究学生应该怎样学、怎样算真正学会，却无法体现对学生关键能力的培养。

四、深度整合式教学应运而生

深度整合式教学与"最佳发展期"、后"茶馆式"教学的区别在于，"最佳发展期"教学主要研究的是学习内容，它解决了人在什么时候学习什么学科最合理的问题。后"茶馆式"教学主要研究的是人，它解决了单一学科知识与技能的学习问题。但是"最佳发展期"和后

"茶馆式"教学的实践研究不能解决跨学科学习以及学生关键能力培养的问题。因此,在原有的基础上,深度整合式教学对教学内容和教学形式进行了发展,其研究的复杂程度超过了前两轮教学研究,因为它既涉及教学内容的变革,也涉及教学方式的优化。

"最佳发展期"、后"茶馆式"教学改革均产生了明显效果,但也都存在局限。具体而言,"最佳发展期"课程改革存在的问题和局限性在于,它只是研究人应该在什么时候学习什么学科,而没有研究学科教学究竟应该以什么方式提供给学生,是教师讲授为主,还是遵循学生认知规律,在教师的帮助下,让学生自己建构;也没有研究学习内容到底应该如何呈现给学生,是以一门学科内容单独呈现还是多门学科内容整合呈现,所以这就是深度式整合教学要进一步解决的问题。

后"茶馆式"教学改革强调遵循学生的认知规律,在教师的帮助下让学生自己学习并进行知识建构,后"茶馆式"教学致力于解决单一学科知识与技能学习的问题,实现学科系统学习。但系统形式和主题形式,哪种形式更有利,主题教学是否能够在义务教育阶段各学科实行,对于这些问题,后"茶馆式"教学研究鲜有涉及,而事实上,系统形式和主题形式各有优势,系统学习的好处是知识不会遗漏或重复、结构性强,主题学习的好处是有益于发展学生的问题解决能力、创新精神和实践能力、综合素质。因此在教学方式上还需要新的发展,比如我们需要考虑教学方式是否要增加跨学科学习、实践性学习、研究性学习。所以,我们需要在"最佳发展期"的基础上,对教学内容作出进一步研究;在后"茶馆式"教学的基础上,对教学方式作出进一步研究。

"最佳发展期"、后"茶馆式"教学改革过程中,学校在发展强项的同时,短板同样愈发凸显,遇到了必须正视的问题,即如何基于本校实践看待中国的基础教育。针对各学科知识体系的学习,我国基础教育具有强项和优势,比如我国的数学教学基础扎实,注重逻辑思维能力的培养,但在学生创新、实践、解决问题的综合能力培养上存在短板。学校开展教育教学研究需要具备前沿性,所以当前要探究的关键问题是"知识与能力的辩证关系"。我们认为,学生在基础教育阶段的接受性学习仍然是很重要的,即掌握前人已经总结好的系统知识。但同时,也需要培养学生解决问题的综合能力,因为系统的知识学习不能替代问题解决能力的培养。正如中共中央办公厅、国务院办公厅颁布的《关于深化教育体制机制改革的意见》中明确指出:"在培养学生基础知识和基本技能的过程中,强化学生关键能力培养。"关键能力包括认知能力、合作能力、创新能力、职业能力,而不只是具体的数学、物理、化学等学科知识系统。从"关键能力培育"这个角度来审视以往的教学,我们发现前两轮的课程与教学改革虽然获得了教学成果奖项,在国内外影响很大,但也存在着局限性,即没有解决如何培育学生关键能力的问题,在此背景下,深度整合式教学应运而生。

从概念特征来看,深度整合式教学是指学生在教师的指导和帮助下,从社会和自身生活中选择和确定一个需要探究解决的特定问题,以类似科学研究的方式去获取知识、应用知识、解决问题。深度整合式教学中开展主题活动的过程就是让学生体验做实验、做研究、做课题的过程,是在真实情境下的研究,而不是从文本到文本的学习。这进一步改变了传统课堂以单一学科知识系统学习、间接知识接受式学习为主的教学方式,打破了学科壁垒,致力于设计跨学科活动主题,面向广阔社会,让学生带着任务或课题边做边学。

从教学目标来看,深度整合式教学不仅要让学生掌握基础知识和基本技能,还要培育学生的关键能力,并且说到底是更关注后者,也就是重点研究如何培养学生的关键能力,它涉及"教师到底怎么教、学生到底怎么学"的问题。受限于教材、教学目标、时间、空间等因素,后"茶馆式"教学解决不了教学方式转变的全部问题,于是深度整合式教学从四个方面优化了教学方式:第一,组织方式从"教师讲、学生听"变为既有"教师讲、学生听",又有独立学习与合作学习;第二,认知方式从以获得间接知识为主的文本学习、接受性学习变为既有接受性学习,又有以直接知识获得为主的实践学习和研究性学习;第三,内容方式不仅有单一的学科知识与技能学习,还有跨学科主题学习和项目学习;第四,活动方式不仅有听讲和刷题,还有查资料、参观、考察、调查、辩论、游戏等其他方式。

从实施范围来看,深度整合式教学范围集中,主要研究的是适合主题教学的国家综合课程,具体包括信息科技、劳动技术、科学、社会、自然、部分道德与法治,以及部分校本拓展型、探究型课程等。

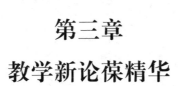

第三章
教学新论葆精华

教育是人类社会培养人才的过程,教学是教育具体实施的载体,既包括教师的教,也包括学生的学。基于有效教学和教学优化的视角,从个体学习的规律和课程发展的历程审视深度整合式教学,会发现这种新型教学的样态具备理论合理性,是优化教学实践的客观选择。从认知特征和学习规律出发,深度整合式教学符合建构主义学习理论的内在逻辑和辩证规律。

一、建构主义学习理论的支撑

建构主义学习理论认为学生在学习时并不是像一张白纸一样一无所知,教师在教学活动中既需要尊重学生学习的主体性,也需要对学生的学习进行正确的引导,二者缺一不可。在建构主义学习理论看来,学生自婴幼儿时期就会对自然界的万物具备好奇心和探索兴趣,而且在其成长过程中也会对各种事物产生自己的认识和判断,即便是遇到从未知晓的事物,儿童也会根据以往积累的经验进行自我层面的判断和选择,这是儿童基于日常学习和生活的积累而逐步建立起来的一般性假设逻辑。因此,学生学习的过程,不仅是知识的吸收和内化过程,也是前设经验和未知知识建立联系的过程。这种理论告诫教师在课堂教学设计中需要注意以下两点:一是教师在设计教学活动之初就需要考虑到学生的学习情况,在每一次教学活动过程中,学生可能具备不同的学习基础,教师的教学活动设计需要与学生的学习实际发生真实的联结,这样的教学活动设计才最具意义,也最有效能;二是教师要意识到学生是发展中的个体,学生对知识的建构和理解不一定是完全正确的,这就需要教师进行有意义的引导,以帮助学生构建起正确的知识体系,夯实基础知识和基本能力,重视学习中知识目标的达成。

建构主义学习观重点强调"有意义"的建构,即在学生学习的过程中,知识与知识间的关系不能是简单的相加或者累积,知识间要进行有实在意义的联结,真正让学生在学习的过程中做到知识的内化并最终举一反三,将所学的知识变成自己的经验。首先教师要认识到学生需要在学习活动中激发出真正乐学的主动性,学生的学习动力既不能是源自教师的灌输,也不能是来自家庭的压力,而应该是学生发自内心对知识产生兴趣,主动积极地对知识进行探究,有深入剖析的主观愿望;其次教师要认识到在教学活动中,新旧知识间的关系是层层深入的动态生成,教师在教学中要注意引导学生在新旧知识之间建立联系,真正实现在学习中进步、在实践中成长。例如在深度整合式教学中,八年级学生已经通过前期各项主题的学习和实践,掌握了有关信息技术和劳动技术的一些知识与技能,在新的主题中,教师就可以给予适当的引导,鼓励学生们综合运用学过的知识与技能,深入完成新主题的任务。

比如在八年级的《社会》课程中,有"感知城市的运行"这一内容,在深度整合式教学中,就可以创设与城市环境相关的情境,引导同学们在真实情境中发现问题,思考解决方案,在实践中深入调研考察。针对现代城市问题,如水污染、光污染和垃圾处理等,让学生结合信息与劳动技术的相关知识,通过小组合作设计并完成相应的创新作品。在大部分课程中,教师都可以有意识地建构起有利于学生理解的学习情境,并引导学生在具体情境中思考问题、发散思维,真正做到为发展学生的思维而教。

二、学生本位价值取向的指导意义

从课程观的发展变化及其具体特征来看,深度整合式教学集聚了我国主流课程观的优势特征。这里主要介绍三种不同价值取向的课程观。

(一) 社会本位价值取向的课程观

这种课程观的逻辑起点即主张课程的学习就是为了满足个体社会生活的需要。在这种课程观的假设前提下,社会价值高于个体价值;教育的目的就是维护社会的和谐有序发展,帮助个体实现社会化,教育的立足点是个体适应社会发展的需要。这样,教育教学活动就是主要基于教育者的社会化经验,教育也不再追求什么知识最有价值,而是转向关注最有价值的经验是什么样的。社会生产活动需要什么样的知识,课程就相应地进行统筹和讲授(甚至可以理解为传播)。可以看出,这种社会本位价值取向的课程观过分追求课程中知识的社会有用性,偏离了课程中学生的主体性地位;过分关注课程与社会外部要素之间的联系,其实是加重了教育的工具性,并逐步导致了教育功能的异化。

(二) 知识本位价值取向的课程观

知识本位的课程观最初源自赫伯特·斯宾塞(Herbert Spencer)提出的疑问——"什么知识最有价值"。自那时起,知识便成为了课程统筹的核心诉求和主要内容,而且多年来,知识本位价值取向的课程观一直在课程建设领域处于重要的主导地位。从牛顿的三大定律的提出到笛卡尔的理论分析方法论的发展,进入工业社会以来,最广为接受的价值观就是科学技术理性主义,人们评价某一目标是否达成的主要手段就是量化的实证证据,科学知识就是课程的主要内容这一观点逐渐成为社会的共识。尤其是工业革命期间,对知识的探索过程也直接简化为由课程专家总结人类社会生活所需的经验知识,再经教师传授给学生。这一过程提高了教学的效率,也加快了社会城市化的进程,有利于社会文明的发展和繁荣,但是仔细分析之后会发现,知识本位价值取向的课程观过分追求知识的主体性地位,实际上是将学校与社会割裂开来,阻碍了学校与社会的互动,也使得理论与实践联系严重脱节。

(三) 学生本位价值取向的课程观

这一课程观是课程理论发展到后现代阶段逐渐呈现出的特征之一,也是课程走向整合的重要标志。学生本位的课程观是将学生视为课程发展的重要主体,强调学生既是课程的主要接受者,也是课程资源的重要创生者。"在课程发展史上,只要是提倡经验课程理念的派系,他们大多数都是以学习者的经验作为课程内容的关键点。"[①]学生本位价值取向的课程观对以往课程理论提出的最为鲜明的挑战是,课程设计突显出学生的发展需要和对学生成长的关怀,允许课程内容随着学生个体的发展变化作出动态调整,不再过分拘泥于某些特定的知识和目标,而是转向对学生整体能力发展的关注,强调学生在身体素质、智力发展、情感特征和伦理道德等各方面达成内在的统一和有机整合,突出以人为本的课程理念,强调学生在德智体美劳等方面的全面健康发展。但是,学生本位价值取向的课程观也有其

---

① 张华.论课程选择的基本取向[J].外国教育资料,1999(05):25—31.

不可回避的缺憾,即在课程整合的过程中可能出现过多关注学生个体而忽视学生基础知识和基本技能的掌握和夯实,有时会使得课程体系沦为空壳的情况。

综上,整合三种主流课程观念的理论优势,考虑到个体的认知特征和学习规律,我们可以发现深度整合式教学的理论价值和实践效能。同时融入多门课程内容的整合式教学可以被视为"做的过程",学生在整合式教学样态下的学习也符合"做中学"的学理逻辑和应然路径。

三、深度整合式教学的概念界定与假设

为克服传统教学样态在教学内容、教学方式、教学评价和教学改革方面的弊端,深度整合式教学应运而生。

(一) 深度整合式教学的概念界定

基于传统教学样态的弊端,学校通过学理层面的论证和实践层面的调研,设想出一种国家综合课程统整实施的教学新样态——深度整合式教学,其内涵是:以主题引领,全员、全面、全程整合多门课程内容、多种教学方式和多类教学评价,在教师的帮助下,让学生进行主题、实践、探究和跨学科学习。

1. 深度整合式教学的"深度"

深度整合式教学的"深度"体现在全员、全面、全程三个方面。

(1)"全员"。强调全体学生的参与,这种教学新样态的应用范围涉及所有学生,这类课程不再是以往部分学生参与的选修课程,其从课程参与方面回应了教学的公平内涵。所有学生都有机会参加综合课程是学生学习起点公平的基础条件。当然,这也对学校的教学活动提出了较大的挑战,即教师在建构和实施该类课程时,不仅需要关注到学生群体的共性特征,也要关注到不同学生的差异需求。

(2)"全面"。强调从课程建构初期打破各学科知识的壁垒和边界,其超越以往跨学科教学的特征之一是从本质上实现整合,进行真正且深度的融合,而不是简单地对各学科课程知识进行叠加。深度整合的价值意义在于从全局出发,建构起培养学生关键能力和核心素养的综合性课程,课程内容既包括独立的分科知识,又蕴含各科知识间的有机联系。

(3)"全程"。强调从学生的生命发展历程出发培养学生作为完整个体的素养和能力,

不再拘泥于某一阶段学生对某些知识点的记忆情况,而是关注学生的成长与学力的动态生成及发展的过程。这一课程观念的转变,不单单有助于学生全面发展目标的达成、学生素质发展理念的实现,而且在本质意义上扭转了当前的教学评价模式,其不再过度纠结学生某一时间点的静态指标,而是转向关注学生生命历程的动态发展,体现出培养完整的人的价值理念和教育追求。

2. 深度整合式教学的"整合"

深度整合式教学的"整合"体现在教学内容整合、教学方式整合、教学评价整合三个方面。

(1) 教学内容的整合。体现在多门综合课程内容的重构与整合。需要强调的是,深度整合式教学的出发点在于从全局出发提升学生的能力素养,这就需要以内容整合为途径提高教学效能。因此教学目标必然不能是各内容目标的简单叠加,而应该是在融合的基础上体现出一定程度的超越性,注重对学生关键能力的培育。例如,信息科技课程旨在培养学生认知、合作和创新等多方面的综合素养。在深度整合式教学中,我们将信息科技、劳动技术、科学、自然、社会等综合课程作为"覆盖课程",即课程内容以统整的形式出现。在整合过程中,还可能涉及到其他课程的一些内容,如数学、物理、化学、生命科学、历史、地理等,我们将这些课程称为"涉及课程",最终呈现出的深度整合式教学内容则以覆盖课程为主,适度包含涉及课程。

(2) 教学方式的整合。体现在对主题、实践、探究和跨学科等多种教学方式进行整合,以达成教学方式的全面优化。深度整合式教学并不依赖于某种单一的教学方式,它注重多种教学方式的灵活运用,致力于综合课程的内容建构。在深度整合理念的统领下,各种教学方式优势互补,教师可以在不同的时机运用不同的教学手段,也无需拘泥或者是纠结于一种特定的课堂教学身份,可以时而是课堂的引导者,时而是课堂的参与者或课程资源的创生者。在课堂上,学生可以依据学习清单,在主题之下选择自己真正感兴趣的问题研究,并在兴趣学习的基础上,于有限的课程时间中发展多项能力,并实现能力间的融合并进。

(3) 教学评价的整合。体现在深度整合式教学背景下,不仅有结果性评价,更有过程性、表现性和描述性评价等。其致力于将不同的评价方式应用于不同的教学场景,产生整体的评价效应,共同促进学生能力的发展。在以往的教学评价中,最常见的评价方式就是结果性评价。虽然不同学校的结果性评价在操作上略有不同,但其在本质意义上都是对学生的阶段性学习进行结果性和静态化的评价,总结某一阶段学生的学习效能。显然,这种评价方式并不能完全展示出学生的能力发展过程,也不能帮助教师获得有关学生学习的动态变化,这一过程中,教师更是难以及时调整教学方向以适应学生的具体学情。深度整合式教学纳入了多种形式的评价方式,它从整体上考查学生在学习活动中的能力发展态势,其实是具有突破性意义的。

3. 相对稳定的教学样态

深度整合式教学的"式"体现为一种趋于相对稳定的教学样态。其中,相对稳定即强调教学样态并不是一种固化的模式,虽然教学的流程和环节相对稳定,但是教学在实际的实施过程中应该具有一定的灵活性。

这里还需要强调经验和样态的区别:通常意义上,经验具有一定的特殊性,在多数时候受限于主体自身的资源条件,不具备可复制性和推广性。相比于经验,样态的优势在于受主体性的限制较小,在绝大多数情况下可复制、可推广。厘清经验与样态的区别,有助于我们理解突显在教学实践中的各种问题。

(二) 深度整合式教学的假设

任何探索都有假设,假设是研究的逻辑起点,反映研究的方向、研究的科学内涵以及研究达成的可能性大小。深度整合式教学是一项教学实践研究,它自身存在着基本假设。

1. 两种教学内容组织方式的剖析

(1) 知识体系教学方式的优劣势分析

首先是知识体系教学方式的优势分析。在基础教育阶段,大多数学科,比如数学、物理、化学、历史、政治、地理都强调对知识体系的梳理和掌握。而所谓的知识体系,通俗地讲就是知识与知识之间、案例与案例之间以及知识与案例之间的相互关系和逻辑呈现。这种教学正好能够达成基础教学阶段各学科教学的重要任务,即学生可以较为熟练地掌握学科内的基础知识,并建立知识间的内在联系。在相对有限的教学时间内,学生可以较为系统、有效地掌握各类细小的知识概念,在学习过程中倾向于重复相关知识点的学习,这在班级授课制的模式下,是一种比较有效率的学习方式。通过建构和运用知识体系教学样式,基于教师的讲授和学生的记忆,各个学科相对分散的知识被组建成一种有结构、有秩序的图谱网络,在有限的学习时间内,学生可以更快地掌握和记忆相关的基础知识。鉴于知识体系教学方式在效率方面的相对优势,在很长一段时间内,预测和判断学生是否可以高效学习的途径之一就是检查学生是否在相关学科的学习中建立了知识体系。

然而,知识体系教学方式也存在一些不足之处。虽然知识体系教学方式突显出的效率优势让一线教师、学生和家长拍手称赞。但是,从学生全面发展和完整性成长的视角来看,知识体系的教学方式也存在一些弊端,这警示我们在应用这种教学方式时要适时、适度,不能过度依赖于体系式教学的便捷功能,以免陷入体系式记忆的困境,而无法从全局考查学生的发展状况。具体而言,知识体系教学方式的主要缺点之一是缺少教学的趣味性和动态性,不能较好地激发学生学习的主动性和积极性。在绝大多数应用知识体系教学的实践场景中,往往都是由教师构建起全局的知识结构网络,学生的主要任务就是跟着教师的指导进行反复记忆和习题训练,教学的成效性大打折扣。而且,这种知识体系的教学模式较多关注学生对特定学科知识点的熟悉和掌握程度,较少关注学科间的内在联系和知识整合,更少关注学生的探究品质和实践能力,以致难以有效培育学生的关键能力和综合素养。

(2)主题教学的优劣势分析

与知识体系教学方式相反,主题教学最大的优势之一就是可以引入各项有实践趣味和实体意义的项目活动。这对学生而言,更加容易理解,也更加容易产生学习兴趣。与知识体系的教学方式不同,主题教学从创设之初就非常注重对学生实践能力和探索意识的培养,重在通过鲜明生动的案例项目,激发学生学习的积极性和主动性,引导同伴之间的相互合作和交流讨论,倾向于采用演讲、辩论、主题汇报等多种教学形式,培养学生的关键能力。在主题教学中,教师不再是课堂教学活动的中心和重心,而是将课堂还给学生,让学生成为课堂的主体。这不仅可以促使绝大多数学生在真正意义上参与到课堂活动中,有效挖掘每位学生的潜能与成就感,而且通过同伴间的思维碰撞,可以有效培育学生的交流能力、合作能力、创新能力以及批判性思维能力等核心素养,还可以帮助教师重新审视教学中的师生关系以及课程资源的创设。因此主题教学的引入对教师的专业发展和学生的能力培养都具有十分重要的价值意义。

然而主题教学也存在一些不足之处,如果学生缺乏坚实的基础知识和基本技能,在课堂教学中引入的各项主题活动就容易成为一种走马观花式的教学表演。在这种"表演秀式"的教学中,教师费心竭力地设计了多项旨在提高学生课堂专注度和参与度的教学设计,同时希望通过多种设计培养学生的探究意识和思考能力,但是由于班级中大多数学生的基础知识不够牢固,而且不具备较好的探究学习的基础,甚至是缺少对问题基本原理的理解和把握,这样的教学设计就很容易流于表面,最终呈现出一种"上课热闹、下课遗忘"的尴尬局面。在这种情况下,越是在课堂教学中融入多种信息技术和动态环节,就越容易让学生的学习陷入不知所措、无处下手的局面。这是因为,如果学生缺少对知识全局的学习和理解,知识结构不够系统,则很难在现实的问题解决中调动各类知识积累,更谈不上对各类知识的辩证选择和有机融合。但是,如果教师在进行主题教学之前,设计出符合学情、关注基础知识和基本技能的学习任务或情境问题,并且实施有效评价,便可以有效地培育学生的关键能力。

2. 教学内容组织方式应强化综合学科的契合度

实际上,教学方式并无绝对的优劣。在学校课堂教学中,到底选择哪一种教学组织方式,应该视不同课程而裁定。对于数学、物理和化学等基础理论知识属性较强的学科而言,在课堂教学中应以系统的知识学习为主,而信息科技、劳动技术、社会、科学、自然等综合课程,则更适合主题教学。这是因为,教师可以通过在这类综合课程中使用主题教学的组织方式,全程融入跨学科知识内容,开展具有实践性与探索性的教学活动。

(1) 信息科技课程与主题教学的契合度

将信息科技课程与主题教学相融合的主要原因在于,如果在计算机专业课程中全部使用知识体系的教学,不仅不利于学生对知识的掌握和吸收,而且教师也很难在计算机专业知识的讲授中穿插其他方面的知识,这会导致课程整体变得难以理解。因此在计算机专业课程的实施中,教师需要找到合适的载体,以更好地发挥计算机专业知识的实践效能。如此看来,信息科技课程与主题教学活动的深度整合具有天然的技术优势。主题教学活动为信息科技课程的实施提供了具体的实践场景,信息科技将主题教学活动化静为动、化无形为有形,二者在深度整合式教学模式中相得益彰。

(2) 劳动技术课程与主题教学的契合度

2020年3月,中共中央、国务院印发了《关于全面加强新时代大中小学劳动教育的意见》,强调了在劳动技术课程的实施过程中要特别体现出整合的内涵,不仅包括学生各学习阶段的整合,而且包括学生具体学情的整合,关注学生所在学校区域的本土文化、学生实践层面的真实参与等。劳动技术课程作为目前实施的唯一一门劳动教育必修课,其教学内容就是以不同的主题呈现的,并且与主题教学有着天然的联系。因此,在劳动技术课程的实施过程中,主题教学能够浑然天成。在学校的教学活动中,特定主题的劳动技术课程以及相关的教学项目既可以帮助学生内化吸收各类相关的基础知识,又可以促进学生的手脑并用能力,切实体现出了劳动技术课程落实国家劳动教育理念的载体功能。

(3) 社会课程与主题教学的契合度

与劳动技术课程类似,社会课程本身也是一项主题教学。而且作为一项综合性质的课程,社会实践性质的课程必然无法像其他基础性课程一样,以学校教育教学活动的日常形态呈现,且不说这与学校的日常教学安排有时间冲突,仅从教学实施和评价方面来看,社会课程需要更加精巧和细致的设计。因此,通过特定主题的教学活动实施社会课程是教育实践的重要途径。除此之外,校外社会实践活动可以为教师的主题教学提供更多的生动案例,也可以给学生带来更多真实的生命体验,有助于学生从身边的社会现象出发,开展特定主题的问题研究,进行深入的思考和论证,这是培养学生创新思维的良好载体。

(4) 科学课程与主题教学的契合度

加强学生的科学教育,提升学生的科学素养是我国建设科技强国的战略步骤和重要方向,同时也是学生适应全球发展变化、提升个人能力的内在要求。从深度整合式教学的视角来看,将科学课程与主题教学融合是知识体系教学与主题式教学深度融合的重要体现。科学课程本身就是对物理、化学、生物等课程的整合,横向来看,科学课程涵盖四大领域的内容,分别是技术与工程领域、物质科学领域、生命科学领域、地球与宇宙领域,纵向来看,从《义务教育小学科学课程标准(2017年版)》颁布开始,我国科学课程的起点就调整至一年级。因此,在设计科学课程时,就必须同时兼顾科学课程的横向内涵领域和纵向发展的特征,可见,与主题教学相融合进行深度整合式教学就是最佳的课程实施方案。

(5) 自然课程与主题教学的契合度

"自然"一词最早来源于《道德经》,其中提到"人法地、地法天、天法道、道法自然"。其中的"自然"即指"本性"和"本源",既包括"自然"中具体的事物,也强调具体事物体现出的自然性。具体到自然课程的开发和实施,不仅需要注意学生对自然事物的感知,而且需要引导学生在自然事物中体会自然性,以达成自然课程的教学目标。不难发现,自然课程强调学生对自然物、自然性和自然生命的体验。那么,自然课程的实施必定不能依据知识体系式的讲授展开,而是需要凭借主题教学这一载体进行相关课程环境的创设。在课程设计方面,要同时兼顾课程目标的全面性和平衡性,一方面要以学生发展的三维目标为基准,另一方面要注意自然课程的包容性;在课堂教学方面,教师要有意识地建构起符合学生学习最近发展区的教学内容,并注意激发学生对主题教学活动的兴趣,以提高自然课程与主题教学相整合的教学效能。

(6) 道德与法治课程与主题教学的契合度

道德与法治课程可以分成"道德"和"法治"两部分,其中"法治"课程具有一定的专业性,适合体系教学,而"道德"课程更适合主题教学,从相应的课程标准中,我们不难发现,它是以学生生活为基础,以引导和促进学生思想品德发展为根本目的的综合性课程。道德与法治课程应该用学生喜闻乐见的方式组织课程内容、实施教学,注重与社会实践的联系,引导学生自主参与丰富多样的活动,在认知、体验与践行中促学生正确思想观念和良好道德品质的形成和发展。如《道德与法治》六年级第一单元"成长的节拍"中的中学时代、学习新天地、发现自己等内容,就适合开发成校园相关的主题,让学生们通过合作探究、自主调研,在了解校园、了解学校的过程中进一步熟悉"学习新天地",在多样的活动中发现自己。无论是从课标还是内容角度,道德课程都与主题教学非常契合,营造合适的情境主题,能更好地实现寓教于乐,让学生在实践与合作中,形成良好的道德品质与思想情操。

3. 多种教学方式的整合优化,是培育学生关键能力的有效途径

多种教学方式整合优化的根本目的是强化学生关键能力的培育。学生的关键能力也可称作学生的核心能力、跨学科能力和核心素养,是一种具备高级形态的能力结构,其特征是具有通用性、跨领域性和迁移性。2017年9月,中共中央办公厅和中华人民共和国国务院办公厅联合印发的《关于深化教育体制机制改革的意见》中指出,要注重培养支撑学生终身发展和适应时代要求的关键能力,即学生的认知能力、合作能力、创新能力和职业能力。这一要求的提出昭示着国家对教育教学中学生知识体系和能力素养的结构失衡问题的高度重视,标志着我国教育改革转轨于全面关注学生的能力培养。多种教学方式的整合优化可促进学生关键能力的培养。

(1) 多种教学方式整合优化有利于学生认知能力的培养

认知是人类最基本的心理活动过程,包括个体的知觉、记忆、思维、语言和想象等信息加工过程。简言之,认知可以总结为个体获得知识和应用知识的一般过程。认知能力即指个体大脑对知识的获取、存储和再提取、再加工的能力,外显的表现形式是个体对事物发展方向和发展规律的把握能力。美国心理学家加涅根据个体学习结果的分类,提出了五种认知能力,分别是:言语信息、智慧技能、认知策略、态度、动作技能。多种教学方式的整合优化符合个体的一般认知规律,即首先通过知识体系式的教学帮助学生构建起基本的知识点,然后通过各类主题式教学活动引导学生运用初步内化的知识体系,加深对知识的理解、吸收和应用。

(2)多种教学方式整合优化有利于学生合作能力的培养

合作是指多人通过一起完成某项具体的任务而达到特定目的的活动,是大家共同从事某一任务的联动行为。合作能力是指个体在合作过程中所需要的各项具体能力,包括积极参与的能力、有效交流讨论的能力、尊重同伴的能力、分析和评价的能力等。对学生合作能力的培育是当下教育教学活动中的关键目标,这一观念早已深入人心。在日常的课程教学活动中,教师们经常通过这样或那样的教学设计促进学生合作能力的有效提升,多种教学方式的深度整合优化就是一种典型的教学尝试。通过整合多种教学模式,可以帮助学生在有限的课程时间和资源内实现能力的最大化发展。通过师生间的互动和生生间的启发,学生本身就会生成一种有效的教学资源,合理反馈作用于学生合作能力的培育。

(3)多种教学方式整合优化有利于学生创新能力的培养

创新是指个体打破常规束缚、突破传统现状、挣脱思维定势、敢于挑战权威、勇于突破自我和谋求新发展的过程。创新能力是学生核心素养的核心,指学生根据一定的目的,运用已知的信息和知识,创造出新颖并具有价值的事物。创新能力的形成,是学生创新人格和创新思维以及创新态度等素养的综合体现。与一般的能力素养不同,学生的创新能力既无法通过他人的传授而形成,也无法通过掌握知识体系而习得。学生创新能力的培育最适合在环境和活动中发生。因此,在教学活动中,整合、优化和应用多种教学方式是培养学生创新能力最有利且最有效的途径之一。通过整合式的教学模式,教师可以在帮助学生掌握创新能力所需要的基础知识和基本技能的基础上,进一步引入活动类型的主题教学项目,在实践训练中引导学生开拓思维、大胆创造。

(4)多种教学方式整合优化有利于学生职业能力的培养

职业能力,顾名思义就是学生在日后的职业生涯中所需要的各项能力。过去我们更多地强调培养学生的认知能力,过度注重对学生认知能力的训练。全面教改后,教学开始转向对学生非认知能力,特别是合作、交流、创新、批判性思维等能力的培育,开始关注学生能力素养的结构性发展。但是对学生职业能力的重视程度还远远不够。为什么要培养学生的职业能力,可以从两个方面进行理解,一是要培养学生对自我、对社会和自我关系的认识;二是要将学校视为一种社会化组织,培养学生在未来社会中的选择能力和判断能力等,为学生的未来生活做好准备。多种教学方式整合实施正是这一理念下的教育改革和教学创新,通过深度整合式教学可以构建起未来学校课程的基本样态,让学生有更多的机会接触到更加多元的课程体系,并最终选择适合自我发展的成长通道。

深度整合式教学是义务教育阶段的理性需求,意在进一步提升学生的关键能力,具体是对多门适合主题教学的国家综合课程进行统整实施。"深度"的含义在于:第一,深度整合式教学是涉及全体学生的新型教学样态;第二,深度整合式教学不是某门课程中的部分内容,而是确定的综合课程的全部内容;第三,深度整合式教学不是教学中的几节课或者某些单元,而是涉及到中小学多个年级的全部学习过程。

第四章
精雕细琢绘蓝图

深度整合式教学以主题为引领，全员、全面、全程整合多门课程内容、多种教学方式和多类教学评价，强调在教师的引导下，让学生进行主题、实践、探究和跨学科学习。在深度整合的理念下，教学内容从单一学科的系统编排到跨学科的主题重组，教学实施从知识体系传授到系列化主题探究，深度整合式教学致力于通过对多种教学方式进行整合优化，将多种评价方式结合，促进学生关键能力的培育。

深度整合式教学研究与实践采用从"点"到"面"、循序渐进的策略，运用行动研究、案例研究的方法。

一、初绘与构图：全新教学样态的实践探索

实践研究之初，学校选取六年级开设的两门课程——劳动技术课和信息科技课作为试点。劳动技术课更多地指向实践，其内容编排为主题系列；信息科技课更多地指向创新，其内容编排为知识体系。研究者认为，信息科技课既适合知识体系教学，也适合主题系列教学。鉴于以上思考，学校以主题引领的方式对上述两门课程进行了整合教学，并加入少量校本课程的课时，以满足学生在实践性、探究性学习中增加的学习需求。

学校秉持"全员""全面""全程"深度整合的教学理念；以六年级全体学生为主体，以主题为引领，重组劳动技术和信息科技两门基础型课程的全部学习内容，优化教学方式，设计符合学生年龄特征的一系列学习主题。同时学校成立了一支由16名教师组成的跨学科教师团队，他们来自11个不同的学科。研究保障了深度整合式教学实施的关键要素——教学管理样式、教学内容重组、主题方案编制、学习流程建构、评价方式变革、综合主题系列等，就此，学校开启了深度整合式教学的探索之路。

(一) 管理样式的初探

深度整合式教学以"整合"为主要特征,而多门课程整合需要学校集体力量对其进行整体规划与设计。由此,学校成立由校长、行政、一线骨干教师组成的研究共同体,由校领导统领,归入教学常规管理,成立独立于常规学科之外的专门教研组,该教研组由专职教师和兼职教师两部分组成。深度整合式教学组织架构安排具体见图4-1。

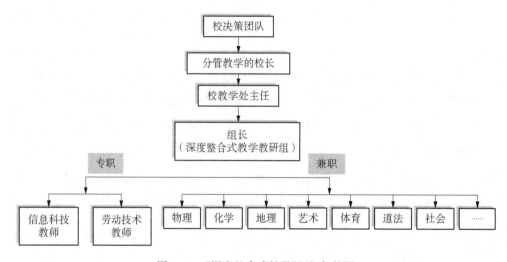

图4-1 "深度整合式教学"组织架构图

深度整合式教学遵循国家课程标准,使用规定教材,在不增加原本规定的课时数,并且满足学科教学要求的基础上,全面优化教学方式,实现教学内容、教学方式和教学评价的统整。学校对2节信息科技课、2节劳动技术课和2节拓展探究型课程进行整体规划,将原来分散在每周的课时变为每周两个下午三课时连排(见表4-1),这样既保证学生有整块连续的时间开展跨学科、主题式、实践性、探究性学习,还便于组织学生外出活动、参观与考察。

表4-1 课程设置课时安排表

年级	原课程设置		深度整合式教学
六年级	信息科技	2课时	将信息科技、劳动技术、拓展探究型课程整合为6课时,周一、周四下午3课时连排。
	劳动技术	2课时	
	拓展探究型课程	2课时	

深度整合式教学的每一个主题依赖于不同学科的支持,这需要改变过去教师各自作战的传统授课模式,开展多学科教师之间的通力合作。学校从不同学科、年级选择具有先进教学理念和一定计算机基础的教师组建队伍,引进"STEM"课程,定时、定期组织教师观摩、研讨,促使教师学习借鉴"STEM"的教学方式,了解主题(项目)式学习、探究性学习、实践性学习的内涵及实践操作,从而进一步内化教学方式转变、跨学科教学的理念,激发其对教学内容重组的思考与感悟,提高深度整合的教学能力。

(二) 综合主题的形成

主题是深度整合式教学的实施载体。综合主题的创建必须遵循国家课程标准,使用政府规定教材,在保障信息科技、劳动技术等"覆盖课程"内容落实的基础上,根据学生的认知和喜好增加有关语文、数学、物理、化学、历史、地理、生命科学、艺术等"涉及课程"的部分内容,创建供学生学习的主题(见图4-2)。

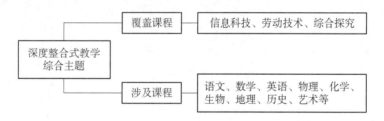

图4-2 "深度整合式教学"综合主题跨学科规划(2018学年)

主题学习以活动的形式展开。教师会基于对深度整合式教学的理解进行主题创建,主题创建的基本原则如下:(1)基于真实的问题或实践情景;(2)考虑多学科融合;(3)创设学生自主设计与研究的空间。研究初始,教研组开发了"走进附校""美化教室""玩泥巴""布艺""纸趣""重走鲁班路""奇光异彩的金属""太空材料""生活中的手机"等28个学习主题。下面以"纸趣"主题为例加以说明。

案例1 "纸趣"主题

本主题的设计基于初中六年级劳技教材所涉及的以纸材料为主的折、剪、贴等技术操作以及美术教材中关于纸的利用与装饰等内容。在学生学习的过程中,可以融入有关多媒体信息的内容,贯穿信息科技学科的部分知识与技能。该主题既涵盖劳动技术课程和信息科技课程的相关内容,也涉及美术、历史、物理、化学等多门学科的知识。学生带着对纸的研究兴趣,以小组为单位进行活动,制定小组合作计划,分工完成不同方向的研究。通过小课题、小活动的研究,形成研究报告,分享并交流。在这一过程中,教学方式得以全面优化。

表4-2 "纸趣"小组课题活动涉及的学科知识表

组别	小组课题活动	信息科技	劳动技术	综合探究	跨学科
1	不同纸的成分与用途研究	借助电脑或iPad进行信息搜索;拍摄活动过程中的照片或视频并进行处理;利用Word/Excel进行信息处理;制作演示文稿进行交流汇报。	纸质材料与纸艺花卉的加工;纸质花卉设计的一般方法;装饰花卉的设计与制作。	选题立题并制定探究计划;实施探究并交流探究成果;设计制作活动。	历史;美术;物理;化学;综合实践活动课程。
2	制作康乃馨				
3	民间艺术——传统剪纸				
4	拍立得相片成型的原理研究				
5	纸电路的研究				
6	不同糖纸材质的研究				
7	衍纸艺术的探究				
8	纸雕纸张的研究				
9	食品级纸包装的研究				

(三) 教学内容的重组

深度整合式教学打破了教材原有的知识顺序,对教学内容进行重组,变单纯的学科体系学习为主题学习。教师团队改变原先按教材章节授课的模式,对劳动技术、信息科技、综合探究等相关内容进行整合设计,使这些内容在不同的主题学习中予以呈现,下面以"美化教室"主题为例加以说明。

案例2 "美化教室"主题

本主题参照《劳动技术》中有关纸艺、绳结工艺、布艺、木工、植物栽培等章节的教学要求,教学内容涉及材料的认识、工具的认识与使用、纸艺花卉制作、编制、缝制等基本加工技术、产品的设计与制作,并结合学生兴趣整合拓展。同时参照《初中探究型课程指导手册》中项目设计的要求,如测量尺寸、绘制图纸、设计方案、实践制作等。本主题也涉及《道德与法治》课程中第四课的内容——"和朋友在一起""深深浅浅话友谊",还涉及《信息科技》中第五单元的"信息加工"和第七单元的"新技术体验与探究",以及综合探究课程中项目设计的活动过程和基本方法。该主题致力于引导学生从艺术、人文、物理、劳动技术、科学等多学科的角度去研究教室布局的科学性、合理性、美观性,探寻生活之美。

表4-3 "美化教室"活动内容设计及学科单元知识的融入

学习环节	任务活动	劳动技术	信息科技	综合探究
学习准备	1. 了解主题:美化教室。 2. 技能储备:创意花架、布艺装饰画、无土栽培、植物挂件、石膏板雕刻、牙签棒贴画。 3. 确定方向。	第一单元:纸艺(六年级)。 第二单元:绳结(六年级)。 第四单元:陶泥制品(六年级)。 第五单元:布艺(六年级)。 第六单元:木工(七年级)。 第九单元:植物栽培(六年级)。	第一单元:信息与信息表示。 第三单元:计算机网络。 第五单元:信息加工。 第九单元:信息安全与道德规范。	方案制定;活动策划;创意作品。
自主选择	分组并制定小组分工计划。			
合作探究	1. 设计方案,优化完善:测量教室尺寸,绘制图纸;制定个性化设计方案;展示交流,优化方案。 2. 认领任务,前期准备。 3. 实施项目,形成成果:按实施计划完成相关任务,制作作品,美化教室。			
交流发展	1. 交流展示:以小组为单位展示成果,交流分享活动体会。 2. 自评互评:研讨评价指标,开展组内组间自评互评。 3. 学习延伸:道德与法治。			

(四)主题方案的编制

主题创建完成后,教师团队编制主题方案以及与其相匹配的教学设计,建立包括学生活动任务单、帮助文件、教学PPT在内的教学资料包。主题方案由"主题背景""主题目标""主题内容""主题实施""主题评价"五部分组成;教学设计更加关注方法、过程并凸显跨学科、综合、实践和探究等特征,强调"方法目标"与"过程目标"的确定。在学习方式的转变上,形成了以"学习准备""自主选择""合作探究""交流发展"为一体的课堂教学环节。下面以"生活中的手机"主题为例呈现一份完整的主题方案与教学设计。

案例3 "生活中的手机"主题方案

一、主题背景

在信息时代,手机已经成为人们联络必不可少的工具。手机和网络的组合更是让人们可以快捷方便地获得信息、学习知识,在社交平台上和朋友聊天、交换彼此的信息。随着手机硬件的发展和软件功能的不断完善,手机也越来越智能。对于使用手机的青少年学生来说,"欲善其事,必先利器",想要更好地利用手机,对手机的发展历史和功能的探究是必不可少的。这样既可以满足学生的好奇之心,又可以帮助他们正确使用手机。

二、主题目标

在学习活动中选择与手机相关的主题进行探究,知道手机的发展史和主要功能,了解手机在人类历史发展中的意义,辨别手机使用的技巧。

(一)内容目标

根据《信息科技学业基本要求》模块二"信息处理"的要求,本主题主要包括三个内容:信息收集与管理、信息加工、信息表达与交流的学习。信息收集与管理的学习内容包括信息的浏览、搜索、鉴别、下载与管理。在浏览信息的过程中,体会分析信息需求、访问合适信息源的重要性;在使用搜索引擎搜索信息的过程中,通过对关键字和搜索结果的分析,积累并提升搜索经验;在学习与探究信息搜索工具使用方法与技巧的过程中,尝试鉴别并筛选出有用、可靠的信息,合理、审慎、负责任地使用因特网信息;在对信息进行合理分类的过程中,关注信息管理的条理性、规范性和有效性,提高使用信息技术获取和管理有价值信息的效率,为支持学习以及解决问题打好基础。

(二)方法目标

知道解决问题的一般方法及撰写研究报告的基本要素,了解撰写研究报告的基本过程,能完成演示文稿的制作与展示。

（三）过程目标

在团队合作学习中，能逐步懂得手机和计算机一样，是信息社会中辅助学习的一种工具，建立正确使用手机的观念，提高自我管理和控制能力。建立手机使用安全意识，谨慎利用手机上网，善于保护个人和家庭信息及财产安全，具备辨别手机诈骗的基本技能。

三、主题内容

在制作工艺的不断完善之下，智能手机已经拥有计算机的许多功能，小巧轻薄、便于携带成了它的优势，它还能完成文字处理、演示文稿、图像处理这些原来只能在计算机上完成的事情，利用手机办公也变得越来越普及。那么手机的硬件系统和计算机有哪些相似之处？手机的软件功能和计算机有哪些区别？它们之间如何传递信息？如何维护手机的信息安全？这些都是值得学生探究的。借助华师大版初中信息科技教材，我们可以知道有关计算机工作的原理等知识。同样，具备一定知识迁移能力的学生也会发现其中的相似之处，并通过自主探究了解与手机有关的知识。

四、主题实施

1. 实施对象：六年级学生。
2. 课时计划：共 12 课时，每周 6 课时。
3. 设备要求：拥有上网条件的教室、活动室或机房。
4. 教学思路：见表 4-4。

表 4-4 主题实施思路

确定主题 制定计划 （小组分工，研究计划）	1. 通过绘制思维导图帮助学生分析值得研究的主题。 2. 根据主题，成立小组，推选组长，计划分工。 3. 全班交流各小组的工作计划，取长补短，再次完善。 4. 完成阶段性学习评价。
实施研究 （收集信息，筛选信息， 处理信息）	1. 掌握信息收集的方法，了解信息归档整理的原则。 2. 依据主题内容的需要以及信息的时效性、全面性、准确性原则完成信息筛选。 3. 完成阶段性学习评价。

续表

环节	内容
形成成果 （撰写报告，完善报告，制作作品）	1. 撰写项目研究报告，形成观点。 2. 修改完善研究报告。 3. 规划PPT展示的主要内容，并在全班交流。 4. 根据建议完成PPT。 5. 准备全班交流展示。 6. 完成阶段性学习评价。
交流展示 总结反思	1. 各小组派代表交流展示，其他同学倾听，并且公平公正地评价他人的劳动成果。 2. 根据其他同学的建议修改完善个人报告，反思探究学习过程中的得失，撰写个人学习小结。

五、主题评价

（一）主题评价方式

（1）采用教师、个人、组员等多元化评价方式。

（2）既有学习过程评价、学习结果评价，也有反思增值（见表4-5）。

表4-5 评价指标

环节	过程评价												结果评价			反思增值		
	行为规范			团队合作			交流表达			阶段作业			学习成果			综评报告		
评价	自评	互评	师评	自评	互评	师评	自评	互评	师评	自评	互评	师评	自评	互评	师评	自评	互评	师评
学习准备	学习态度 学习习惯 遵守纪律 诚信行为			分工合作 交流讨论 资源共享 互帮互助			阐述表达 作品展示			思维导图 研究方向 分工计划表			主题成果： 研究报告 PPT作品 归档整理			一项代表作 （四选一）： 探究学习报告 科学实验报告 社会考察报告 创新作品说明		
自主选择																		
合作探究										信息搜索 分类归档 文字筛选 报告初稿 PPT初稿								
交流发展										展示计划 交流表达								

（二）主题评价指标

主题围绕"行为规范""小组合作""交流表达""阶段作业""学习成果"五大方面进行教学评价。以百分制和等第制相结合的方式进行评价。学习成绩的评价中，由教师对所设计的相关活动任务赋分，五个方面的平均分为主题的最终成绩。下面以过程性评价中的"行为规范""小组合作""交流表达"三个指标为例，见表4-6。

表4-6 评价指标

行为规范	学习态度	A. 能刻苦努力，善于思考，努力争取最好的成果。
		B. 能认真负责，努力做好自己的工作。
		C. 能认真参与，在同伴帮助下，做好自己的工作。
		D. 态度懒散，不愿承担责任。
	学习习惯	A. 能主动按计划学习，详细记录工作日志。
		B. 能按计划学习，记录工作日志。
		C. 能在同伴督促下，按计划学习，偶尔忘记记录工作日志。
		D. 不按计划学习，经常忘记记录工作日志。
	遵守纪律	A. 能专心听讲，轻声讨论，并提醒同伴遵守纪律。
		B. 能专心听讲，轻声讨论，不影响同伴学习。
		C. 能遵守课堂纪律，偶尔影响他人，经同伴提醒后能马上改正。
		D. 不遵守课堂纪律，不听劝阻，影响他人。
	诚信行为	A. 能独立、提前、高质量地完成自己承担的任务，不抄袭。
		B. 能独立、按时完成自己承担的任务，偶有拖延，不抄袭。
		C. 能在同伴的帮助下完成任务，但有拖延，不抄袭。
		D. 不能按时完成任务或经常抄袭。
小组合作	分工合作	A. 愿意认领各类任务，并主动帮助同伴，设法让大家一起很好地工作。
		B. 服从组内分工，愿意帮助同伴。
		C. 服从组内分工，与同伴共同工作，但不够主动。
		D. 不肯认领自己不喜欢的任务，经常与同伴产生矛盾或很少与同伴合作。
	交流讨论	A. 能积极发表意见，认真倾听同伴发言，愿意提出好的建议。
		B. 能经常发表意见，认真倾听同伴发言。
		C. 能发表一些自己的看法或听取同伴发言，但偶尔会不尊重同伴。

续 表

		D. 很少发表看法,经常打断同伴发言或不参加讨论。
	资源共享	A. 能主动向同伴提供所有信息,并提出使用建议。
		B. 能在同伴要求时提供所需信息。
		C. 能向部分同伴提供有关信息。
		D. 不愿向同伴提供信息。
	互帮互助	A. 能主动帮助有困难的同伴。
		B. 能在同伴请求帮助时帮忙解决困难。
		C. 能在同伴请求帮助时提出一些建议。
		D. 不愿帮助同伴。
交流表达	阐述表达	A. 能用清楚、流畅、有吸引力的语言进行表达,对他人的疑问能给予详细的解释说明。
		B. 能用清楚、流畅的语言进行表达,也能很好地回答他人的问题。
		C. 能表达清楚但不流畅,对他人的问题能作简单回答。
		D. 语言表达不清楚,不能回答他人的问题。
	作品展示	A. 能用多种形式熟练展示自己的作品。
		B. 能展示自己的作品,但形式比较单一。
		C. 能在同伴的帮助下,展示自己的作品。
		D. 不能正常地操作、展示自己的作品。

"生活中的手机"主题教学设计

第一次课

学习准备　自主选择:确定主题,成立小组,制定计划

一、学习目标

1. 在头脑风暴中学会利用思维导图思考问题并能与组员分享自己的想法。

2. 根据感兴趣的主题成立小组,组员互相认识,建立合作,再次围绕主题讨论并最终确定恰当的研究内容。

3. 制定研究计划,明确组员分工。

二、学习过程

(一) 思维导图,确定主题

学习要求	学生活动	教师帮助	设计意图
1. 每位同学在纸上围绕"手机"这个主题绘制一张思维导图; 2. 思考所有同学提出的主题中有哪些主题是值得研究的; 3. 交流讨论,师生共同确定值得研究的主题。	1. 思考与"手机"有关的主题; 2. 尝试利用思维导图尽可能全面地记录; 3. 交流自己想到的主题,可以研究的主题。	1. 引导学生围绕主题进行思考; 2. 指导学生设计纸质或电子思维导图; 3. 组织学生交流,分析哪些主题值得研究并且具有可行性,帮助学生确定希望研究的主题。	引导学生能够借助思维导图发现问题、分析问题并最终解决问题。

(二) 成立小组,明确分工

学习要求	学生活动	教师帮助	设计意图
1. 选择感兴趣的主题,组成3—5人小组,尽可能考虑组内成员在组织、记录等方面的特长; 2. 按照新的小组重新就座; 3. 推选组长,进行分工; 4. 交流小组的情况,增加小组凝聚力。	1. 根据兴趣爱好和个人特长等,寻找合作伙伴; 2. 与新的小组成员一起就座,认识并熟悉每个成员; 3. 完成小组活动记录单,推选组长,设计小组宣传口号; 4. 每组发言员在全班介绍小组基本情况。	1. 帮助学生成立小组; 2. 指导学生根据实际情况进行内部分工,填写活动记录单; 3. 组织学生交流小组基本情况,取长补短。	1. 由于全班同学来自不同的班级,可以根据班级成立小组,也可以根据学生对于主题的不同兴趣组成小组; 2. 领导者的选择和组内成员的明确、小组凝聚力的建设很大程度上决定项目的成败。

(三) 制定计划,交流完善

学习要求	学生活动	教师帮助	设计意图
1. 明确研究计划的意义,了解研究计划的主要内容; 2. 合作制定小组研究计划; 3. 交流讨论小组研究计划,修改完善。	1. 思考并交流讨论研究计划的作用和主要内容; 2. 组长组织组员讨论,记录员根据讨论内容完成小组研究计划表的填写; 3. 参与全班交流,根据老师或其他同学的建议修改小组的研究计划。	1. 引导学生思考制定研究计划的目的和主要内容; 2. 组织学生交流并明确研究计划表的撰写要求; 3. 指导各小组完成研究计划的讨论和记录; 4. 组织学生交流,并根据建议修改完善。	指导学生能够有效地规划自己的研究,明确研究的目的,确定研究方法,指导学生完成每个阶段应该完成的研究任务。

深度整合式教学

"生活中的手机"主题教学设计
第二次课
合作探究(1):收集信息,处理信息

一、学习目标

1. 掌握信息收集的方法,了解信息归档整理的原则。
2. 依据主题内容的需要以及信息的时效性、全面性、准确性原则完成信息筛选。

二、学习过程

(一)收集信息,掌握搜索技巧

学习要求	学生活动	教师帮助	设计意图
1. 交流讨论:收集信息途径及其利弊; 2. 技能探究:网络搜索技巧; 3. 介绍图书馆书籍检索流程; 4. 收集信息。	1. 独立思考并参与全班讨论; 2. 动手探究教师提供的搜索技巧; 3. 利用刚刚学习的搜索技巧完成信息收集。	1. 组织学生讨论查找资料的各种途径和具体方法。例如:图书、网络、家长、老师和专家; 2. 为学生提供搜索技巧练习,引导学生自主学习,帮助有困难的学生,暴露并解决在探究中存在的问题; 3. 指导学生根据自己的研究内容搜索信息。	六年级学生对搜索技巧的掌握情况参差不齐,利用平板电脑和电脑收集信息存在相似之处。指导学生回顾信息的获取途径和方法,有助于学生顺利进行已有知识的迁移。

(二)整理资料,学习归档方法

学习要求	学生活动	教师帮助	设计意图
1. 师生共同分析如何对资料进行分类整理; 2. 完成资料整理。	1. 思考并讨论整理资料的方法; 2. 完成个人资料的整理; 3. 小组内部互查资料整理情况。	1. 引导学生逐步分析资料分类归档的方法; 2. 将与研究课题有关的资料中涉及的内容,按照原文题目(或观点)自行概括组织文字,编成索引。	指导学生汇总收集到的资料,然后根据需要进行恰如其分的分类整理,使学生能根据要目编成索引,学会在电脑或平板电脑上建立相应的文件夹存储文件。

续 表

（三）筛选资料，剔除无关信息

学习要求	学生活动	教师帮助	设计意图
1. 思考并分析筛选资料的方法； 2. 完成资料筛选。	1. 思考、讨论可以用什么方法辨别谁的资料更准确； 2. 组内交流自己筛选资料的方法，并归纳总结，然后全班交流； 3. 筛选资料并进行系统整理。	1. 寻找并暴露学生收集到的信息中可能存在的问题，全班共同解疑； 2. 指导学生思考并且分析如何正确筛选资料。	1. 鼓励学生积极思考筛选资料的方法，使其能够严格筛选信息，并在筛选过程中不断补充和总结自己的心得经验； 2. 掌握筛选资料常用的方法：（1）要尽量选用新出版的资料。（2）来源于正式出版的书刊、专业研究网站的信息更可靠。（3）新近发布的相关信息值得关注。（4）要注意选用第一手资料。（5）确定某一观点后，删除与该观点无关的资料。

（四）阶段交流，评价反思完善

组织学生以小组为单位进行交流展示。	1. 小组交流准备展示的内容； 2. 展示小组进行资料收集和整理的情况。	1. 引导学生进一步完善小组资料整理； 2. 组织各小组进行交流。	1. 帮助学生进一步完善小组资料的整理归档； 2. 交流过程中，教师或其他学生可对每组进行提问，要求学生对其成果进行解释说明。

"生活中的手机"主题教学设计

第三次课

合作探究（2）：处理信息，撰写报告

一、学习目标

1. 能根据需求对文字信息内容和形式进行加工，将文字信息转化为图示或表格。
2. 小组分工撰写项目研究报告，并修改完善研究报告。

深度整合式教学

3. 规划PPT展示作品的主要内容,组内演讲修饰完善。

二、学习过程

(一)处理信息

学习要求	学生活动	教师帮助	设计意图
对收集到的文字信息进行处理。	1. 回顾Word处理文字信息的操作方法; 2. 探究取消文字超链接或者原格式的方法; 3. 探究添加项目编号或符号的方法; 4. 探究使用SmartArt规划小组报告的方法; 5. 探究自动生成目录的方法; 6. 交流讨论,解除疑惑。	1. 引导学生思考利用Word处理信息的操作方法; 2. 指导学生完成三个信息处理功能的探究; 3. 暴露操作过程中出现的问题,组织学生交流讨论,共同解疑。	解决学生可能在技术上的操作问题,便于学生利用Word撰写报告。

(二)撰写报告

学习要求	学生活动	教师帮助	设计意图
学习如何撰写研究报告,了解报告撰写的基本要求。	1. 自主学习样例报告的基本格式和内容; 2. 组内交流如何撰写小组研究报告; 3. 制定研究报告的评价标准; 4. 组织组员分工撰写研究报告。	1. 指导学生了解研究报告的撰写要求; 2. 组织学生思考小组研究报告撰写的分工与汇总,设计研究报告的评价标准; 3. 依据评价标准撰写研究报告。	学习撰写报告的一般模式,并且尝试小组合作完成此次报告。

(三)报告校对

学习要求	学生活动	教师帮助	设计意图
汇总小组报告,分工完成校对。	组长合成组员的报告,然后组织组员分工校对报告,检查其中是否存在逻辑问题、语句是否精练、是否有错别字等。	组织学生汇总并且自查报告。	由于各小组完成情况不同,较快的小组可以进行多次校对。

续 表

（四）自我评价，修改报告

学习要求	学生活动	教师帮助	设计意图
1. 依据评价标准对小组的报告进行自我评价； 2. 完成评价后继续修改报告。	1. 组长组织组员根据评价标准评价小组报告； 2. 继续修改不足之处。	1. 指导学生进行自我评价； 2. 进一步完善报告。	根据各小组的进程决定这个环节的实际实施，对于速度比较快的小组可以适当增加互评。

（五）准备交流，制作PPT

学习要求	学生活动	教师帮助	设计意图
1. 布置交流展示的要求：时间3分钟，可以由一个代表展示，也可以全组共同展示； 2. 交流展示活动的评价指标。	1. 明确全班交流展示的要求； 2. 列一份针对全班进行展示的报告提纲； 3. 小组分工完成PPT制作，最后汇总美化。	1. 引导学生思考交流展示的基本流程和主要内容，明确评价的指标； 2. 帮助学生制作PPT前列一份展示报告的提纲，展示内容详略得当； 3. 指导学生制作一份图文并茂的PPT，在技术上达到指定的效果。	交流展示的准备比较繁琐，小组分工合作尤为突出，PPT制作、演讲稿的撰写、演讲排练等，尽可能根据学生的实际情况简化，帮助他们了解准备阶段的主要流程。

（六）组内演讲，完善PPT

学习要求	学生活动	教师帮助	设计意图
小组内部结合PPT进行交流展示的演练，确保熟读文稿、操作顺畅。	组长组织小组成员分工完成交流展示的排练。	1. 指导学生结合PPT认真完成排练； 2. 暴露排练过程中可能存在的问题，例如小组合作的问题，PPT喧宾夺主的动画效果以及与主题无关的配图等问题； 3. 全班交流讨论、共同解决问题。	这是一个需要小组团结合作的环节，教师可以抓住这个环节中可能存在的问题进行全班共同答疑。

"生活中的手机"主题教学设计
第四次课
交流发展：交流展示，学习反思

一、学习目标

1. 明确信息表达要在分析信息表达的目的、特点和内容的基础上，选择合适的工具，设计与创作形象生动的作品，体现信息表达的效果。

2. 体验信息交流要在实际交流沟通中实现，学会选择合适的信息交流工具，使用恰当的信息交流方法，提升信息交流的效果与效率。

3. 在信息表达与交流的过程中，逐步养成文明、有效、安全、合法的信息表达与交流习惯，形成合理、规范地表达与交流信息的良好意识。

二、学习过程

（一）完善评价标准

学习要求	学生活动	教师帮助	设计意图
完善交流展示评价的标准。	1. 根据之前的准备思考并分析评价指标还有哪些需要改进的地方； 2. 全班共同交流修改具体的评价指标，并完成分值的设定。	1. 引导学生回顾准备过程，启发学生思考如何完善评价标准； 2. 组织交流，指导完善。	不断完善交流评价的标准，有助于学生正确对待自己的研究成果。

（二）明确评价要求

学习要求	学生活动	教师帮助	设计意图
1. 端正评价态度； 2. 明确评价要求。	1. 思考并分析个人如何正确看待其他小组的展示； 2. 思考如何做到尊重他人的劳动果实，做到公平公正合理的评价。	引导学生思考并交流，鼓励学生能够以公平公正的评价态度对待所有的作品。	评价态度影响评价结果。

续　表

（三）交流展示评价

学习要求	学生活动	教师帮助	设计意图
1. 抽签决定交流顺序； 2. 以小组为单位，按序交流，及时做好记录，并评分； 3. 汇总数据，宣布评价结果。	1. 明确要求：依据评价标准，每个小组可以利用3分钟的时间介绍自己的研究成果； 2. 交流展示：各小组汇报自己的研究过程和研究成果； 3. 认真倾听：合理质疑研究中存在的问题，公平公正合理地完成评价。	1. 利用抽签软件决定抽签顺序； 2. 引导学生依序上台交流展示，组织其他同学提问，及时鼓励表扬学生值得学习的地方，引导学生认真对待自身需要改进的不足之处； 3. 组织学生交流评价过程中存在的疑惑，例如具体扣分的理由等。	体验交流展示的过程，学会尊重他人的劳动成果，实事求是地评价其他人的作品。

（五）新式学习的建构

深度整合式教学是一种全新的教学样态，其不再以单一学科为内容按部就班地进行系统教学，而是基于主题或项目开展实践性、探究性和跨学科学习。深度整合式教学方式在人员、内容、认知、活动等层面发生了根本性变革，如人员组织方式主要是独立学习、合作学习；内容组织方式主要是跨学科学习、主题学习；认知方式主要是直接知识的实践性学习、探究性学习；活动方式则主要以实践操作、交流展示、演讲辩论、参观考察、调查研究等为主。

教学方式的根本性变化要求我们建构更加强调教学流程逻辑结构变化和真实性评价的新的学习环节。具体而言，需要从"学习准备""自主选择""合作探究""交流发展"四个方面建构深度整合式课堂教学环节，具体操作说明见表4-7。

表4-7　深度整合式教学四环节操作说明表

教学四环节	操作说明
学习准备	基于情境进入主题，了解主题概况，明确预期成果；感受和认知主题、实践、探究和跨学科学习方式，以及调查问卷、课题研究、实践考察、作品设计等全新的学习样态。
自主选择	在主题框架下，学生自主选择不同层面的研究题目，组建团队、制定方案、进行角色分工，完成实践探索准备，制定评价方案。

续表

教学四环节	操作说明
合作探究	以小组团队的形式进行合作学习。团队学习可以在校内,也可以在校外;可以动手制作,也可以用电脑编程,最终形成学习成果。
交流发展	各团队研究侧面不尽相同,需要交流展示。在交流中反思自我,总结提升,形成更完善的团队和个人探究成果。

(六) 教学评价的变革

深度整合式教学在教学逻辑结构层面发生了变化,即从遵循学生认知规律的发展到重视学生综合能力的培养。同时,教学评价方式也发生了根本性的变化,更加强调过程性评价、描述性评价、表现性评价以及学生的自我评价和他人评价。随着深度整合式教学研究的不断推进,教学评价也趋于完整、科学。以下为新型评价体系的主要内容。

1. 评价原则

借助信息化平台充分关注每一个学生的个性化成长,以评促学,以评促教。过程性评价和结果性评价结合;综合评价和增值评价贯穿始终;采用"评分+评语"的形式,以等第、学生个体学习报告和综合素质评价报告的形式呈现评价结果。

2. 评价主体

通过学生自评与互评,提高其自我评价、自我反思的能力。教师评价则基于任务确定评价指标,实现"教—学—评"一体化。

3. 评价内容

主题评价涵盖"学习准备""自主选择""合作探究""交流发展"四个学习环节,从过程评价、结果评价和反思增值三阶段,围绕行为规范、小组合作、交流表达、阶段作业、学习成果、综评报告六方面进行,最终形成学生在该主题学习方面的综合评价等第和评语。特别要说明的是,各方面的评价需要明确"关键能力"[①]指向,并在教学平台上进行甄别。

[①] "关键能力"内容参照中共中央办公厅、国务院办公厅于2017年9月印发的《关于深化教育体制机制改革的意见》,该文件明确提出,在培养学生基础知识和基本技能的过程中,强化学生关键能力培养。培养认知能力,引导学生具备独立思考、逻辑推理、信息加工、学会学习、语言表达和文字写作的素养,养成终身学习的意识和能力。培养合作能力,引导学生学会自我管理,学会与他人合作,学会过集体生活,学会处理好个人与社会的关系,遵守、履行道德准则和行为规范。培养创新能力,激发学生好奇心、想象力和创新思维,养成创新人格,鼓励学生勇于探索、大胆尝试、创新创造。培养职业能力,引导学生适应社会需求,树立爱岗敬业、精益求精的职业精神,践行知行合一,积极动手实践和解决实际问题。

学习环节	学习评价	过程评价											结果评价			反思增值		
		行为规范			小组合作			交流表达			阶段作业			学习成果			综评报告		
		自评	互评	师评	自评	互评	师评	自评	互评	师评	自评	互评	师评	自评	互评	师评	自评	互评	师评
学习准备	评价内容																填写一项代表作（四选一）：探究学习报告；科学实验报告；社会考察报告；创新作品说明。		
	关键能力																		
自主选择	评价内容																		
	关键能力																		
合作探究	评价内容																		
	关键能力																		
交流发展	评价内容																		
	关键能力																		
综合等第及评语																			

（1）行为规范：在主题学习中，不同主题所设计的活动和任务不一样，基于学生在各项学习活动和学习任务完成过程中的行为表现，评价的重点也会有所不同。如课堂行为规范主要是针对个人进行评价，且以每次课为单位，上课时老师会先记录在黑板上，课后再记录在 Excel 表格中，基础分为 90 分，考虑到扣分的情况毕竟是少数，所以从易于操作的角度出发设计了以扣分为主的评价方案。如：随意说话扰乱课堂秩序扣 3 分、有明确任务却游离在小组之外扣 3 分等，示例见表 4-8。

表4-8 行为规范评分表

评价方面	评价内容	分/次
加分项	积极主动发言	+1
	主动帮助他人	+1
	勇于提出问题	+3
	主动交流演示	+3
	……	……
减分项	做与课堂无关的事	-3
	有明确任务却游离在小组之外	-3
	扰乱课堂秩序	-3
	旷课	-90
	……	……

(2) 小组合作：小组合作包括合理分工、岗位设置、计划制定等。小组合作的评价应以能够促进学生有效合作为出发点，就此进行设计，评价同样分为加、减分项两个部分。加分项是按照每次课堂任务完成的先后顺序进行分别加分，以此调动每个小组的积极性，同时检验各小组分工是否有效。小组组内分工评价详见表4-9。

表4-9 小组组内分工评价表

评分	组内贡献度自评栏（100分）			组内贡献度互评栏 评分(100分)+"打分理由"					
职务	组员	自评贡献度	团队贡献内容	负责人	资料员	记录员	监督员	发言人	理由
负责人				/					
资料员					/				
记录员						/			
监督员							/		
发言人								/	

(3) 交流表达：交流表达是指根据各学习环节的需要，进行交流、研讨、汇报、表达。可

以是小组内的相互评价,也可以是全班交流时的组间评价,还可以是以年级组为单位的大型展示评价。展示交流是学生们分享创造发明成果的有效途径。这一阶段的评价主要从交流的形式和内容两个方面进行。在形式方面,要求学生能够借助工具进行演讲,如海报(纸质或电子)、PPT 或者是微视频;内容方面,教师要指导学生从创造发明的七个关键问题展开,具体评分细则见表 4-10。另外,还将在展示交流之后借助信息技术评选出最佳设计奖、最佳表演奖和最佳合作奖,并根据相应的分值进行奖励,具体评分细则见表 4-11。

表 4-10 交流"内容"评价指标细则表

评价指标	具体说明	分值
形式	有辅助演讲的工具(如:海报、PPT、微视频等)。	30
内容 (围绕七个关键问题)	1. 项目基本信息:项目名称、组长及成员。	10
	2. 作品制作的背景及原因。	10
	3. 作品有什么特点,你觉得最好的地方在何处?	10
	4. 完成作品过程中的分工情况。	10
	5. 制作过程中遇到了什么问题,是如何解决的?	10
	6. 还有什么地方可以改进?	10
	7. 从本次主题活动中,你有什么收获?	10

表 4-11 交流"演讲"评价指标细则表

评价内容	分值
1. 演讲表现(口齿清晰,声音响亮)。	10
2. 演讲表现(自信大方,从容自如)。	10
3. 探究报告(内容完整,条理清晰)。	20
4. 探究报告(过程清晰,资料详细)。	20
5. 探究报告(结论明确,观点严谨)。	20
6. 交流展示 PPT(资料完整,排列顺序符合逻辑,文字颜色合适,清晰可见,模板精美,动画效果合理)。	10
7. 整体效果(形式新颖,完整展示研究主题)。	10

(4)阶段作业:以主题学习中各阶段的任务完成情况为主要评价内容。可以是参观考察任务单、公司成立计划书、调查问卷设计、创意作品草图、交流表达演示文稿等,也可以是覆盖学科需要,完成相关练习。阶段作业包括学生小组学习活动过程中的"研究计划""研究过程""活动记录表""活动汇报表"等阶段小任务的评价,也包括小课题、小制作、小设计或社会实践阶段成果和作品的评价,形式不限。例如,"微视频"的评分依据如表4-12,"研究计划"的评分依据如表4-13。

表4-12 "微视频"评分细则

评价方面	评价内容	分值占比
微视频制作	视频模板美观,动态效果良好,凸显主题特色。	20
	视频播放流畅,效果颇佳。	20
	视频围绕探究目标,合理选用探究方法。	30
	视频内容能够清晰地展现主题的记录过程。	30

表4-13 "研究计划"评分细则

评价方面	评价内容	分值占比
研究计划	研究题目新颖。	20
	研究问题有价值。	20
	研究问题切入点小,考虑时间和空间。	20
	研究背景和研究问题相关。	20
	研究目标明确。	20

(5)学习成果:可以是研究报告、调查问卷、社会考察、方案设计,也可以是海报、PPT、视频、手工等创意作品。如八年级"二十四节气"主题学习成果部分评分细则,见表4-14、4-15。

表4-14 学习成果评分细则

评价内容	分值占比
研究报告(有关二十四节气中某一节气的探究)	40
劳技作品(创意灯饰作品)	30
汇报表达(PPT、海报、视频、网页等)	30

表 4-15 "汇报表达"学习成果评分细则

评价方面	评价内容	分值占比
汇报表达	紧扣主题，文字精练，内容准确。	40
	风格统一，排版美观，凸显特色。	20
	图文搭配合理，清晰呈现探究过程及结果。	20
	动画、页面切换、超链接、视频等效果能辅助演讲。	20

（6）综评报告：依据《上海市初中学生综合素质评价实施办法》中"创新精神与实践能力"的评价要求，在主题学习完成后进行小结反思，选择"探究性学习报告、科学实验报告、社会考察报告、创新作品说明"其中的一项完成综评报告填写和评价，在反思增值的同时，对接上海市中考改革方案，为学生综合素质评价提供数据。

4. 评价方式

百分制和等第制相结合。每个方面赋 100 分为满分，以"自评×30% + 互评×30% + 师评×40% = 得分"进行核算，评价既有对团队合作学习的加分与扣分，也有对个人工作的加分与扣分，主题最终以各方面平均分赋值呈现等第，90 分以上为"优秀"，75 分～89 分为"良好"，60 分～74 分为"合格"，60 分以下为"须努力"。同时，将学生学习过程中各环节的描述性评价集合为主题学习评语。覆盖课程由教师对所设计的相关活动任务赋分，再得出学期、学年总分。数据由数字化教学平台自动采集、归纳、整合、呈现。

二、孕育与嫁接：实践研究的推进

实践探索过程中，学校及时关注教学新样态的推进效果。我们发现，深度整合式教学很受学生喜欢，甚至超过了学校开设的其他课程。劳动技术演变成"智慧劳技"，小制作、小发明层出不穷，学生信息素养的培育有了现实的载体，学生们在上海市信息科技统一考试中的成绩显著提高。师生亲切地将这种教学新样态称作"趣谱"（TRIP），即主题（Theme）、研究（Research）、跨学科（Interdisciplinary）、实践（Practice）的首字母组合。基于此，我们在前期试点探索的基础上进一步拓展了实践的广度和深度。

在试点获得积极效果的前提下，深度整合式教学的实践开始了从"点"到"面"的拓展研究，推进路径如图 4-3 所示。

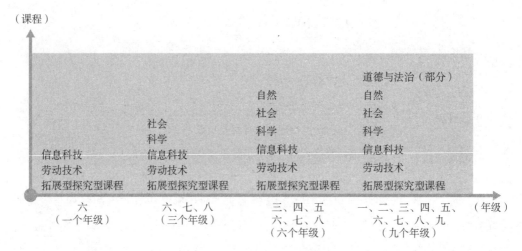

图 4-3　全面学程的推进路径图

（一）课程拓展

根据上海市课程计划安排，在分析了义务教育阶段哪些课程比较适合主题教学后，深度整合式教学研究从信息科技、劳动技术两门课程拓展到初中的科学、社会，一到七年级的道德与法治以及小学自然等多门综合类课程，并且顺应社会发展趋势，把信息科技整合到所有研究的课程之中。

（二）年级延伸

课程拓展的同时，实施深度整合式教学的年级也越来越多，实现了从一年级至九年级的全部贯通，具体架构与安排见表4-16。这进一步促使课程方案中的信息科技从仅有三、六两个年级的"脉冲式"教学，走向一至九年级贯通的"常态化"教学。这一整合举措提高了教学效能，在没有增加课时数的前提下，把Micro:Bit、Arduino等编程教学纳入义务教育阶段，提升了学生的信息科技素养。

表 4-16　深度整合式教学架构与安排

年级	原课程设置		趣谱（TRIP）
一年级	道德与法治	2课时	自然、道德与法治整合，共4课时。
	自然	2课时	

续 表

年级	原课程设置		趣谱（TRIP）
二年级	道德与法治	2课时	自然、道德与法治整合，共4课时。
	自然	2课时	
三年级	信息科技	2课时	信息科技、自然、道德与法治整合，共6课时。
	自然	2课时	
	道德与法治	2课时	
四年级	劳动技术	1课时	信息科技、劳动技术、自然、道德与法治整合，共6课时。
	自然	2课时	
	道德与法治	2课时	
	探究拓展型课程（信息科技）	1课时	
五年级	劳动技术	1课时	信息科技、劳动技术、自然、道德与法治整合，共6课时。
	自然	2课时	
	道德与法治	2课时	
	探究拓展型课程（信息科技）	1课时	
六年级	信息科技	2课时	信息科技、劳动技术、科学、拓展探究型课程整合，共9课时。
	劳动技术	2课时	
	科学	2课时	
	道德与法治	1课时	
	探究拓展型课程（做中学）	2课时	
七年级	劳动技术	1课时	劳动技术、科学、道德与法治、拓展型课程整合，共6课时。
	科学	3课时	
	道德与法治	1课时	
	探究拓展型课程（IT）	1课时	
八年级	社会	2课时	劳动技术、社会整合，共3课时。
	劳动技术	1课时	
九年级	劳动技术	1课时	劳动技术、生命科学整合，共3课时。
	生命科学（跨学科案例分析）	2课时	

(三) 研究团队壮大

伴随年级的延伸和课程内容的逐步拓展,参与深度整合式教学实施的教师团队也在逐渐发展壮大。从一开始仅有几位教师组成的"小众"队伍,扩展到包含信息科技、劳动技术、社会、道德与法治、科学、自然、地理、美术、心理、体育等学科教师组成的跨学段、跨学科的规模化教师团队,形成多个备课组(如图4-4所示)。总之,在学生获益的同时,学校也培养出了一股能胜任深度整合式教学的师资力量。

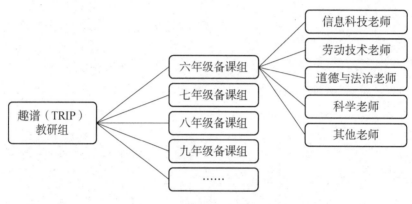

图4-4 教师队伍研修扩展图

随着教师队伍的壮大,研修模式也逐步呈现多样化。学校开发了多样的研修形式与培训活动,开创了多学科教师协同教学模式以及逆向辅导机制,以新带老,共同提高。

开发灵活多样的研修形式。如:集中研修和分散研修;主流研修和非主流研修(如图4-5所示);经典式研修和自主研修等,实现按需培训,因材施训。还有"1+2"的组合式培训,即组织一次全校报告与培训,多次团队研修,N次自主研修,在多元互动对话中理解、掌握深度整合式教学。深度整合式课堂教学和信息技术融合并进。基于一线教师课堂教学的需要,实现信息技术与深度整合式课堂教学的深度融合,实现线上线下互动教学、研修模式。逆向成长辅导机制以中青年教师的课堂教学展示带动老年教师,致力于提升老年教师对于课堂教学的深度整合能力。

(四) 主题发展

深度整合式教学在实践探索中持续发展,其由最初的28个主题逐步拓展至2020年的

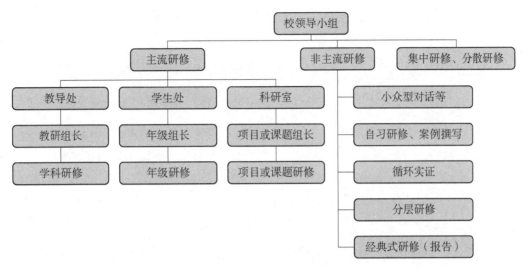

图 4-5 校领导小组领导下的多条线研修模式

74 个教学主题,并且随着课程拓展和年级延伸,其中的主题方向和内容也在不断发展。教学团队根据课程标准和教学基本要求,梳理了一至九年级各学科的学习内容,进一步确立了绣美家园、智慧生活、探觅文化、启梦科学、社会万象五大学习领域,至今产生了百余项学习主题,形成主题系列(如图 4-6)。

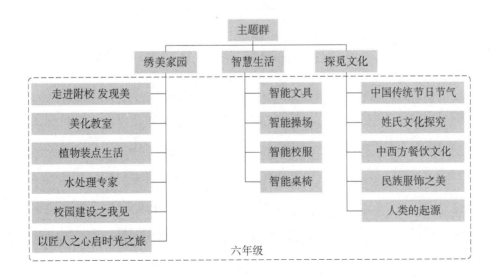

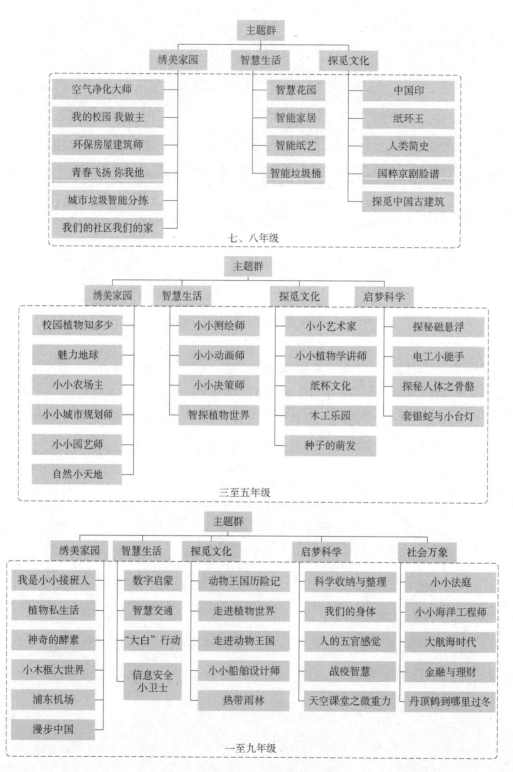

图 4-6 综合主题系列发展示意图

(五) 完善操作

随着"点"上探索的渐进,深度整合式教学在"面"上也不断推进,进一步形成了系统的教学实施操作体系:从"整合课程、联排课时、组建师资、协同教研"的教学规划,到"主题创建、内容重组、方案编制、教学设计"的主题开发,从"学习准备、自主选择、合作探究、展示交流"学习环节的构建,到具有"过程性评价、表现性评价、描述性评价、增值性评价"的综合评价(如图4-7所示),其内涵不断得到补充与完善。

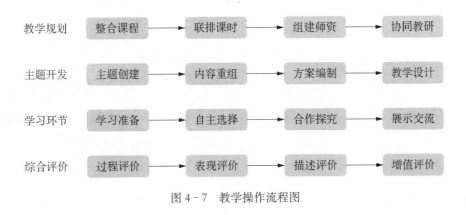

图4-7 教学操作流程图

三、纵深与发展:实践研究空间的拓展

深度整合式教学是教学内容、教学方式和教学评价等多方面的整合,信息科技的深度融入,使得学生使用电脑、移动终端的需求大大增加。因此,原有的传统教室和课堂教学信息化平台难以满足现实需要。基于此,学校打造了10余间适合深度整合式教学的现代学习空间,开发出了一个与以往完全不同的、适合"做中学"的信息化教学平台。

(一) 现代学习空间的打造

2018年,学校新校舍的建设正式拉开帷幕(见图4-8)。张人利校长带领的领导班子将二十多年来长期探索所得的有关课程、教学、学生的经验与理念,融入新校区现代化学习空间的打造中。

图 4-8 新校区现代化学习空间建设场景图

1. 独具深度整合式教学特色

课堂中,有的学生需要独立学习,有的学生需要合作学习;有的学生需要编程,有的学生需要动手制作……而原有的传统教室功能单一,场景转换也不够灵活,已经无法满足深度整合式教学的需求。因此学校在新校区建设规划之际,对学习空间进行了重新设计。除常规专用教室,物理、化学、生物等单一学科实验室之外,学校特意打造了分布于各个楼层的四"趣"空间以及各楼层走廊的"议空间",以便于学生围绕主题、项目、任务,更加自主地开展独立学习与合作学习,通过进一步解决现实中的问题,发展认知、合作、创新、职业等关键能力,实现真正有意义的学习。

四"趣"空间包括:二楼的"趣谱"空间、三楼的"趣创"空间、四楼的"趣理"空间和五楼的"趣云"空间(见图 4-9)。四"趣"空间既有共性,又因功能定位的不同而拥有各自的特性。

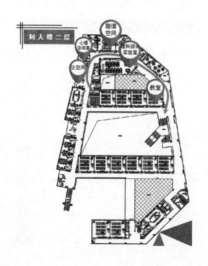
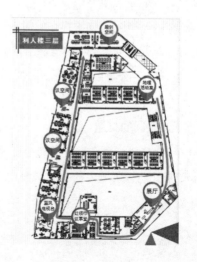

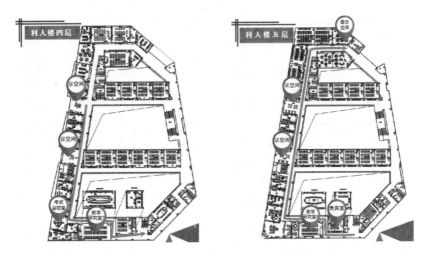

图 4-9 四"趣"空间布局图

> **"趣谱"空间**

"趣谱"空间包括技工坊、匠工坊、艺工坊、综合理科实验室,如图 4-10 所示。

图 4-10 "趣谱"学习空间

• **技工坊**整体配色与装修风格尽显工业风。两侧墙体设计了可书写墙面,可以及时保留学生的 idea,亦可以展示学生作品。同时配备了电烙铁、二极管、传感器等电子电工常用设备,打造技艺培育孵化空间。

- **匠工坊**内设实木课桌椅,配备了先进的德国进口木工专用设备,有带锯机、曲线锯、刨机、铣床、雕刻机等,以尽可能满足学生木工操作的所有需求。
- **艺工坊**配备了布艺、纸艺、园艺、绳结等工艺所需的工具与设备。
- **综合理科实验室**顶面的吊装系统内部集成了强电、低压电、多媒体、网络、上下水、万向吸风、灯光、扬声器等设施。带脚轮、方便移动的学生桌可以任意拼接组合,为学生的小组合作学习提供便利。实验桌配备了摄像系统,可以全程捕捉学生的实验过程,并且上传保存,为过程性评价提供了素材。教室的后半部分还单独设置了一个讨论区,并配备了通风橱、毒品柜等设施。

> "趣创"空间

"趣创"空间包括 AI 智能工坊、模电创新工坊、趣创空间准备室,如图 4-11 所示。

- **AI 智能工坊**旨在打造面向未来的人才培养基地,是 AI 教育深度融合区域示范窗口。空间配备了诸如 3D 打印机、激光切割机、VR 眼镜、行业大屏等高科技工具与设备。
- **模电创新工坊**主要服务于作为"趣谱"(TRIP)课程主线之一的信息科技课程的开展。为学校开展信息科技教学、STEM 拓展课程等提供了教学空间。空间配备了各类模电工具、激光切割机、3D 打印机等设备。
- **趣创空间准备室**的可折叠家具,能适应多种学习场景,如图 4-11 所示。中间位置放置了 5G 未来社区智慧沙盘,可供主题学习中的参观和体验。器材区配备了多套 ARDUIND 套件,可满足课程编程需求。

图 4-11 "趣创"学习空间

> "趣理"空间

"趣理"空间包括物理和化学实验室,如图4-12所示。各学科实验室采光、光照均达到省级标准,配备标准的演示实验台及多媒体、计算机等设备,有标准的学生实验桌凳,实验桌有局部日光灯照明,供电、供水到桌。此外,教室还配有安全消防器材、仪器提篮,规格统一的仪器橱,一律采用钢化玻璃结构,排列整齐。墙壁张贴了相应的规章制度和安全使用注意事项,既符合仪器室文件的标准要求,又能满足学生分组实验的要求。

图4-12 "趣理"学习空间

> "趣云"空间

"趣云"空间包括创工坊,配备了教学一体机、全景相机等设备,如图4-13所示。该教

图4-13 "趣云"学习空间

室中间位置的墙面可任意移动,可一分为二供两个不同任务场景的学生上课使用,也可合在一起供两个班级合班上课。中间位置放置着展示校貌的沙盘,便于学生参观学习。

2. 现代化学习空间的应用案例

现代学习空间中,既有经典的设备与器材,如显微镜、交直流电源、电烙铁、车床、机床、缝纫机等,更有现代的设备与器材,如 3D 打印机、激光雕刻机、机器人、VR 技术及电脑等。空间里有多处展示区域(如图 4-14),既可以充分满足学生对于各类主题的学习探究需求,又能满足学生自我表现的需求。学生在现代学习空间内动脑创造、动手实践、编程作品、演讲辩论等,小制作、小发明、小论文和小调查等成为学生学习评价的新方式。

图 4-14　学生作品展示区

以六年级主题"智能家居"的一次课为例。该主题的目标是让学生自主制作一个智能家居模型,完成一份创新作品说明,成功举办一场智能家居产品的推介会。因此前几次课的主要内容是为推介会做准备。在该主题的课堂上,承担不同职位的学生有着不同的学习任务,不同的任务则需要使用不同的设备和器材,对学习空间也有着不尽相同的需求(见表 4-17)。

表 4-17　"智能家居"主题任务设备、空间需求表

职位	任务	需要的设备和器材	空间需求
智能工程师	使用 Micro:bit 调试本组设计的功能; 修改完善"功能设计方案"并提交至信息化平台; 确定智能硬件在家居模型上的安装位置并在家居模型上完成功能演示。	电脑、下载线、Micro:bit 主板、扩展板和传感器。	编程区域

续 表

职位	任务	需要的设备和器材	空间需求
物化工程师	根据智能工程师要求,安装智能硬件;完善和美化房屋模型。	曲线锯、磨床、胶水、木板等木工基本工具和材料;剪刀、彩纸、彩泥、布料等装饰工具和材料。	操作区域
总设计师	将本组全部制作完成的智能家居模型拍照上传至信息化平台;组织组员讨论,选定推介方式并制作推介文件。	iPad、电脑。	讨论区域
技术总监	拍摄并剪辑功能演示视频;协助物化工程师提供所需材料和工具。	iPad。	拍摄区域

3. 现代化学习空间的管理保障

为保证现代化学习空间的干净整洁以及常态化使用,学校形成了系统的管理层级。首先由校领导统领,归入教务处常规管理,其次成立专用室管理团队且专设组长,再者,每个空间配备了1—2名专职的管理员,做好日常维护。同时,学校建立了严格的实验室管理制度,对仪器设备的购置、使用、保管、维护、修理,尤其是实验室危险化学品的存放和使用、学生实验安全防护、操作规程、应急预案等都建立了明确的责任制。

现代学习空间配备了许多高新技术的设备,为更好地服务一线教学,需要做好日常维护、功能换代等工作。基于此,专用室管理团队定期举办设备培训会,学习掌握所管理空间里各种设备的使用方法。同时,形成常规管理团队研修制度。通过每周一次的分散研修,交流专用室管理经验,分享管理中遇到的困难及解决办法,提升专用室管理员的工作技能。

由此可见,面对"百花齐放"的深度整合式教学课堂样态,传统的普通教室很难满足学生众多的个性化需求,现代化学习空间的打造为深度整合式教学的实施提供了有力支撑与保障。

(二) 信息化教学平台的构建

深度整合式教学的主要特点在于打破学科壁垒,基于两个或两个以上学科的核心知识与素养,创设真实情境和问题,引导学生开展深度思考与探究,并综合运用两个及以上学科的知识来阐述情境、解决问题、创造作品,从而提升学生对于学科知识的综合运用,强化认

深度整合式教学

知、合作、创新和职业等关键能力,帮助学生形成探究、创新、归纳、撰写等综合素养。

1. 信息化教学平台构建是现实需求

与传统单一的学科教学相比,深度整合式教学的结构发生了转变,它强调在教师的帮助下,让学生自己建构,在遵循学生认知规律的前提下,让学生自己实践探究。教学的评价发生了变化,深度整合式教学更多关注的是过程、实践和探究,即使遇到探究结果中的失败,也应该得到过程的赞赏和探究精神的肯定。

从上述差异可以看出,对于支持单一学科学习的传统信息化教学平台来说,其教学规划更多的是遵照教材目录进行编排,教学的组织方式更多的是基于固定的结构和活动流程,教学过程中的评价更多的是对错评价、客观评价。信息化教学平台则支持更灵活的教学组织方式、更便捷的互动探究方式、更高效的成果展示方式以及更多元的教学评价方式。

信息化教学平台如何帮助教师开展深度整合式教学以实现高效备课,如何反映深度整合式教学学科知识体系的完备性,如何精准记录学生参与深度整合式教学的全过程,形成对每位学生的个性化评价以及学生特色档案,如何呈现学生在深度整合式教学过程中关键能力的提升,这些都是有待探究的问题,我们必须构建一个全新的将教、学、评融为一体的信息化教学平台。

2. 信息化教学平台"新"的维度

(1) 支持全新的教学准备路径

在传统单一学科的教学过程中,教师的教学准备主要依照现成的教材和纲要按部就班地组织进行,知识选择既不能超前,也不能延后,教师准备的内容有确切的指示方向,学生的学习成果是可预知的。而在深度整合式教学中,很多时候需要老师拟定一个大方向或大主题让学生自主探索,因而需要建立新的教学平台,以便教师能够在平台中便捷规划教学实施,创建主题教学活动。

在深度整合式教学准备阶段,教师借助全新的信息化教学平台,设置主题、建立规划。然后在平台中创建主题学习指导册(类似于学科教材目录)。教师会有计划地安排每一个学习阶段,为每一个学习阶段选择合适的活动方式,并根据实际教学需要,组织学习资源,设计多种活动(平台支持下的"思维导图""资源""微视频""讨论""作品"等十余种教学活动),以帮助学生开展探索,制作主题导学包。

(2) 支持全新的教学实施记录

传统的教学平台主要记录学生参与的课堂活动,如课堂练习、课堂讨论等,而缺乏对学生任务分工、问卷调查、探究尝试、作品加工等的过程性数据记录。深度整合式教学格外注重对探究过程的记录,学生与学生之间需要能够方便快捷地进行资料交换和信息互通,探究过程也需要教师的即时关注和引导。

因此,在深度整合式教学的实施阶段,学生在全新的信息化教学平台上进行讨论和交流(可以是文字,也可以是语音),开展各类小组活动,如团队组建、项目选取、任务分工、合作探究、撰写研究计划、进行资料收集与加工、完善活动日志、撰写研究报告、制作展示成果汇报交流。学生的主题学习过程资料会自动汇入个人学习空间,作品自动被收录进作品库(包括 Word、PPT、图片、视频等)。平台会自动收集学生主题学习过程性资源、数据和成果,如主题方案、主题进展、主题报告、主题评价和成果展示等,充分记录每个主题的探究性学习过程,形成学生的个性化"学历包"。

(3) 支持全新的教育评价方式

传统的教学平台采用的评价方式往往是简单的对错评价、分数评价、结果评价,缺乏对学生的过程性评价和表现性评价。深度整合式教学不但关注学科知识,更关注能力培养,因此需要更多元的评价方式。

借助全新的信息化教学平台,教师从知识体系、关键能力等不同维度对学生进行评价,既有等第,也有评语,将量化评价和表现性评价相结合,过程性评价与结果性评价相结合,充分关注每一个学生的个性成长。此外,学生还可以进行自我评价和同伴评价。评价结束后,系统为每个学生生成个性化主题学习报告。根据这份主题学习报告,老师和学生可以清晰地了解各阶段学习的学科知识、实践活动、创新作品、获得的关键能力评价等情况。同时,这也有助于教师完善和调整后续教学主题,为后续深度整合式教学实践的开展提供数据基础。

教师借助信息化教学平台备课、规划教学活动,学生评价也不再是纸质试卷上以分值呈现的终结性评价,更多的是基于小制作、小发明、小论文和小调查制作的过程性、表现性评价。

焕然一新的现代学习空间与新颖的信息化教学平台相辅相成、交相辉映,为深度整合式教学提供了更加便捷、高效的实施途径与载体。

3. 全新的信息化教学平台应用案例

全新的信息化教学平台能够支持教师进行深度整合式教学任务的梳理和发布,形成教学资料包;收集和沉淀学生在深度整合式教学实践和探索中的过程性学习资料和成果,形成个性化学历包；评价学生在深度整合式教学过程中所建构的知识结构的完整性、关键能力的提升情况、以及实践探究的参与情况。下面以"智能家居"为例，详细阐述全新的信息化教学平台支持深度整合式教学的过程。

教师首先制定"智能家居"深度整合式教学规划，建立学习知识图谱，然后在备课中心创建学习主题，设置主题教学环节，包括学习准备、自主选择、合作探究、交流发展。学生可通过终端（平板或电脑）接收老师所发布的内容并做出相应的学习准备，从而快速了解室内设计理论，掌握制作智能家居需要的相关技能。学生围绕"智能家居"绘制思维导图，开展头脑风暴，撰写项目计划书，通过系统投票评选出七份最优计划书，组建七个公司，开展智能家居主题探究。过程性探究材料可以储存于学生的"学历包"中，学生通过团队合作开展设计、完成方案并制作智能家居模型，再将成果提交到成果展示作品库中。通过平台，教师可以全程跟进主题，及时、便捷地了解各组任务进度，利用计时、投影、投票等工具随时引导和把控课堂节奏，并适时通过系统为学生推送帮助文件，对探究学习过程中学生遇到的问题给予必要的解答和帮助。小组内部和小组之间也能通过平台实现资源传递和共享。教师基于主题任务标识"知识体系""关键能力""探究实践"等指标，对学生个人的课堂表现或小组合作进行实时评价。最终，系统自动为学生生成主题学习报告，学生查阅后能够明了自己当前的状况，并为以后的学习内容选择指明方向。

教师借助信息教学平台备课、规划教学，对学生进行综合评价。现代学习空间的教室中，所有桌椅都可移动，教学不再受教室现有环境与设备影响，讨论区从传统布局的限制中解脱出来。学习空间教室专设的小组讨论展示平台有助于学生相互之间交流学习，促进作品改进，为学生相互之间的互动激发灵感与创新，营造浓厚的创新创造的学习氛围。由此可见，现代空间与信息技术平台的应用，促进了"智能家居"主题的高效实施。

四、完善与提高：实践研究的深入递进

学校致力于推进深度整合式教学研究的提高与完善。一方面通过基于证据的行动研究修改主题和教学设计，使深度整合式教学得以完善。例如实践探索之初，只有劳动技术和信息科技两门课程整合，学校教师仅从"绣美家园"和"智慧生活"两大领域创建主题。随着年级、课程和教师团队的不断拓展丰富，学校又建立了"探觅文化""启梦科学"和"社会万象"等主题领域，随后，学校还将继续开发更多领域、更高质量的主题。另一方面依托上海

市推动的初中、城乡结对等重大项目向外辐射,探索深度整合式教学在差异化学习环境中的实施效果,在辐射影响他校的同时,反思、完善本校研究效果。

(一) 通过校内培训讲座　扩大影响范围

1. 加强教师信息技术能力培训

深度整合式教学的顺利开展依赖于教师信息化教学水平的整体提升,我校将信息化教学实战培训作为校本研修的常态,"趣谱"(TRIP)课的教师成为学校运用信息技术教学的先锋。在全校教师信息科技的日常校本培训中、在疫情期间"停课不停教、停课不停学"在线教育的信息技术培训中,他们作为种子"教官"深入年级组和备课组,保证了培训的顺利实施,保障了全体教师信息技术水平的提升。

2. 开展系列讲座报告

2019年10月,静教院附校承办了"趣谱(TRIP)——赋予课堂教学新动能"的专项培训活动。高燕副校长在会上作了题为"全面转变教学方式的课程统整——TRIP课程"的报告,全面系统地介绍了"趣谱"(TRIP)的教学架构、教学安排、教学要点和教学实施。教导处副主任、TRIP项目组副组长王连方老师就"信息科技课程在TRIP中的重构"作了介绍,在学校微信公众号"绿之桥"上进行了系列报道。学校聚集课堂教学研究,从局部到整体开展提升课程统整能力讲座报告,引导广大教师探索有意义的课程建构,使持续、全面开展课程教学研究成为一种常态。

3. 推进课堂循环实证研究

深度整合式教学的推进对各个学科的发展都产生了很大影响,优秀的学科教学案例不断涌现。2019年2月至7月,我校共开展信息化教学860节,其中,青年教师信息化教学公开展示课30余节,"趣谱"(TRIP)课教学常态课400余节。

教师们将深度整合式教学的实践研究成果撰写成文,三年来仅发表在《上海教育》《现代教学》《中国现代教育装备》等杂志上的相关文章就有十余篇。如2018年3月《上海教育》就以"从后'茶馆式'到TRIP——静教院附校探索教学方式的全面转变"为题,用16个版面的篇幅报道了静教院附校在深度整合式教学方面的最新探索,如图4-15所示。

其中,以盛丽芬老师执教的"趣谱"(TRIP)主题"热带雨林"荣获了由中央电化教育馆主办的第十二届全国中小学创新课堂教学实践观摩活动全国一等奖,并在2019年5月份受全国组委会邀请去北京进行现场教学展示,该课例也是上海唯一的一节中学展示课例,

图 4-15 《上海教育》期刊的版面报道

活动现场如图 4-16 所示。

图 4-16 第十二届全国中小学创新课堂教学实践观摩活动现场

"热带雨林"主题案例简介

"热带雨林"主题中,第 1 课时学生结合书本与平板电脑查找资料,运用天闻数媒 AiClass 云课堂绘制出全班同学关于"热带雨林"的思维导图;第 2 课时各组对照平板电脑查找电子地图,并用纸条打边框做出区域立体地形图的底图;第 3、4 课时各组成员分工合作,按陆高海深图例描绘分层设色立体地形图;第 5、6 课时各组针对各热带雨林地区存在的某一问题,使用火柴人(Stickman)编程软件调试创意产品,结合传感器初步实现他们的设想。第 7 课时学生使用 iMovie 视频编辑和纳米黑板交流展示学习成果。此外,在各学习小组创意作品展示完毕后,每位同学运用手上的平板电脑,参考评价标准上的问卷星进行自评和互评。该主题运用了多项课堂教学信息技术,融合了地理、生物等多个学科的知识,激发了学生的探究欲望,开展形式丰富的师生互动和生生互动,实现了教与学的创新。

(二) 通过校外推广应用　增强普适性研究

我校深度整合式教学的实践探索引起了各方关注。2018 年以来,《解放日报》《文汇报》《凤凰网》《澎湃新闻》《上海教育》等多家媒体共发表相关报道 20 余篇,如图 4－17 所示。

图 4－17　有关深度整合式教学实践探索的媒体报道

上海市原教委副主任李永智来我校听取深度整合式教学汇报后说,附校实践中体现的教育思想和教育方法对政策设计很有帮助。上海市原教委副主任贾炜、上海市教育学会会长尹后庆、上海市教委信息处处长李海伟、原上海市教委教研室主任徐淀芳等领导和专家多次来我校调研,肯定了深度整合式教学的实践探索。

学校以上海市推动的重大项目——加强初中工程中的实验校为平台,通过长三角名校长培训、城乡互助项目、上海市强校工程、上海市德育实训基地和双名工程等,借助互助合作培训活动将深度整合式教学向外辐射,进行推广。学校通过讲座、对话、公开课的实操、多样形式的培训与研讨等方式,加强与兄弟学校的合作交流。在帮助兄弟校的同时,进一步完善研究成果。2018年,上海市教委教研室为此在我校召开现场会议,面向全国进行直播(如图4-18)。目前,上海市已有诸多学校与我校携手,共同进行深度整合式教学的实践探索。

图4-18 由上海市教委教研室主办,上海市静安区教育学院附属学校和上海市德育课程研究开发实训基地(第四期)承办的"全面转变教学方式的课程统整"现场会

第五章
倾心凝聚结硕果

历时七年,本校在深度整合式教学实践中获得了具有前沿性、普适性和可操作的丰硕成果,不仅形成了深度整合式教学的基本理念与显著特征,开发了百余项深度整合式教学的高质量主题,提炼了深度整合式教学的基本学习环节,形成了多学科教师"一课一研"协同研修模式,还打造了契合教学新样态的教、学、评一体的信息化平台以及凸显多种教学方式优化学习的现代学习空间。

一、形成深度整合式教学的基本理念与特征

深度整合式教学是一项改变育人方式的教学变革,是为了改变学科教学以传授知识体系为主、教学方式以教师讲授为主的局面,全员、全面、全程整合多门课程内容、多种教学方式与教学评价,在教师的帮助下,让学生进行主题性、实践性、探究性和跨学科式的学习,以提升学生的核心素养和关键能力。

(一) 基本理念

教育教学变革首先是理念的变革与转型。为了顺应经济社会发展对创新人才培养的需求,适应新时代育人方式改革的要求以及义务教育阶段新课程标准的设定,深度整合式教学倡导培育学生的关键能力、全面优化教学方式、统整实施国家综合课程三种基本理念。

1. 育人理念:强化学生关键能力的培育

在人工智能主导的信息化 2.0 时代,培养具有高阶思维和创新创造能力的人才,是学校教育的终极目标。换言之,仅让学生掌握基础知识和基本技能并不能满足新时代人才培

养的要求,必须强化学生关键能力的培育。2017年,中共中央国务院办公厅等颁发的《关于深化教育体制机制改革的意见》明确提出"在培养学生基础知识和基本技能的过程中,强化学生关键能力培养"。各学科课程标准也提出了培养学生学科核心素养和关键能力的要求。能力为先即教学以培养创新意识、高阶思维、提升学生解决问题的能力为首要目标,知识学习从目的转为手段,为能力发展服务,并为知识向能力转化提供条件和支持。

当前人工智能等新一代信息技术正促进生产方式不断变革,未来社会具有高度的不确定性和模糊性,有关学生到底应该具备哪些知识、习得何种技能、形成什么品格等问题,我们尚不能作出完整的肯定回答。但是,基于未来社会的上述特性,我们对当下人才培养目标所达成的普遍共识是,除了认知能力外,合作能力、创新能力、职业能力等也应成为教学的核心目标。深度整合式教学基于主题式学习,通过国家综合课程的深度整合设计为学生提供实践水平高、综合性强的学习经验,旨在帮助学生增强以下能力:(1)独立思考,逻辑推理,信息加工,学会学习,语言表达,文字写作,终身学习;(2)自我管理,道德准则,行为规范,他人合作,集体活动,个人与社会关系;(3)好奇心,想象力,创新思维,创新人格,勇于探索,大胆尝试,创新创造;(4)适应社会需求,爱岗敬业,精益求精,知行合一,动手实践,解决问题。

2. 教学理念:对多种教学方式进行整合优化

想要培育学生的关键能力,就需要转变育人方式,如果把教学视为教育的具体实施载体,那么必须全面优化教学方式。教学优化以"能力为先"的目标为引导,教师基于核心素养和关键能力的目标要求,创造性地设计主题教学方案、优化教学实施过程和教学评价。在智能化信息化平台和现代化学习空间的支持下,教师着眼于学生学习兴趣和个性潜能的开发,开展教学的优化创新,组织学生以问题、项目、任务和课题为载体进行自主、合作、探究式学习。包括学习的发起和准备、学习小组的组建、合作探究中的假设和求证、学习成果的制作展示和分享交流等,整个过程都是在教师引领、激励和指导下完成的。教学过程在环境开放、资源共享、自主探究、小组合作的学习环境下展开,教学成为学生思维碰撞、创新创造、分享交流的"梦工厂"。

3. 途径理念:深度整合式教学新样态是强化学生关键能力培育的有效途径

深度整合式教学的突出特征是"整合",一是课程内容整合,即将信息科技、劳动技术、社会、科学、自然等课程的内容重构,建立不同学科间的关联,帮助学生综合利用多学科知识,完成主题任务,提升问题解决能力。二是学习方式整合,即以主题(Theme)、探究(Research)、跨学科(Interdisciplinary)、实践(Practice)等多种学习方式开展教学①,注重激发学生的天性、潜能和创造力。三是教学评价整合,构建包括知识体系、实践成果、关键能力三个维度的评价体系,采用过程性评价与结果性评价相结合、综合评价与增值评价贯穿始终的评价方式,形成学生个性化评价报告,指导学生的个性化发展。

深度整合式教学以"主题、项目"为引领,以"问题解决"为线索,落脚点在于"学生全面发展"。学校致力于构建如图5-1展示的教学模型,包括主题与情境、组织与实施、评价与反思3个阶段,主题发布、情境引入、问题驱动、任务导学、学习准备、自主选择、合作探究、交流发展、综合评价以及反思增值10个环节。

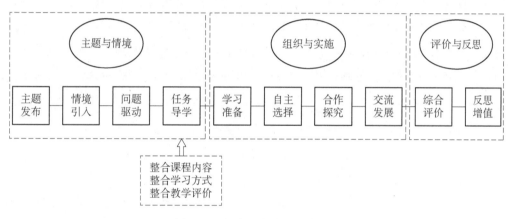

图5-1 深度整合式教学模型图

主题与情境阶段,教师通过主题发布,为学生学习创设生活化情境,提出驱动问题,以任务引导学生对主题内容进行自主探索,设计的任务需要具备"整合"的特征。组织与实施阶段,学生通过主题细分与兴趣选择,完成学习小组的建设,然后进行主题的合作探究与创意制作,最后以小组为单位进行展示与交流。评价与反思阶段包括综合评价与反思增值两个环节,深度整合式教学以表现性评价和过程性评价为主,并鼓励学生在教学环节结束后进行自我反思,促进学生能力发展。

---

① 四种学习方式——主题(Theme)、探究(Research)、跨学科(Interdisciplinary)和实践(Practice)英文名称首字母的大写即为趣谱(TRIP)名称的由来。

(二) 显著特征

在以往的学校教学中,教学内容的组织实施可以立足于知识体系,也可以立足于系列主题,两者没有绝对利弊。前者的模式下,知识不会遗漏、很少重复、系统性强,但不太能激发学生的学习兴趣,实践和探究不够,对关键能力的培育不能凸显。深度整合式教学则取长补短,介入跨学科教学,其课堂变革正是基于对教学目标、教学情境、教学评价、教学空间以及师生行为等基本要素的深刻理解以及对现实的把握,其具体呈现出以下六个显著特征。

1. 教学目标:凸显实践创新性

教学目标是整个教学的出发点和归宿,对教学起到支配和控制作用。传统的学科本位的知识教授方法容易造成事实与意义的分离,"事实"往往就成为了一套整齐的、文字性的"固态"物质。即使学生能够记住这些所教的知识,也不能理解、消化,更难以在此基础上进行应用与创造,这是一种浅层次的学习,而非深度学习。在整合式教学中,学生主要通过提问、动手操作、分享和反思的迭代过程来建构知识,这种主动学习涉及的知识是"流动"的、有趣的,能够加强学生的理解,促使学生应用创造。深度整合式教学不是单向的传授知识,而是从实践出发,密切关注学生的学习态度、学习动机、学习潜力等要素,循循善诱,层层递进,最终达成激发学生学习意愿、创新意识和创造能力的教学目标。

2. 教学情境:真实并富有挑战性

教学情境是教学问题的源泉。在传统的学科知识本位的教授过程中,往往出现氛围沉闷、程序僵化的现象,难以激发学生的兴趣。在深度整合式教学中,不管是大主题还是小任务,都具备以下两个特点:第一,真实性。关键能力往往不是直接教出来的,而是需要基于真实性的任务、通过"真正的学习"加以培育。这种真实并非指必须在现实生活中发生,而是学生获得的知识和能力可以在现实生活、学习、工作中真正被使用,即学生解决问题的思路可以有效迁移到现实生活中。第二,富有挑战性。在富有挑战性的问题面前,学生学习的兴趣、共同体意识、满足感、成就感等积极情绪很容易被调动起来。虽然学生在学习过程中除了体验到希望、自豪感等正向情绪外,难免也会产生紧张感、压力甚至是挫败等负向情绪。但是,偶然的消极情绪是获得成功学习体验的必要心理过程,关键在于学生如何正确处理、巧妙化解消极情绪。问题的解决也需要学生更多的主动思考、积极探索,这对学生而言是一种挑战,正是这一系列的挑战促进了学生产生学习的责任感与奋发向上的精神。

3. 学生行为:选择任务和同伴

在深度整合式教学实践中,基于小组合作的主题教学实质上是把学生从被动的角色转变为主动的角色,引导学生进行更多的语言交流、思想碰撞,突出小组成员行为的积极性和分享交流的主体性。一方面,学生具有任务选择权,整合多门综合课程的主题任务是相对复杂的,具有多学科和跨学科的特点,学生可根据自己的喜好选择最愿意去探索的、最适合自己解决的探究任务,不能因为不感兴趣而被动参与或中途放弃。另一方面,学生具有同伴选择自由,这是因为来源于生活的探究性任务需要学生运用多种认知、融合不同领域的知识才能解决,这就需要团队"作战"。同时任务的合作完成也是一种社会性互动的过程,它能培养学生形成良好人际关系的技能,让学生在共同解决问题的过程中改进语言表达能力、社会交际能力。

4. 教学评价:多元而科学

深度整合式教学不仅是一种新的教学样态,它也推广一种革新的评价方法。在传统的教学评价中,无论是知识本位评价,还是能力本位评价,都十分强调筛选功能,而往往忽视教学评价应具有的导向与激励作用,压抑了学生的学习兴趣。因此,在深度整合式教学实践中,教师首先改变传统的单一考试评价理念和方法,摒弃把学生发展的评价演化为抽象的数据分组与排名,进行简单化、表层化分析的传统做法。其次,深度整合式教学依托信息平台建构了多元而合适的评价体系。教师构建了包括知识体系、实践成果、关键能力三个维度的评价体系,采用过程性评价与结果性评价相结合、描述性评价与量化评价相结合的评价方式,形成学生评价报告,最终实现对每个学生、每个班级的评价。教师还进行自评,将实际教学情况与提前制定的学年教学规划以及知识树进行对比,明确深度整合式教学中有关基础学科知识点的教学是否达到了上海市教学基本要求。

5. 教学空间:线上线下和校内校外相融合

教育教学空间是培养人才的物质载体,与时代的发展息息相关。在传统教学中,面对抽象知识,教师仅靠语言解释显得软弱无力,学生也难以理解,更谈不上运用知识进行创造。在推进深度整合式教学的过程中,传统的面对面教学走向了线上线下融合、实体和虚拟的联通。我校开发了全新的信息化平台,其数据采集、归纳、呈现和应用等功能可以帮助教师实现精准教学,学生使用计算机和移动终端学习也成为常态。除了交流和讨论,学生可以借助平板电脑等移动终端作为中介,从不熟悉的领域中获取并共享丰富的资源,从而促进学习资源的发现与创生。此外,学生的学习空间也不局限于学校与教室,我校研究形

成的主题设计和规划,使主题式教学实践模式突破封闭型的课堂和校园,带领学生走出学校、走向社会,为交流和讨论构建了更加广阔的时空。

6. 教师行为:协同教学教研

深度整合式教学要遵循国家课程标准,围绕某一主题对教学目标、教学内容、教学方法、教学评价等环节进行具体安排,为有效的教学活动进行系统化设计。但某一主题所涉及的知识往往超出学科教师的认知范围,因此需要不同学科的教师组织协同起来,倾注智慧,对教学设计进行修改完善,筛选并架构引导学生自主开展任务探究、合作解决问题的资源,制定主题方案,完成教学设计等任务。在长期的实践中,学校形成了"共同开发,分别实施""同一主题,协同教学""独立开发,线上支撑"三种多学科教师"一课一研"协同研修模式。深度整合式教学的教学环境和复杂的教学任务形成的挑战,促使教师积极协同,逐渐形成常态化的合作机制。

二、开发深度整合式教学的优质主题

深度整合式教学研究从提出开始,至今共开发和实施了百余项高质量主题,其中有教师个人开发的主题、也有研究团队共同开发的主题。

(一) 深度整合式教学主题设计思路

深度整合式教学的推进,离不开主题方案的设定,需要相关的教学理论作为主题设计的依据。当前盛行的教学理论众多,深度整合式教学主要以课程整合理论、建构主义理论、深度学习理论作为支撑,循序开展理性选择与科学设计。

1. 课程整合理论

20世纪上半叶,美国进步主义教育学派和改造主义教育学派倡导以问题为中心的课程观,即围绕某一问题开展教学活动,跨越学科之间的"隔阂",以单元课程的形式组织教学。整合课程就是利用多种有机整合手段,重新建立教学体系各要素之间、各组成部分之间联系的一种新课程样态。① 其核心内容是基于学生的年龄特征和原有的知识水平,将原本分散在各学科之间的相关内容或相关因素重新联结起来,形成完整而全面的课程形

---

① 钟启泉,崔允漷,张华.为了中华民族的复兴,为了每位学生的发展[M].上海:华东师范大学出版社,2001.

式。① 在课程整合的理念引导下,师生能够重新组合原来分散于各学科中的知识,依据共同的主题或相同的内容,系统性地解读与理解某一事物或某一问题,从而增进认知的深度和广度。课程整合的终极目的在于培养全面发展的人。从历史演进来看,作为课程整合理论衍生与发展的产物,无论是跨学科教学形态,还是主题教学形态,都致力于培养学生的核心素养和关键能力。

长期以来,我国中小学校采用分科教学模式,从纵向来看,学科内部具有一定的逻辑,学科知识也有一定的"秩序",但是从横向来看,各学科之间缺乏联系。课程整合理论的引进和实践恰好填补了这一"漏洞",学生核心素养和关键能力的培养也不能脱离现实情境,"我们学习和应用的知识并不是不同学科的知识,而是真实问题和情境中的知识的组合"②。课程整合往往发生在某个问题或主题的背景下,学生需要运用自身的理解、分析、综合、评价等高阶思维能力来解决特定情境中的问题,这个过程本质上就是在培养学生的能力,为其未来走向社会打下基础。

2. 建构主义理论

20世纪60年代,认知发展领域最具影响力的人物——瑞士著名心理学家皮亚杰提出了建构主义理论,其基本观点是:"儿童对外界世界的认知是在与周围环境相互作用的过程中逐步建构起来的。"③可见建构主义理论阐释了学习过程中的认知规律,为学习赋予了新的意义。

深度整合式教学的主题围绕学生的学习展开,以培养学生的认知能力、合作能力、创新能力和职业能力为目标。它十分强调学习的主体性、互动性、过程性和开放性,这与建构主义学习理论的主张相一致。因此主题学习是一种极具代表性的建构性学习,在这个过程中,学生的体验和经验得以不断拓展,并努力实现个人体验世界与社会"精神文化世界"的交互,在此基础上个性化地创造与吸收社会共同的精神和物质财富,促进了有意义学习的发生④,实现了学生核心素养和关键能力的发展。

3. 深度学习理论

1976年,弗伦斯·马顿(Ference Marton)和罗杰·萨尔乔(Roger Saljo)合作发表的文

---

① 韩雪.课程整合的理论基础与模式述评[J].比较教育研究,2002(04):33—37.
② 詹姆斯·比恩.课程统整[M].单文经,等译.上海:华东师范大学出版,2003:11—12.
③ 皮亚杰.皮亚杰教育论著选[M].卢选,译.北京:人民教育出版社,1990.
④ 叶澜.重建课堂教学过程观[J].教育研究,2002(10):24—30.

章——《学习的本质差异:结果和过程》通过实验研究,将学习者在学习过程中获取和加工信息的方式分为两类:深层次加工和浅层次加工,并首次提出深度学习(deep learning)的概念[①]。深度学习是指基于原来的认知结构和水平,对新思想、新事物进行批判性学习,并将相关的想法联系起来,把已有知识迁移到新情境中,从而理解或解决问题[②]。相较于以往学习者采用低层次思维、被动式学习、机械式记忆,深度学习的本质是一种更为主动的学习方式,它鼓励学习者调动高层次思维,积极主动地置身于动态的、复杂的现实情境或问题之中,基于原有知识和新知识的内在联系,消化与吸收新知识,并将其迁移到新情境中来解决问题。

从某种意义上说,深度学习是一个促进学生核心素养和关键能力培养的过程,它必须在复杂现实中通过持续的、切身的探索获得。深度整合式教学的主题设计与实施,可以将多门国家综合课程的知识按照一定的逻辑关系进行整合,创造一定的情境让学生亲身体验,其目的在于改变学生的学习方式,让学生进入深度学习模式中开展理解性学习,批判性地分析问题,实现有效的知识传递、锻炼解决实际问题的能力。

(二) 深度整合式教学主题设计列表及说明

我校创设的百余项"深度整合式教学"主题遵循国家课程标准,进行"大单元"教学,由"大单元"派生出主题。具体将教学分为五大单元,分别为"绣美家园""智慧生活""探觅文化""启梦科学"和"社会万象"。各年级对应每个大单元设有体现不同层次的若干主题,形成了主题系列。以下为"五四"学制初中阶段主题为例(示例见表 5-1)。

表 5-1 "深度整合式教学"主题示例

领域	绣美家园	智慧生活	探觅文化	启梦科学	社会万象
六年级	• 走进附校 • 美化教室 • 中庭雅园 • 校园建设之我见 • 附校文创秀	• 五彩缤纷的AI笔袋 • 智能校服 • 智能桌椅 • 私人定制亲情坐垫	• 中国传统节日节气 • 觅习俗 • 纸趣 • 华夏有霓裳 • 遇见陶瓷	• 人体的高科技——眼睛 • 生物体的高科技——保温能力 • 揭开微粒世界的神秘面纱	• 小木框大世界 • 微型空气质量"检测站"的组装与使用

---

① 普拉伊特·杜塔.策略与博弈[M].施锡铨,译.上海:上海财经大学出版社,2005.
② 何玲,黎加厚.促进学生深度学习[J].计算机教与学,2005(5):29—30.

续 表

领域	绣美家园	智慧生活	探觅文化	启梦科学	社会万象
七年级	• 中华民族大团结 • 以匠人之心启时光之旅 • 我们的社区我们的家	• 智能家居 • 附校"大白"行动 • 智慧交通 • 你好·机器人 • VR陶瓷设计与制作 • 城市垃圾智能分拣	• 探秘中国古建筑 • 重走鲁班路 • 探秘姓氏文化 • 国粹京剧脸谱 • 玉盘珍馐：为家人订制亲情菜谱	• 新车间与生命科学 • 生态微景观设计师 • 探秘太空生活	• 魅力体育 • 投资与经营 • 城市生态与环境保护 • 青春飞扬你我他
八年级	• 空气净化大师 • 环保房屋建筑师 • 我们的社区我们的家 • 魅力魔都	• 垃圾分类之会自我介绍的垃圾模型 • 我们的智能社区 • 校园数字气象站	• 中西方餐饮文化对比 • 人类简史 • 走进博物馆·探秘金属材料发展史	• 水质检测与自制净水器 • 新材料技术的应用对社会发展的影响	• 二十四节气 • 抗疫情 见真情 • 生涯直通车 • 调查家用燃料的变迁与合理使用
九年级	• 基于碳中和理念设计低碳行动方案	• 人工智能与社会生活	• 热带雨林	• 海洋资源的综合利用与制盐	• 丹顶鹤到哪里过冬？

为保证深度整合式教学主题的高水平设计以及高质量的有序推进实施，学校采取了以下策略。

1. 主题设计策略

策略1：年级间全覆盖，水平逐级递进

从体系学习到主题学习，实现知识全覆盖。跨学科主题包括"覆盖课程"和"涉及课程"，"覆盖课程"遵循课程标准和教学要求，充分体现了完整性、层次性和精准性。"覆盖课程"是指参照教育部综合实践活动课程相关文件精神以及义务教育课程方案和课标的方向，从国家课程中选择出适合主题教学的综合类课程，并通过整合式教学将课程内容全部覆盖，全面落实课程标准和教学基本要求。"涉及课程"是指根据主题需要选择支撑主题活动的其他学科内容，即只涉及到部分内容的其他课程。为避免各年级内容重复，缺乏系统性，本校将"覆盖课程"内容按照年级重新架构，尽可能做到年级间的层次递进。以"信息科技"为例，其在各年级的学习内容和水平框架如表5-2所示。表格中的字母A表示学习水

深度整合式教学

表5-2 "信息科技"3至8年级学习内容和水平框架设置

单元名称	三年级	四年级	五年级	六年级	七年级	八年级
信息收集与管理	1. 保存网站中的信息(A)。 2. 用浏览器浏览网站、获取信息(A)。 3. 信息保存到计算机中,并注明来源(A)。	1. 保存网站中的信息(B)。 2. 使用浏览器浏览网站,获取各类信息(B)。 3. 将信息保存到计算机中,并注明来源(B)。	1. 关键字搜索与分类搜索(A)。 2. 信息鉴别的一般依据与方法(A)。 3. 将信息保存到计算机中,并注明来源(C)。 4. 信息的管理(A)。	1. 收藏及整理地址(A)。 2. 关键字搜索与分类搜索(B)。 3. 信息鉴别的一般依据与方法(B)。 4. 信息的管理(B)。	1. 收藏及整理地址(B)。 2. 关键字搜索与分类搜索(C)。 3. 信息鉴别的一般依据与方法(C)。 4. 信息的管理(C)。	1. 收藏及整理地址(C)。 2. 关键字搜索与分类搜索(D)。 3. 信息鉴别的一般依据与方法(D)。 4. 信息的管理(D)。
信息加工	1. Word(A)。 2. 画图(A)。	1. Word(B)。 2. 画图(B)。 3. 在线字体(C)。	1. Word(C)。 2. 画图(C)。 3. 在线抠图(C)。	1. Word(D)。 2. Excel(C)。 3. ACDsee(B)。 4. Photoshop(A)。	1. 问卷星(B)。 2. Excel(D)。 3. Photoshop(B)。	1. 问卷星(C)。 2. Excel(D)。 3. Photoshop(C)。
信息表达与交流	1. PowerPoint(A)。 2. 电子邮件(A)。 3. AiClass学习平台(A)。	1. PowerPoint(B)。 2. 电子邮件(B)。 3. AiClass学习平台(B)。	1. PowerPoint(C)。 2. 电子邮件(C)。 3. AiClass学习平台(C)。	1. PowerPoint(D)。 2. Word(批注+修订)(B)。 3. 电子邮件(D)。	1. PowerPoint(D)。 2. Word(批注+修订)(C)。	1. PowerPoint(D)。 2. Word(批注+修订)(D)。
新技术体验与探究	1. 操作系统:iOS(A)。 2. 图像处理:iOS相册(A)。 3. 创意编程:Scratch(A)。	1. 文档处理:WPS(iOS版)(A)。 2. 图像处理:iOS相册(B)。 3. 创意编程:Scratch(A)。	1. 文档处理:WPS(iOS版)(B)。 2. 视频编辑:可立拍(iOS版)(B)。 3. 创意编程:Scratch(B)。	1. 创意编程:Scratch/创造栗力/Micro:bit(A)。 2. 视频编辑:iMovie/快剪辑/爱剪辑/剪映(B)。	1. 创意编程:Mind+/Mega2560/Micro:bit(A)。 2. 视频编辑:iMovie/快剪辑/爱剪辑/剪映(C)。	1. 创意编程:Python/米思齐/Arduino(A)。 2. 3D设计:SketchUp(C)。 3. 人工智能体验:

续　表

单元名称	三年级	四年级	五年级	六年级	七年级	八年级
信息安全与道德规范	1. 计算机专用教室中学习的行为规范(A)。 2. 信息使用版权知识(A)。	1. 计算机专用教室中学习的行为规范(B)。 2. 信息使用版权知识(B)。	1. 个人信息安全(A)。 2. 信息使用版权知识(B)。	3. 3D 设计：酷家乐/TinkerCad/3Done(B)。 1. 个人信息安全(A)。 2. 信息使用道德规范(A)。	3. 3D 设计：SketchUp(B)。 1. 个人信息安全(B)。 2. 信息使用道德规范(B)。	HUSKYLENS AI摄像头(B)。 1. 个人信息安全(C)。 2. 信息使用道德规范(C)。

平为"知道"或"模仿";B 表示学习水平为"理解"或"熟练";C 表示学习水平为"运用"或"掌握";D 表示学习水平为"综合"。

策略 2：打破学科边界，重组学习内容

为保障"覆盖课程"全面落实课程标准和教学基本要求，主题设计在打破学科边界、重组学习内容时，需要使用规定教材，遵循"覆盖课程"的课程标准。以"智能家居"主题为例，根据主题活动的需求，教师在"学习准备""自主选择""合作探究""交流发展"各活动环节，分别安排了"信息科技""劳动技术""道德与法治""综合实践活动"等"覆盖课程"的学习内容和"美术""数学"等"涉及课程"的学习内容。伴随着主题任务的推进，学生随用随学所需的知识技能，并在制作主题作品的过程加以应用、创造。"智能家居"主题学科知识整合样例如表 5-3 所示。

2. 主题实施策略

策略 1：制定各年级教学规划，形成"1＋N＋2"的主题实施模式

围绕深度整合式教学统整课程的性质，学校确立了"1＋N＋2"综合主题实施模式。"1＋N＋2"是指一个学年的开始，以教学班为单位实施"1"个全年级统一的公共主题。然后学生根据自己的兴趣爱好，自由选择由不同教研团队组合的"N"个主题群进行走班学习。一学年"2"个学期末，全年级通过档案整理展示交流主题，并推荐主题优秀作品进行"路演"，推动学生在个人经验分享和他人成果交流中不断培养能力、完善自我。由于深度整合式教学覆盖信息科技、劳动技术等必修课程，同时融合做中学、人文、STEM 课程等拓展型、探究型选修课程，因此，综合主题系列既有限定又有选择，体现了必修和选修的特色。

品类丰富的主题集合，能够满足学生的个性化需求，为学生提供极大的选择可能性和广阔的探索空间。表 5-4 为 2021 学年六年级主题群的学年规划，其实施方式为"1 个公共主题"、集体备课、分班实施。"5 个自选主题"由 5 个主题群导师与搭班教师统筹规划、共同实施。

制定学习计划时，将六年级需落实的劳动技术、信息科技等课程内容分别安排到各个主题中。深度整合式教学打破了原有教材按章节授课的模式，学生在前面主题中习得的知识和技能又会在后面的主题中得到运用，实现进一步提升。

表5-3 "智能家居"主题学科知识整合样例

课次	学习环节	学习活动	覆盖课程		学习内容		涉及课程		学习方式	学习评价
			信息科技	劳动技术	道德与法治	综合实践活动	美术	数学		
1	学习准备	1.观看视频,走进主题,了解项目设计;明确预期成果:(1)创新作品说明(2)智能家居模型(3)推介文件(PPT等);2.参观5G智慧沙盘,体验智能家居。	新技术体验(Arduino)						参观体验	参观活动
2	自主选择	1.绘制思维导图,搜集家居问题;2.制定项目计划,成立设计公司,确定公司内部职业岗位,明确岗位职责。	思维导图		感受生命意义	职业体验:找一个岗位进行职业调查与体验			制定计划	项目计划书
3	合作探究	1.学习室内设计理论和设计软件,完成设计方案;2.认识木工常用工具,体验木工基本技能,制作家居部件,搭建框架;3.学习图形化编程,使用Micro:Bit为房屋智能化加功能,使其实现智能化;4.优化布局,装饰美化,完善房屋模型。	新技术探究(设计软件"酷家乐");信息安全与道德规范;新技术探究(图形化编程软件Mind+)	木工材料与加工工具;木工加工;木制品设计与制作		设计制作:创意美术艺坊、建筑模型类项目的设计与制作、信息交流与安全、趣味编程入门、我是平面设计师	色彩、纹理与形式设计、造型装饰	面积、边长与体积计算、三视图	设计制作	酷家乐室内设计图、外观功能设计方案、智能家居模型
4										
5										
6										
7										
8										
9	交流发展	1.策划产品推介会、制作推介文件;2.举办产品推介会、交流展示,使用投资问卷评价;3.主题总结,收获精彩人生。	信息表达与交流		活出生命精彩	设计制作:演示文稿展示成果			交流展示	推介文、综评报告
10										

表5-4 "1+N+2"综合主题实施示例

行政班级		六1班	六2班	六3班	六4班	六5班
公共主题"1"		走进附校					
自选主题"N"（走班制）	A班	生活中的手机、智能家居、中庭雅园、私人定制亲情坐垫、附校文创秀				
	B班	智慧花园、私人定制亲情坐垫、探秘3D打印、智能家居、玩泥巴				
	C班	你好机器人、五彩缤纷的AI笔袋、3D"植"旅、智能家居、纸趣				
	D班	手机利弊面面观、华夏有霓裳、中庭雅园、遇见陶瓷、智能家居				
	E班	重走鲁班路、我是附校代言人、"大白"行动、健康"自画像"、纸趣				
展示交流"2"		兵教兵（一学年2次年级交流活动）				

策略2：学生自由选择研究题目，自主组建研究团队

学生可自主选择研究题目，还能自主选择伙伴进行合作探究和实践。以"纸趣"主题为例，学生了解主题要求后，自主搭建团队，讨论商定探究方向，选择不同侧面的小活动、小课题、小制作，根据自定的探究流程和步骤进行活动，最后形成实物作品、视频、探究报告、小论文等成果，并进行交流展示。在此过程中，学生有4次选择机会，第一次是了解主题活动要求后选择合作伙伴；第二次是与合作伙伴商讨后选择探究方向；第三次是确定探究方向后选择探究方法，如活动策划、小课题研究、项目制作等；第四次是选择成果呈现形式和交流方式，如实物模型、视频、探究报告、小论文等；选派小组代表或小组全体成员展示交流。

三、优化教学环节，提高教学效能

深度整合式教学是一种教学新样态，对教师、学生而言是全新的教学过程。在实践初期，学生难以习惯这种主题性、实践性、探究性和跨学科的学习，更不适应完全不同的评价方式；教师不知如何开发这类课程，也不知如何开展教学。经过几年的经验积累，深度整合式教学的样态从最初的"无章无法"到现在的"秩序井然"，逐步构建了学生学习的基本环节，也形成了全体教师认同的结构清晰、使用方便的教学基本环节。

（一）学生学习基本环节概述

学生学习的基本环节主要解决怎么学的问题，关注学习过程中运用的规则、程序和步骤。它体现为学习过程中设计完整的教与学计划,包含学习策略和方法的集合。这些过程的展开不是依次进行的,而是根据学生实践探究的实际情况合理安排的。深度整合式教学的环节主要分为学习准备、自主选择、合作探究和交流发展四个环节。

1. 学习准备

学习准备环节要告诉学生怎么做调查问卷,怎么做小课题,小课题的要领有哪些。具体准备包括:(1)主题情境准备,即了解学习的整体情况,明确预期结果。情境是学习内容的具体载体,是整个学习过程的框架,教师要根据情况引导学生进入主题,激发学生的学习动力。(2)研究方法准备,即理解主题、实践、探究等学习方法,以及作品设计、制作的方法与手段。深度整合式教学中教学"任务"的完成,需要学生认知、情感、运动等各方面的参与,也需要学生进行多种学习活动,包括信息收集、讨论交流、设计制作、报告撰写、展示汇报等。因此学生应充分了解不同研究方法,并综合运用。(3)知识技能准备,相关知识和技能是指学习内容中需要阐明的名词概念、基本原理等,以及解决问题、推理和决策的能力。它能在"学生知道什么"和"在主题任务学习中要掌握什么"之间搭建一座桥梁,为学生关键能力的习得奠定基础。

2. 自主选择

自主选择的主体是学生。即在教师提供的主题框架下,学生基于原有知识、兴趣爱好等自主选择不同的研究方向,自主提出不同侧面的小活动、小课题、小制作。每位学生所选的研究题目都具有个性化特征。以前面所述的"纸趣"主题为例,学生提出九个不同侧面的小主题、小项目,涉及劳技、信息科技、历史、科学、美术、生命科学等多门学科内容。无论学生学习哪个小项目,在教学设计与实施中都要达成劳动技术、信息科技教学的基本要求。这种深度整合式教学既能达成基础性课程的学习要求,又能达成拓展型、探究型学习目标。学生自主组建团队、制定方案、选择角色、认领任务,完成实践探索准备,进行方案评价。

3. 合作探究

围绕主题的学习是一项探究式学习,而单个学生的力量是薄弱的,多个学生智慧的有机融合往往能够实现$1+1>2$的效果,因此深度整合式教学鼓励学生以小组的形式进行合作学习,共同对主题任务展开探索,通过思维的不断碰撞,激发彼此的表现欲,从而促进创新创造力的发展。当然合作探究学习的过程不能缺少教师的引导。教师要密切关注学生的学习过程和存在的问题,注意调动学生探究的积极性,持续观察学生的进展并将其作为下一步教学的依据。

4. 交流发展

随着学习准备、自主选择、合作探究等环节的完成,学习成果也基本成形了。由于各团队的研究方向不尽相同,研究成果也不尽相同,大家需要相互了解、相互学习。让学生在以班级或年级为单位的交流中反思学习成果,并进一步完善提高。在这个环节中,学生将完成交流准备,具体包括制作演示PPT、电子小报、短视频、宣传海报,或者其他辅助汇报展示的准备工作。在作品展、作品讨论等活动中完成作品的自评、互评,可以使用传统的纸质评价表进行评价,也可以借助问卷星等现代信息技术进行评价,并通过自由问辩,帮助学生深化对研究成果的理解。这样的交流活动更容易激发学生参与的积极性,提高反思的深度和广度,带来良好的作品拓展迁移效果。

(二)优化学习环节策略

整合式教学为学生构建的学习环节,对学生而言是全新的,对教师而言也是全新的,教师要如何帮助学生适应全新的学习环节呢?针对这一问题,下面我们从教师的角度阐释实施策略。

1. 开设公共主题引领学生入门

面对初次接触深度整合式教学的学生,教师通过公共主题帮助学生了解跨学科主题学习的目的,学习的流程,行为规范的要求。设计教学活动带领学生经历一次完整的学习过程。落实一些基本的研究方法,如调查法、问卷法、项目设计法等。

2. 创设真实情境中的问题

深度整合式教学的基本特征之一是让学生解决真实情境中的问题,但真实问题从哪里来,一种是学生自己提出的,但这些问题并不能代表班级所有学生的问题,而且有些问题与教师拟开展的教学内容不吻合。所以问题虽然也来源于学生提问,但更多的还是以教师创设为主。既然主题主要源自教师创设,那么怎么将教师的问题转换为学生的问题呢,王爽老师开设的"垃圾分类之会自我介绍的垃圾模型"主题活动或许可以给我们一些启发。为了确认我校学生对于垃圾分类知识的了解程度,王爽老师对六到八年级学生的认知展开了调查。王老师借助PPT呈现调查结果,将学生带进真实情境中。关于如何解决我校学生对某些垃圾所属类别不清楚的问题,学生或许会提出很多解决方案,但是学生的解决方案未必涉及王老师计划开展的教学内容,因此王老师组织学生使用头脑风暴法提出各种解决方法,紧扣与教学设计最贴近的切入点,引导学生进入本课的学习。

3. 选择合适的时机开展学习

学生的合作探究也对教师提出了新要求,教师应适时开展相关知识和技能的教学活动。比如在开展"智能校服"主题学习活动时,学生在方案中均提到了缝制衣服的需求,教师在学生制定研究方案后上了一次缝制香囊的课。学生在缝制香囊的过程中学习布艺制作常用工具的使用方法以及基本技能,如打起针结、攻针法、回针法、缲针法、藏针法、止针结等。根据学生的需求开设的知识和技能活动为学生完成作品制作提供了保障,体现了教师的指导作用。

4. 自主选择同伴的优化方案

在深度整合式教学中,学生可以根据自己的意愿、兴趣、喜好、个性、特长、能力等因素,通过多种方式进行团队组建。

方法1:按问题类别分组,用思维导图寻找同伴。基于某个问题绘制思维导图,可以快速地将学生们的疑虑、相近观点快速合并。呈现出相近观点或疑问的学生,很自然地汇聚到一起,这可以帮助学生找到志趣相投的伙伴。

方法2:按工作岗位分组,通过竞聘发掘个人潜力。组长可以通过自荐或相互推荐的方式产生,在确定组长人选后,激烈的岗位竞聘就开始了。教师作为竞聘活动的组织者和协调者,只需要把控课堂常规纪律即可,在规定时间内完成岗位竞聘,学生就可以各自找到适合自己的团队。

方法3:按心理特征分组,扬长避短。不同心理特征的学生相互配合、协调发展,有利于更好地达成团队目标。除了心理特征因素以外,男女比例的搭配也很重要。男女生按照一定比例搭配分组,有利于提高学习效率。

方法4:按个人意愿分组。好朋友在一个小组,无论做什么工作都觉得开心,可以避免很多不必要的争执与矛盾。但有时这种默契会影响到学习任务的完成,因为他(她)们有太多感兴趣的话题可以交流,课堂任务可能受到负面影响。

方法5:以强带弱共同进步。强强联手固然好,因为通过几年的学习经历,能力较强的学生会逐渐显现出来。但如果总是强强联手,则不利于所有学生的均衡发展。强带弱是比较好的选择,因为能力强的学生想要教会相对弱的同伴,他就要更强才行。而能力稍弱的学生为了完成任务,势必要向他人多多学习,努力提高自身能力。

方法6:随机分组,学会跟不同的同学合作。借助教学管理平台的自动分组功能是一种快速分组方式,这对于某一节课或临时快速分组是很有用的,但是如果长时间使用这种分组方式,则会增加组内冲突和矛盾产生的几率。尤其是低年级学生十分排斥这样的分组方式。

方法 7:组长推荐制度,让每个学生都有机会。在主题展示交流阶段,每个组都对学习过程进行反思与总结、自评与互评,组长们会结合组员的平时表现和任务完成情况,给每一位组员打分,表现最好的组员会被推选出来。这位被推选的同学除了能够获得奖章奖励外,还会获得下一主题组长候选人资格。

组建好团队,每个小组根据主题初步确定研究方向。教师需要从研究的实用性、科学性、新颖性和可操作性角度引导学生反思研究方向,并根据反思的结果修改完善研究方向。

5. 科学评价促进小组合作

合作探究环节最容易出现的问题集中在以下三方面:混在组内吃"空饷";组间互动不足;合作探究效率低下。针对以上三个问题,我们尝试使用联合评分法、"旋转木马"即时互动法和短周期 PK 法对其进行解决,并制定了详细的评价规则。

方法 1:联合评分法

在开展合作探究活动时,总会出现个别学生偷懒,与辛苦工作的组员一同共享成果,也就是我们常说的"吃空饷"。我们在评价时使用联合评分法,即每位学生的积分由小组成绩加上组长分配给每个成员的积分组成。联合评分的理论基础就在于,它既考虑了小组整体的工作水平,又没有忽略个人表现的差异,有效地解决了部分学生在小组合作过程中混在组内"吃空饷"的行为。

方法 2:"旋转木马"即时互动法

这种方法类似于我们常用的小组轮流上台介绍,但也有所变化。第 1 步:每个小组进行一个合作探究任务。例如制定研究方案、绘制作品草图、制作辅助演讲的 PPT 或短视频等;第 2 步:每个小组指定一名同学做巡视员,巡视员作为代表负责了解其他小组的工作,提出自己的疑问,对其他小组的优势和不足进行记录。第 3 步:巡视员回到小组,使用信息技术工具将自己的记录发布出去,或将反馈意见写在便利贴上,再张贴在黑板上。第 4 步:各小组阅读其他小组的反馈信息以及巡视员从其他小组得到的感悟,一起讨论如何改进自己所在小组的工作。

方法 3:短周期小组 PK 法

在以往的合作学习过程中,学生往往容易控制不住音量,随着讨论的推进,嗓门越来越大,即使多次提醒大家降低音量,效果仍不明显。教师尝试使用短周期小组 PK 的方法,取得了良好效果,具体如下。第 1 步:计时,每 5 分钟记录一次(间隔时间可以逐渐增加,直至养成习惯为止);第 2 步:教师观察在一个记录周期内每个小组讨论的音量,如果组内没有出现大声讨论,则整个小组在本轮周期结束后获积分;第 3 步:此轮计分结束后,再开始下一轮计分周期,重复第 1 步和第 2 步。

6. 细化任务帮助学生进行合理分工

合作探究过程中的"各司其职"只是理想状态,因为学生对任务的分解能力相对较弱,教师可以将大任务细化为具体可操作的子任务,再根据子任务的特点合理分配给每位组员,进而促进学生开展有效合作。另外,教师在合作探究前需要花时间培养学生细化任务、制定小组分工计划的能力。例如,小组合作缝制校服造型时,如果按照整体情况进行任务设计,小组中可能会出现浑水摸鱼的组员。如果把一个大任务划分成若干个更小的子任务,小组再去分工,最后组长再根据组员的表现将积分合理地分配给各个成员,这样就能起到督促作用。

表 5-5 改进前的小组分工任务单

小组分工:
要求:人人时时有事做,任务具体、无遗漏。

表 5-6 改进后的小组分工任务单

第　组分工及分数分配表						
要求:人人时时有事做,任务具体、无遗漏。						
	学号—姓名	得分	学号—姓名	得分	学号—姓名	得分
布料剪裁(建议 1—2 人)						
缝制下装(建议 2—3 人)						
校服装饰(建议 1 人)						
拍摄照片或视频(建议 1 人)						
本表由组长填写,共 50 分,组长根据组员表现完成分数分配,并在第三节课下课前提交至教学管理平台。						

7. 交流发展环节中的教师指导策略

每个小组在交流之前均需使用演示文稿、海报、短视频、电脑小报或其他辅助演讲的手段,教师可以结合信息科技学业考试的考点指导学生完成演示文稿的制作,比如制作 PPT 时如何设置超链接,如何设置幻灯片的切换效果,如何设置动画效果,如何导入图片并进行编辑,如何对内容进行排版,对于共性的问题进行全班演示。组织交流主要有两种形式,一种是以班级为单位的交流发展,另一种是年级为单位的交流发展。鼓励学生使用连续互动的方式进行交流,教师适当增加即时互动,使交流变得更加有趣,互动更加丰富。

(1) 班级内部交流的操作方法

第 1 步:教师登录问卷星网站 https://www.wjx.cn/,并注册。

第 2 步:教师在问卷星中创建二维表,将评价标准输入二维表中,生成问卷的地址,在上课前分发至每位同学的电脑或者平板电脑中。此处也可以印发纸质评价标准,但得分需要人工统计,相对麻烦。

第 3 步:每个小组交流结束后,给所有同学两分钟时间登录评分表的网址,给作品打分。

第 4 步:教师登录问卷星可以即时查看每个小组作品的平均分,该平均分将计入每个学生的总积分中。

通过这种方法,学生的研究成果得到了较为客观的评价,原来一问一答的互动方式变为了一对多的互动,而且互动的范围更广,效率更高,学生的注意力更集中。

(2) 年级交流的操作方法

也可以把年级交流当作一次项目活动。项目活动的类型可以分为"设计一次活动""制作一个产品""进行一次决策",显然,年级交流属于"设计一次活动"的类型。既然年级交流是一类项目活动,与其教师辛苦组织策划,不如放手让学生自己组织这次活动,让学生成为活动的主人,给学生更多实战的机会。

(三) 学习各环节的育人价值

依据社会发展对人才需求的判断,当下对学生关键能力培养目标所形成的普遍共识是:关键能力包括认知能力、合作能力、创新能力和职业能力。认知能力包括独立思考、逻辑推理、信息加工、学会学习、语言表达、文字写作、终身学习;合作能力包括自我管理、他人合作、集体活动、个人与社会关系、道德准则、行为规范；创新能力包括好奇心、想象力、创新思维、创新人格、勇于探索、大胆尝试、创新创造；职业能力包括适应社会需求、爱岗敬业、精益求精、知行合一、动手实践、解决问题。深度整合式教学创造了培育学生关键能力的有效途径，那么学生学习的基本环节分别培养了学生的哪些关键能力呢？（见表5-7）

表5-7 学生学习基本环节所培养的关键能力对照表

学习基本环节	培养的关键能力
学习准备	认知能力：独立思考，逻辑推理，信息加工，学会学习。 合作能力：自我管理，道德准则，行为规范。 创新能力：好奇心，想象力，创新思维。
自主选择	认知能力：独立思考，语言表达。 合作能力：道德准则。 职业能力：适应社会（小组）需求。
合作探究	认知能力：信息加工，学会学习，文字写作，终身学习。 合作能力：自我管理，他人合作，集体活动，个人与社会关系，道德准则，行为规范。 创新能力：好奇心，想象力，创新思维，创新人格，勇于探索，大胆尝试，创新创造。 职业能力：适应社会（小组）需求，爱岗敬业，精益求精，知行合一，动手实践，解决问题。
交流发展	认知能力：语言表达，文字写作，终身学习。 合作能力：自我管理，他人合作，集体活动，个人与社会关系，道德准则，行为规范。 创新能力：好奇心，想象力，创新思维，创新人格，勇于探索，大胆尝试，创新创造。 职业能力：适应社会需求，爱岗敬业，精益求精，知行合一。

综上所述，深度整合式教学有一套完整的流程，其有效落地更是一项复杂的系统工程，它需要教师从学习准备、自主选择、合作探究、交流发展等四个环节进行科学合理的资源整合。在这个过程中，教师要做好学生学习"引导者"的角色，按照教学的要求和步骤指导学生的学习进程，有所侧重地培养学生的关键能力。特别需要强调的是，这四个学习环节互相影响、互相制约，无论其中的哪一个环节在学习效果上出现不理想的情况，都会影响整个学习环节实施的效果。

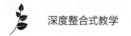

四、形成协同研修模式,促进教师专业发展

在我校推进深度整合式教学的过程中,多学科教师"一课一研"协同研修逐渐成为智慧碰撞与经验分享的惯例,一群热衷于深度整合式教学的不同学科背景、不同年龄的教师们协同合作,共同凝结教育智慧开展深度整合式教学实践研究。

(一) 协同研修的起因

多学科教师"一课一研"协同研修,是指不同学科教师围绕同一个教学主题展开交流、研讨,最大程度地实现学科和教师间的优势互补。它以"解决深度整合式教学中的实际问题,优化教学方式,积累教学经验,提升教学效果"为直接目的,以"转变教育观念,强化理性意识,端正研究态度,提高研究能力"为间接目的,以"促进学生、教师和学校共同发展"为终极目的。

1. 教师协同研修是实施深度整合式教学的客观需求

深度整合式教学改革的重点是通过对多门国家综合类课程进行全面系统的规划与设计,实现综合类课程的深度整合,以主题的方式,培育学生的关键能力。这种整合包括横向整合和纵向整合,既涉及同一学科不同年段的层次递进,又涉及不同学科在同一年段的加工、整理与融合,最终形成国家课程校本化教学新样态。各学科都力求共生与交互,解除不同学科间的隔阂,实现内容的有机整合与教学方式的融会贯通。换言之,如果缺少学科间的相互衔接,就难以形成指向学生关键能力培养的主题方案和教学设计,不利于深度整合式教学的实施。

2. 多学科教师协同研修是教师专业发展的内在需求

教师是践行深度整合式教学的主体,单个教师的力量是薄弱的,难以形成有效的主题方案并顺利实施。同时,深度整合式教学对于教师而言是全新的。因此,多学科教师协同研修是实现教师专业发展、提升教师深度整合式教学执行能力的内在要求。其一,不同学科背景的教师进行协同教研活动,加强学科间的拓展结合,共同合作解决主题方案制定和教学设计的具体问题。如每个年级需要落实覆盖课程的哪些内容;如何对学生的学习进行评价等。实际上,多学科教师的合作过程,就是教学设计和实施方案不断优化的过程。其二,多学科教师开展充分的交流,从学科互识到学科互补,就是一个不同学科教师互帮互助的过程。多学科教师协同研修的实施开阔了各学科教师的视野,产生了新的教学手段,为教师更高效地组织教学奠定了基础。综上可知,在协同教研的过程中,不同教师组成多元化的、灵活的共同体,在合作互惠中获得源源不断的教学策略和发展动力,促进了教师个体和群体专业水平的不断提升。

(二) 协同研修模式多样化

经过几年的教学实践,我校逐渐形成了三种多学科教师"一课一研"协同研修模式,它们共同促进着教师新型专业化发展。

1. 协同研修的三种模式

模式一:同一主题,协同教学

同一主题由2到3位教师协同完成教学,这是实施深度整合式教学初始阶段使用的研修方法,当时教师对于深度整合式教学感到陌生而新奇,我校仅在六年级开展试点,每个行政班星期一和星期四下午3课时连排同时开展,主题覆盖课程包括信息科技、劳动技术和探究型课程,其中信息科技2课时,劳动技术2课时,探究型课程2课时,每个班级2—3位教师协同教学。这种模式采用包班制,每个班级的主题各不相同。

例如,2017年的六(1)班深度整合式教学任课教师由信息科技、劳动技术和探究课各1名教师组成。首先,探究课教师主笔完成课程方案的设计,然后召集团队成员进行研修。其他两位教师从自己学科的角度出发提出修改建议,主要是对教学目标、教学内容和教学评价进行补充,每位教师再根据主题方案按照课时数分别承担部分教学设计、教学资源和学生任务单的开发。课前,上课教师就学情、教学重难点、学生活动、教师帮助、所需材料等进行研讨;课中,三位教师均需进教室开展协同教学,需要落实的学科知识和技能由相关学科教师开展全班授课,学生探究时遇到劳技的问题,由劳技教师进行指导;遇到信息科技学科的问题,由信息科技教师进行指导;课后,三位教师反思本次课教学过程中存在的问题,并讨论优化下次课的内容。

随着时间的推移,部分任课教师潜移默化地学会了其他学科的知识和技能,逐渐可以独立、全程承担一个完整的主题教学,进而实现教师新型专业化发展。

模式二:共同开发,分别实施

目前,这种模式被应用于我校三年级、四年级、五年级、八年级的深度整合式教学中,每个年级在同一时间段开展相同主题的教学活动,每个年级每学年需要开展4—6个主题学习活动,每个行政班必须配一名任课教师,同时每个年级的每门"覆盖课程"至少配备一名教师。例如,八年级有6个班,则需要配足6位任课教师;又因为八年级的"覆盖课程"是劳动技术和社会两门课程,那么八年级的教师团队中至少配一名劳动技术学科教师和一名社会学科教师。

以八年级主题——"魅力体育"为例描述该模式的研修过程。该主题由社会学科华明老师担任主要开发者,在学校体育节期间实施,主题覆盖了上海市初中社会学科教学基本要求中的专题八"熟悉社会规则"和专题九"逐步走向成功",上海市初中劳动技术学科教学基本要求中的第十三单元"电子技术"。华明老师按照学校统一模板撰写主题方案,完成后召集八年级所有任课教师进行多轮研修。

第一轮研修:关于主题方案的研修。

首先,华明老师从主题背景、主题目标、主题内容、主题实施和主题评价几个方面进行介绍;其次,全组成员就以下问题开展讨论:

- 主题开设的条件是否满足?
- 主题内容是否整合了电子技术和社会学科专题八和专题九的相关知识和技能?
- 每次课的安排是否符合学情?
- 主题评价是否科学?
- 作为任课教师,需要学习哪些社会学科和劳动技术学科的知识与技能?

在研修的过程中,有的教师提出"整合的特征不明显,似乎分科教学的痕迹较明显";劳技教师提出"必须融入的电子技术好像没有体现出来";有的教师提出"需要组织焊接技能、木工、社会学科案例分析等技能的培训"。基于上述问题,大家共同提出解决对策。本次研修结束后,华明老师根据意见和建议进行修改完善。

第二轮研修:覆盖课程必备知识和技能培训。

"魅力体育"需要运用社会学科的案例分析法和劳动技术学科的电子技术、木工等相关的知识和技能。因此,本次研修主要由社会学科教师给非社会学科的教师讲授如何进行案例分析,案例分析的技巧,评分标准等;劳技教师就如何使用电烙铁完成灯带的重新组合,使用曲线锯切割木板,使用激光雕刻机切割亚克力板等进行分享。此外,所有教师也会根据培训过程中遇到的问题提出方案的修改建议。

第三轮研修:聚焦每次课的研修。

该轮研修的次数通常和上课次数相当,每次上课前负责人召集全组教师进行讨论,一般至少提前一天进行。研修前,主要负责人需要提供即将实施的教学设计、课件和学生任务单。第一环节通常会对上次课存在的问题进行讨论和分享;第二环节由负责人介绍下次课的教学设计及配套资源等;第三环节,组内其他教师就不清楚的地方向负责人询问,并从学情、上课地点、所需器材、教学环节、任务单等细节提出修改建议,最后,负责人回去后修改完善教学设计、教学资源和学生任务单并发到微信群供每位教师使用。

模式三:独立开发,线上支撑

模式三是在模式二的基础上逐渐发展起来的,目前,我校六年级深度整合式教学基本上采用这种模式。六年级的每个班级至少经历6个主题单元的学习活动,每个主题由一名教师全程负责,如果遇到覆盖课程中非本学科的知识和技能,教师可以上网收集教学资源,进行线上对话。特别是疫情之后,上海的空中课堂为深度整合式教学提供了强有力的支撑,上课教师借助信息技术工具截取需要的片段,彻底解决了深度整合式教学中落实覆盖课程知识和技能的难点问题。

2. 多种协同研修模式的比较

目前,本校在践行深度整合式教学过程中形成的协同研修模式包括三种:(1)同一主题,协同教学;(2)共同开发,分别实施;(3)独立开发,线上支撑。这三种模式具有不同的适用范围以及优劣势,详见表5-8。

表5-8 三种研修模式的比较

模式	适用范围	优势	不足
模式一:同一主题,协同教学	同年级每个班级开展不同主题	团队成员可以分别承担教学中本学科的教学内容; 研修的针对性更强,面对的是相同的教学对象; 提供了充分的机会进行经验交流和分享; 教师无须学习其他学科知识和技能。	所需师资数量较多,每个班级需要每个学科配一名教师才可以组建团队; 课中三位教师同时全程在教室,容易变成分科教学; 教师积极性不高。
模式二:共同开发,分别实施	同年级每个班级开展相同主题	所需师资数量较少,每个年级只需要每个学科配一名教师即可以组建团队; 提供了团队互相学习的机会。	每个班级齐步走,学生没有选择的余地。
模式三:独立开发,线上支撑	同年级每个班级或部分班级开展不同主题	有利于教师的新型专业化发展; 有利于体现深度整合式教学。	对教师的要求较高; 教师需要学习信息科技、劳动技术、道德与法治、社会等学科的知识与技能。

(三)协同研修优秀案例

为了进一步加强深度整合式教学的研究,学校专门设立了趣谱教研组,中小学各设一个教研组长,每个年级设一位备课组长。每一位老师在完成自己所属学科教研组的研修外,还要参与完成深度整合式教学的研修。由于所跨学科多、教学内容综合性强,趣谱研修的模式也与传统研修有所不同。经过多年探索,教研组已经建立了自己独有的、新型的、完整的工作机制,创新出多种不同的研修模式,形成了一支优秀的深度整合式教学队伍。

每学期伊始,中小学教研组长都会一起统筹研修主题,并且围绕研修主题精心设计研修活动内容。每个学期至少安排2次全体交流,一次安排在开学初,由备课组长介绍各年级的主题规划;一次安排在学期结束,由备课组长推选优秀教师分享主题实施经验。另外,信息技术以及课堂教学平台的应用研修活动也是趣谱研修的一大亮点,经验分享、专项学习、公开展示已经成为常态。下面以两个研修计划为例,介绍深度整合式教学的研修安排。

2020学年第一学期趣谱(TRIP)研修工作计划

1. 本学科教学现状分析

经过四年的开发和教学实践,学校的趣谱(TRIP)已经形成了一系列的主题与主题群。教师队伍相对稳定。老师们对趣谱(TRIP)的主题开发、前期准备、实施、评价等都已具备相应的经验。同时,组内老师们在主题开发实施的各个环节中合作互助的意识特别强,对新技术的探究也有很强的主动性。新加入的教师个人能力都很强,新鲜血液的不断注入,提升了教研组的信息技术水平与授课能力。

趣谱(TRIP)教学与传统教学最大的区别是教学方式的改变。所以,对于教师们来说,最困难的是教学过程中小组合作探究活动的组织和管理。同时,趣谱(TRIP)教学融入了劳动技术、道德与法治、信息科技等基础学科,这些课程的教学对于老师们来说是一个挑战。

新校区的趣谱空间提供了更多的支撑资源,需要通过教研组活动让老师们进一步了解这些资源并在日常教学中对其加以整合运用。

2. 本学期主要工作目标及具体措施

(1) 根据新学期安排,各年级开发新的主题。

(2) 六年级以班级为单位,由导师协调、整合、安排本学期3个主题。确定主题、安排教学、实施授课、评价总结、汇总资料。

七年级按主题群分组，合作、整合、安排本学期2个主题以及道德与法治专题"青春飞扬你我他"公共主题的实施。

八年级尝试实施以案例分析为核心的公共主题，达成学科整合。

（3）细化"信息科技""劳动技术""道德与法治""社会"等基础学科在主题中的融入，落实学科课程标准和教学基本要求。

3. 工作日程

（1）开学初：六年级搭班，选定主题。

　　　　　　七年级确定主题。

　　　　　　八年级商定主题实施的具体方案。

（2）主题实施与资料汇总工作。

（3）评价优化与综评工作。

（4）主题延伸：年级主交流活动筹备；"我是小小档案员"兵教兵活动。

4. 教研组活动计划

次数	教研组活动内容
1	开学工作。
2	评价与主题梳理工作研讨。
3	基于主题教学需求的新技术培训。
4	基于主题教学需求的新技术培训。
5	期末工作安排研讨。
6	期末交流。

5. 教研组开设研究课计划

周次	级别	开课内容	研究课题	执教人
12	校级	"小小园艺师"交流与发展	趣谱（TRIP）教学展示	陆闻烨
13	市级	"丹顶鹤去哪里越冬？"	跨学科案例	盛丽芬
19	市级	"丹顶鹤去哪里越冬？"	趣谱（TRIP）教学展示	盛丽芬

6. 教研组专题研究计划

序号	研究专题名称	研究人员
1	"信息科技"在趣谱(TRIP)中的常态化融入	趣谱教研组全体
2	"道德与法治"在趣谱(TRIP)中的主题式融入	六、七年级趣谱教师

7. 教研组指导学生参加各级各类竞赛计划

序号	竞赛项目	年级	人数	指导教师	备注
1	区超级景观秀	六、七、八		周子晴、杨冬尔、陆闻烨	
2	水仙花雕刻比赛	六、七、八		王文娟	

表5-9　2020学年趣谱(TRIP)教研组主题研修计划

教研组	趣谱(TRIP)	教研组长	范春芳
研修人员	陶蜀琴、华明、王爽、范春芳、王静雅、杨冬尔、周子晴、张乐麒、陆闻烨、王连方、冷天、刘安凡、盛丽芬、耿园萌、王盛。		
研修主题	趣谱(TRIP)主题开发与实施优化。		
内容分析	经历4年的开发和教学实践,我校的趣谱(TRIP)已经形成了比较系统化的教学模式,教师队伍也相对稳定。但是一方面,教学实践中呈现的一些问题还亟待解决,另一方面,搬入新校舍后教学环境的变化、教学新资源的充分合理运用、中小学教学的交流协调等方面有待于进一步完善。因此,本学期的研修还是围绕着各年级主题的开发和实施展开。		
希望达成的目标	直接目标:保障日常教学活动的稳步推进与学生学业评价的顺利完成。 近期目标:开发各年级新主题、完善优化已有主题,形成系列特色主题。 长期目标:结合新校舍条件,根据课程教学要求,形成完整趣谱课程体系,使其成为提升学生综合素养的重要途径。		
研修内容设计	第一次	开学工作:趣谱(TRIP)教学评价体系系统梳理。	
	第二次	3D打印机设备培训;常规工作安排。	
	第三次	趣谱(TRIP)评价工作,综评成绩上报,常规工作安排。	
	第四次	"项目学习"专题学习。	
	第五次	"怎样认识趣谱"校长报告,期末工作。	
	第六次	趣谱(TRIP)主题设计、实施与评价案例交流。	
考核与评价			

说明:本表为一学年研修计划表。

五、创设一体化信息平台，助力研究深化

深度整合式教学倡导"做中学"。从"书中学"到"做中学"的显著变化在于：其一，教学的逻辑结构发生了根本变化。在教师的帮助下，让学生自己实践、建构。"书中学"是让学生先看文本（或电子教材），"做中学"是创设情境，提供一个探究方向，它需要更多的开放空间和资源。其二，教学评价发生了根本变化。开放空间与资源要求学生更多地使用电脑、移动终端，表现性评价要求借助信息平台记录学生的探究过程、学习资源、项目研究成果、师生交流记录、评价记录等深度整合式教学的全过程。在此背景下，我们依靠自身力量开发出了一个适合"做中学"的，与以往完全不同的信息化教学平台。

（一）深度整合式信息化教学平台的特点

信息技术对教育发展具有革命性影响，各中小学校高度重视信息技术在教学中的应用，积极构建信息化教学平台，促进信息技术为教育教学赋能。深度整合式教学不同于学科系统学习，其教学结构发生了变化，由原来的文本学习转变为真实问题导向的主题学习。因此，原来以知识学习为主的个体独立学习的教学平台也需要发生转变。本校构建了教、学、评融为一体的信息化教学平台，以适应和满足深度整合式教学的以下三点需要。

一是适应教学结构变化。由于多种教学方式整合引起了教学结构的变化，如深度整合式教学倾向于制定主题、关注探究过程，其在培育学生的能力、态度、价值观等方面都发生了变化，因此需要信息技术的支撑。

二是满足教学评价要求。整合式教学更强调过程性评价、描述性评价、表现性评价以及学生自我评价和对他人的评价。过去的学科课程与教学课堂中，大量的评价注重对与错，是客观性评价，而现在深度整合式教学中的评价不再是简单的对错评价，它更强调过程性评价、描述性评价、表现性评价，以及学生对自己、对他人的评价，这与以往学科学习中的评价完全不一样。

三是综合应用多元化。全新的信息化教学平台实现了教学与评价一体化，不仅满足了国家综合类课程在校本化实施中的课程评价需求，也对接了学校的评价理念，同时满足了上海市综合素质评价平台的要求，提供了有关学生个性化创新探究活动的信息数据报告。

（二）深度整合式信息化教学平台的构成

全新的信息化教学平台包括管理中心、资源中心、教学中心、评价中心四大模块。

1. 管理中心

管理员不仅可以根据学校实际需求创建深度整合式教学的主题名称，还可以完成有关教学支撑的日常教务管理，如学期维护、作息管理、班级维护、任课表维护、学期课表管理、日课表管理、账号信息管理、学生档案管理、教师档案管理、角色管理、授权管理、业务配置等，以保障深度整合式教学顺利开展。

2. 资源中心

资源中心模块是共建共享资源的平台，教师可以上传自己在深度整合式教学中自建的资源，形成个性化的教学资源库，也可以下载其他教师分享的资源。学生可以创建自己的学习成果库，也可以与同伴共享自己的学习资料和成果。全校师生既是资源的使用者，又是资源的创造者，从而有利于多样化的深度整合式教学资源库的形成。系统通过各个维度的分类（如文本、视频、图片、音频、文档、试卷、动画等）使教师方便快捷地获取自己所需的资源，从而提升教学效率。

3. 教学中心

教学中心模块为教师提供了深度整合式教学备授课一体化平台，可进行教学备课设计及授课操作，以辅助教师开展深度整合式教学实践。教学中心主要由备课中心、授课中心两个子模块构成。

在备课中心，教师可以自主构建深度整合式教学主题内容，建立主题学习框架，根据学科教学基本要求确定跨学科学习内容，并根据实际教学需要以树状的形式组织教学资源，设计多种教学活动（如"预习""资源""微课""讨论""作品""思维导图"等十余种），制作主题课例包，并发布深度整合式教学任务。

在授课中心，教师和学生、学生和学生之间可以进行多种即时互动，如课堂评价、成果分享、作品点评等。学生可以在平台上进行讨论和交流，开展各类小组活动。如借助思维导图等进行头脑风暴，以确定主题、研讨小组分工，撰写研究计划，进行资料收集与加工，完善活动日志，撰写研究报告，制作交流展示成果汇报，开展成果评价等。学生通过线上与线下的讨论、交流以及合作进行探究学习。教师可以借助平台发布相关帮助资源，也可以提供线上的现场建议与答疑解难，利用平台提供的各类工具，引导和帮助学生有效开展探究学习。

为方便进行成果交流和作品评价，深度整合式教学作品会被自动收录进作品库。学生可创建个人作品库，查看、管理个人作品和作品集，也可将个人作品分享至班级作品库，供班级内同学浏览和评价。在此过程中，平台会自动收集整合式教学的过程性资源、数据和成果，如主题选择、主题方案、主题进展、主题报告、主题评价和成果展示等，充分记录每位学生在各个主题中的探究数据。

4. 评价中心

评价中心模块是全新的深度整合式信息化教学平台的"灵魂"所在，为深度整合式教学的开展奠定了基础。此模块通过对深度整合式教学过程中各任务的评定，实现了对学生知识体系、实践成果、关键能力的评价，最终形成了学生评价报告。通过制定学年教学规划和知识树，与教师的实际教学情况对比，明确深度整合式教学中基础学科知识点的覆盖是否达到了上海市教学基本要求。评价维度包括知识体系、创新实践、关键能力三个方面，评价方式为过程性评价与结果性评价相结合、描述评价与量化评价相结合。并且支持师生开展教学过程中的自评、互评以及评价结果的查看。

评价中心主要包括学习评价、评价结果、数据报告、系统设置等几个子模块。在学习评价子模块中，教师可以上传自己的学年教学规划，还可以对深度整合式教学任务进行知识体系、实践成果、关键能力的标记。在之后的教学过程中，系统会自动比对和更新实际教学过程与教学规划中知识体系的覆盖情况，并用不同的颜色标记比对情况，以解决深度整合式教学可能存在的知识点遗漏与重复的问题。在评价结果子模块中，系统从主题学习、知识体系、创新实践、关键能力、探究学习作品等不同的维度来展示学生深度整合式教学的情况。数据报告子模块主要呈现各班级、各学生的评价报告。在系统设置子模块中，管理员可以进行知识点管理、评语库管理，而教师可以进行评语库管理，以生成个性化评语库。

(三) 深度整合式信息化教学平台的应用

1. 信息化教学平台实施流程

深度整合式教学信息化平台能够支持教师进行教学任务的梳理和发布，形成教学资料包，收集学生在实践和探索过程中的过程性学习资料和成果，形成学生的个性化学程包。支持教师对学生进行表现性评价，评价学生在整合式学习过程中有关知识构建完整性、关键能力提升度和实践探究参与度的表现。平台教学实施流程如图 5-2 所示。

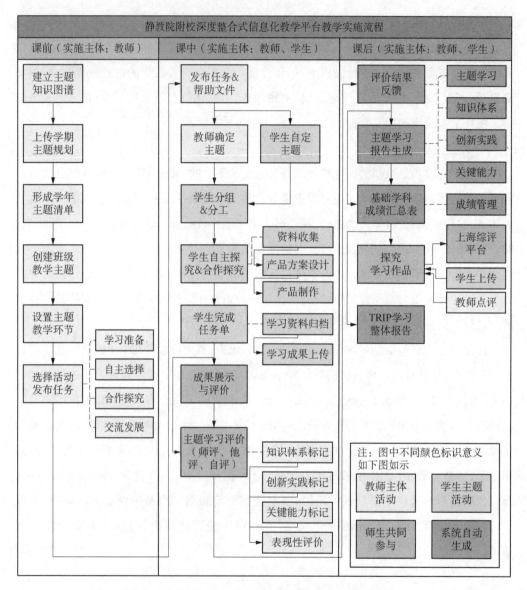

图 5-2 信息化教学平台支撑深度整合式教学实施流程

2. 信息化教学平台应用场景

深度整合式信息化教学平台是一个契合主题性、研究性、实践性和跨学科教学的全新的信息化平台,以下就该平台应用于课前、课中、课后的具体场景,从教、学、评三方面进行阐释。

（1）课前

平台帮助学生进行主题学习准备、辅助教师进行课程设计、协助学校管理者进行目标设定。

① 高效备课

教师可制定教学规划，建立知识图谱，将项目学习任务关联联络成知识体系，以解决项目学习可能存在的知识点遗漏与重复的问题。可自主上传年度课程规划，系统地根据授课情况及时记录与反馈课程实际的知识点覆盖情况，以保证基础学科知识点覆盖达到上海市教学的基本要求；可通过提前查看学生的学习情况，明晰已教学知识点的覆盖情况，帮助教师及时调整课程计划，完善主题学习内容。

② 资源支持

平台根据项目知识主题搭建资源库，更系统，易查找；支持电子书、多媒体、课件等多种格式文件，满足教学需要；提供强大的搜索引擎，支持多关键字检索，根据匹配度列出搜索结果。

③ 资源共享

平台共享优秀的深度整合式教学教案、课件、资源，灵活搭配调整，丰富教学设计。

（2）课中

平台提供多样化深度整合式教学活动及资源支持、多形式课堂评价、过程性成果记录，帮助教师进行即时精准的教学分析与评价。

① 媒体资源供给

教师可以将文档、图片、视频、动画等多种媒体格式的资源推送给学生，帮助学生更好地进行探究，学生获取探究资源的途径更加多样。

② 多样化课堂互动

教师可发布各种项目的学习任务和活动，推送学习素材，获取学生反馈；学生可参与各类学习任务和活动，实时接收教师发布的资源或任务，使用绘画、拍照、录影录音、编辑文档等多种形式提交学习成果。

③ 全过程探究记录

全程记录教师的教学过程。主题学习结束后，所有任务成果都记录在系统中，方便教师积累教学资源；同时系统可即时给出主题探究统计数据，方便教师进行教学分析。学生主题探究学习过程的数据也记录在系统中，学生可以查看项目学习过程及内容，方便进行学习资源与学习成果的积累。

④ 即时性评价反馈

教师可根据学生的课堂表现给出即时评价,学生可实时接收到该评价;教师既可以给个人评价,也可以分小组给出一键评价;既可以是简单的加减分评价,也可以是"评分＋评语"的定性与定量相结合、结果性和过程性相结合的评价。除了教师评价外,还可以是学生自评、学生与学生之间互评。

（3）课后

学生基于平台进行在线互动交流、评价结果分类与成果回溯。

① 在线学习与交流

学生在线完成教师布置的任务,并提交进行评阅。可自主查询或浏览丰富的学习资源,阅读课本、观看视频、浏览文档等,可查看各类课堂分析数据,对主题学习情况进行归纳总结,可参与班级空间的研讨、分享、交流活动,拓展深度整合式教学的时间和空间。

② 评价结果与回溯

教师可以通过主题教学中预先设定的知识点规划表和实际覆盖知识点的智能对比,查看自己所负责的主题学科知识点的覆盖情况,以保证基础学科知识点覆盖达到上海市教学的基本要求。同时,系统会自动生成跨学科教学后各基础学科的成绩统计汇总表与分年级、分学科呈现的计分情况,帮助教师便捷地进行成绩管理。管理员、教师、学生可以查看深度整合式教学主题学习成果概况和评价成果统计,形成学生个人的创新实践成果合辑,以便呈现在上海市综合素质评价平台上。此外,系统会为每个学生自动生成一份阶段性的学习整体报告,帮助教师、学生快速了解主题探究学习的情况。

六、开发现代化学习空间,促进能力培育

深度整合式教学是教学内容、教学方式、教学评价等多方面的整合,可以说,原有的传统教室难以完全满足教学的要求。为凸显多种教学方式的优化,除物理、化学、生物这种单一学科实验室外,学校研究打造了 10 余间适合深度整合式教学的现代学习空间。学习空间内设有供学生小组讨论的专门区域,便于学生自主地开展独立学习与合作学习。设备与器材既有经典的显微镜、交直流电源、电烙铁、车床、机床等,更有现代的 3D 打印机、激光雕刻机、机器人、VR 眼镜等,可以充分满足学生对于各类主题的探究。学生在现代学习空

间内开展思维创造、动手实践、编程作品、演讲辩论等活动。现代学习空间里还专门设有多处展示区域,展现学生稚嫩又有创意的作品,满足学生自我表现的需求。

(一) 现代化学习空间的设计

本校现代化学习空间的整体设计致力于满足深度整合式教学中学生自主学习的外部环境需求,包括硬件、软件、区域、器材、设备等需求。

学校新设的10余间学习空间,虽然设备、仪器等各不相同,但每间都有计算机,一种跨时空的网络虚拟学习空间由此形成。此空间扩展了学习对象和知识的来源,有效克服了学生学习的客观环境问题,增强了现有学习空间的功能,还可以开阔学生的视野,更好地满足学生的需要。

此空间开设多处学生创作展示平台,进行表现性评价的线上与线下融合。线下平台展品陈列有序,种类繁多,有机器人、亲情坐垫、文创秀、微型家居等。作品制作精美,创意新颖,从实用生活工具到文创工艺品,凝聚了学生们的智慧和创造力。线上信息化平台可供学生发表评论、展示阶段性和终期的学习成果,丰富了表现性评价的方法。展示平台有助于学生相互之间交流学习,促进作品改进,营造浓厚的创新创造氛围。

现代化学习空间专设小组讨论区域,部分学习空间的所有桌椅都可移动,不受教室现有环境设备影响,满足课程与活动的空间需求,便于学生自主合作。专设小组讨论区域,将讨论区从传统布局的限制中解脱出来,增加空间的灵活性,为学生相互之间的互动激发灵感,为学生的创新活动提供优化空间。

为了给跨学科主题学习提供丰富的空间和用具,各个专用室都配备了器材超市,常用的基本工具和材料十分齐全,满足手工或实验操作的要求。既有经典的设备与器材,如显微镜、交直流电源、电烙铁、车床、机床、缝纫机等,更有现代的设备与器材,如3D打印机、激光雕刻机、机器人、VR技术及3D陶瓷等,既保留着原来经典的物理、化学、生命科学实验条件,又打造了现代化的理科综合实验室,可以充分满足学生进行各类主题的学习探究。

(二) 依托学习空间打造特色主题

为了丰富学生的创新学习经历,培养学生的创新能力和创新精神,每个年级围绕新校舍设计、现代化学习空间创建设计了特色主题。例如"智慧校园"主题结合校园实景沙盘,引导学生观察校园,从现实学习环境出发,探索设计智慧校园解决方案。深度整合了信息科技 Mind+编程技术、Arduino 智能模块与劳动技术学科的纸艺技能,最终致力于完成一个智能化校园模型。下面以"全景校园"主题为例,师生共同寻找校园学习空间运用中的问题,并尝试分析和解决问题。

案例 4 "全景校园"主题方案

实施年级	六年级	实施学期	第二学期	设计者	王连方、陆闻烨
主题类型	☐公共主题　☑自选主题				
使用教材版本	初中信息科技(试用本)　华东师范大学出版社 劳动技术　七年级(试用本)　上海教育出版社 道德与法治　六年级(五·四学制)　人民教育出版社				
课时	10 次课(每次课 3 课时连排)				

一、主题方案

主题背景

校园是学生追求知识的乐园,也是学生探索天地奥秘的起点。随着数字时代的进步,传统宁静的校园也在逐步适应社会的需求。校园网络全覆盖、各式终端设备的配备,为学习增加了现代化的工具。

1. 课标要求

本主题以新校舍为载体,参照相关课程标准以及《中小学综合实践活动课程指导纲要》,整合基础课程(信息科技、劳动技术、道德与法治)、探究和拓展型课程(做中学)以及综合实践活动课程的部分内容。

2. 学生需求

学生通过"走进附校"主题,已经对校园环境、空间以及设施有所了解,但对鱼园、下沉式广场、篮球馆、趣空间等一道道附校靓丽的校园风景线仍然有着极其浓厚的探究兴趣。大部分学生曾经有过 VR 电影、VR 游戏的体验,对全景摄影、VR 等新技术也充满好奇。活动基于"如何为三月春风义卖活动策划并举办一场校园文创产品发布会?"的驱动问题,想要让学生学会选择合适的信息技术手段解决问题,在团队合作中体验同伴互助的乐趣。

3. 未来需要

以互联网科技发展的趋势来看,在元宇宙的概念中,数字孪生、数字仿真都离不开 VR 虚拟现实技术。因此,本主题借助全景相机拍摄校园风景,通过 VR 设备进行展示,培育学生的信息科技素养,帮助其更好地适应未来多元化的信息社会;利用 3D 软件创意校园文创产品,动手实践 3D 打印,不仅可以提升审美情趣,还为保护和传承校园文化埋下了一颗思想的种子。解决的问题过程有利于提升学生综合运用多学科知识的能力以及分析和解决现实问题的能力。

4. 开设条件

学校新校舍打造了优美、开放的教学环境,具备全景相机、VR 眼镜、能进行 3D 设计的电脑房以及 3D 打印机等专用教室,另外,全覆盖网络的条件也为主题的顺利开展提供了保障。

主题目标

1. 探究全景相机拍摄技术,编辑全景视频,并通过 VR 眼镜进行展示;
2. 经历一次完整的 3D 设计职业体验过程,体验校园 3D 文创产品设计的流程,感受 3D 打印的效果,撰写创新产品说明书,策划并举办一场文创产品发布会;
3. 感受自我价值的实现,激发职业兴趣,树立问题意识、规则意识和知识产权意识。

主题内容

从校园学习生活话题引入,引导学生逐步走进主题,激发主题探究的兴趣。通过观察、调查和头脑风暴收集学校各个学习空间的功能应用、展品陈设等问题,确定主题,成立公司,通过全景 VR 技术实现校园学习空间的虚拟展示,借助 3D 技术设计并打印校园文创产品,开展文创产品发布会的主题案例。

主题实施

本主题设计了 10 次课,共 30 课时。以主题引领将信息科技 2 课时、劳动技术 2 课时、道德与法治 1 课时、探究型课程(做中学)1 课时整合为 6 课时,每周 2 次课,每次课 3 课时连排,在六年级实施。

课次	学习环节	学习活动	学习内容							学习方式	学习评价
			覆盖课程			涉及课程				
			信息科技	劳动技术	道德与法治	综合实践活动	美术	语文		
1	学习准备	1. 观看VR视频,走进主题,了解主题目标及学习流程,明确预期成果: (1) VR视频; (2) 校园文创产品及创新作品说明; (3) 策划并实施产品发布(演示文稿等); 2. 行走校园,体验全景相机拍摄。	新技术体验(全景相机拍摄全景视频,VR虚拟现实技术)			设计制作活动:产品设计类项目的设计与制作。			体验感受	校园拍摄
2	自主选择	1. 绘制思维导图,搜集相关问题; 2. 组建设计团队,制定合作计划,确定个人岗位,明确岗位职责。			感受生命的意义。	职业体验及其他活动:找个岗位进行职业调查与体验。			组建团队 制定计划	小组计划
3	合作探究	1. 学习全景视频编辑软件,完成一个学习空间全景视频的拍摄与编辑;	新技术探究(设计软件"3DONE";信息安全与道德规范。	纸艺作品设计与制作。		设计制作活动:产品设计类项目的设计与制作,信息交流与安全,我是平面设计师	色彩、纹理、形式、造型设计、造型装饰	产品说明书的撰写	考察拍摄 设计制作	全景视频 设计草图 纸质模型 产品说明
4		2. 尝试运用VR眼镜播放全景视频;								
5		3. 构思校园文创产品,绘制设计草图。 4. 学习3DONE软件的基础								

续 表

课次	学习环节	学习活动	学习内容							学习方式	学习评价
			覆盖课程			涉及课程				
			信息科技	劳动技术	道德与法治	综合实践活动	美术	语文		
6		操作,关注设计产品的相关知识产权和信息安全;								
7		5. 认识3DONE基本实体,常用辅助操作;体验多边形建模,制作产品的纸质模型;		3D建模			设 计造型			
8		6. 调试3D打印机,测量尺寸,确定比例,打印并组装,修饰完善产品。								
9	交流发展	1. 撰写产品说明书,策划产品发布会; 2. 举办三月春风活动,展示评价小组产品;	信息表达与交流		活出生命的精彩。	设计制作活动:演示文稿 展示成果。			活动策划 产品展示	活动方案 综评报告
10		3. 主题总结,收获精彩的人生。								

主题评价

本主题借助学校开发的趣谱评价平台实现了项目活动的全流程记录,评价方式为线上线下相结合的多元化评价,评价主题既有教师评价也有学生的自评与互评,评价内容不仅有过程性评价,还有结果评价和反思增值评价。

1. 阶段作业

包括信息收集表、分工计划表、思维导图、视频展示方案、产品构思方案、产品设计草图、产品发布会方案等。学生完成作业上传后,教师设置评价任务,学生根据评价标准自评与互评。

2. 课堂表现

主题活动中的学生行为表现以课堂行规为指导,比如准时到指定专用教室上课、遵守平板电脑使用要求、离开专用教室时将工具等归回原位。既有团队的加减分又有个人的加减分。在 AiClass 平台授课模式下,教师可以实时对学生个人和小组进行行为规范的评分,并且将其统计进入主题总成绩。

3. 小组合作

以团队合作进行的项目探究中,每位学生需要积极参与小组合作,能够主动认领活动任务。组长能够协调组内工作,分工明确,讨论过程中控制音量。在活动中,不仅跨组互帮互助,还能完成组间竞争。

4. 交流表达

平时参与课堂讨论积极发言,将自己的学习成果进行分享也是评价的一部分。学生可以借助 PPT 或微视频等完成产品发布。另外,还将在展示交流之后借助 AiClass 平台推选出最佳设计、最佳演讲和最佳合作奖,并给予奖励。

5. 学习成果

主题预期成果主要为每个小组一个 VR 视频、一个校园文创产品及创新作品说明,策划并实施一场产品发布会。每个学习成果都有自己独立的评价标准。以产品发布会为例,要求产品发布的表达形式新颖、有创意,促进学生创新意识,激励学生活跃思维、创意表达。评价对象及内容见表 5-10。

表 5-10　学习成果的评价维度

评价对象	评价内容	分值（100）
创意策划	产品发布的表达形式新颖，有创意。	30
交流表达	口齿清晰，声音响亮。自信大方，从容自如。	20
PPT 演示文稿	风格统一，排版美观，凸显特色。	20
PPT 演示文稿	紧扣主题，文字精练，内容准确。	10
PPT 演示文稿	图文搭配合理，清晰呈现探究过程及结果。	10
PPT 演示文稿	动画、页面切换、超链接等效果能辅助演讲。	10

6. 综评报告

本主题聚焦校园文创产品的设计与制作，并能策划并实施一场产品发布会校园活动，因此综评报告指导学生从社会考察报告、创新作品说明等方面进行反思提升。

二、教学设计示例

第 1 次课（共 10 课次，30 课时）

学习准备：VR 原理、全景拍摄

内容确定

本次课为"全景校园"主题的第 1 次课，主要环节包括走进主题，了解主题规划，明确预期成果。即通过 VR 眼镜观看 VR 视频，感受 VR 虚拟现实效果；走进学校开放式的学习空间，感受校园魅力；探究全景相机操作技巧，体验全景拍摄过程。

本次课的学习重点：初识 VR 工作原理，认识全景拍摄，理解 VR 与全景拍摄之间的关系，VR 技术在生活中的应用。

学情分析

学生已有的基础：经过前几个主题的活动，学生对趣谱（TRIP）主题学习的基本形式和流程有了大致的了解，学生具备一定的分工和团队合作能力。听说、体验过 VR 设备，知道如何用 iPad、手机拍摄出 180 度的全景照片。

可能遇到的困难：VR头显的使用方式；通过观看平台上的资料描述全景照片的拍摄方法。

本次课学习难点：探究VR眼镜和全景相机操作的正确使用方法。

学习目标

1. 明确本主题的主要课程内容和安排。
2. 学会使用说明书，掌握VR眼镜和全景相机的正确操作方法。
3. 在体验VR技术的应用中，感受信息技术的魅力。

资料准备

1. VR视频展示平台，VR眼镜充电、无线网络连接。
2. 全景相机充电、SD卡、iPad端全景软件安装。

学习活动

活动1：走进主题

学生活动：

1. 聆听"全景校园"主题的规划，明确主题预期成果。
2. 主动思考、查找资料、积极发言，知道主题的学习目标。

教师帮助：

1. 展示校园风景照片，引入主题。提出问题：什么是全景？你是怎么理解的？举例说明。

预设：全景又被称为3D实景，是一种新兴的富媒体技术，其与视频、声音、图片等传统的流媒体最大的区别是"可操作，可交互"。全景分为虚拟现实和3D实景两种。

2. 展示主题规划以及预期成果，引导学生交流，达成学习目标的共识。

设计意图：帮助学生了解主题内容，知道全景的含义，产生对虚拟现实的探究兴趣。

活动 2：体验 VR 虚拟现实技术

学生活动：

1. 独立学习：阅读产品说明书，观看 VR 眼镜使用细节的视频讲解。
2. 合作学习：交流 VR 眼镜使用的操作流程以及注意事项。
3. 完成任务单：根据要求，观看平台上提供的全景照片并完成任务单。
4. 交流讨论：VR 虚拟现实的技术原理。

教师帮助：

1. 指导学生独立学习：学会阅读说明书，指导 VR 眼镜的操作。
2. 引导小组合作交流：讨论 VR 头显使用流程，关注使用细节。
3. 组织任务单交流：帮助学生解决问题，共同认识 VR、学习其工作原理。

设计意图：帮助学生通过使用产品说明书、搜索信息等途径学习 VR 眼镜的操作，了解其工作原理。

活动 3：探究 VR 眼镜操作

学生活动：

1. 独立学习：按照操作规范佩戴 VR 眼镜，掌握 VR 眼镜及其手柄的操作方法。
2. 合作学习：组内互帮互助，共同解决遇到的问题。

教师帮助：

1. 发放 VR 眼镜，巡视并指导学生正确佩戴 VR 眼镜，掌握手柄使用的操作技巧。
2. 引导学生组内交流，解决 VR 平台浏览等操作问题。
3. 全班交流：操作 VR 眼镜的过程中遇到的主要问题，例如误按等。

设计意图：掌握 VR 眼镜浏览平台视频的基本操作方法，在尝试解决问题的过程中感受同伴合作学习的乐趣。

活动 4：探究全景相机拍摄技术

学生活动：

　　1. 独立学习：阅读产品说明书，了解全景相机拍摄的具体办法。

　　2. 合作学习：交流全景相机使用的操作流程以及注意事项。

　　3. 完成任务单：根据要求，探究全景相机的操作方法并完成任务单。

　　4. 交流讨论：全景相机 360 度拍摄的技术原理。

教师帮助：

　　1. 指导学生独立学习：学会阅读说明书，探究全景相机。

　　2. 引导小组合作交流：讨论全景相机的使用流程，扫描二维码链接 iPad 客户端软件。

　　3. 组织任务单交流：帮助学生解决问题，共同认识全景相机拍摄的技术原理。

设计意图：帮助学生通过使用产品说明书、搜索信息等途径学习全景相机的操作技巧，了解其工作原理。

活动 5：体验全景相机拍摄

学生活动：

　　1. 独立学习：按照规范正确操作全景相机，掌握拍摄杆的安装方式，了解 iPad 客户端互联的操作方法。

　　2. 合作学习：组内互帮互助，共同解决遇到的问题。

教师帮助：

　　1. 发放全景相机，巡视并指导学生正确的安装、连接方法。

　　2. 引导学生组内交流，解决遇到的操作问题。

　　3. 全班交流：操作全景相机的过程中遇到的主要问题，例如无法与客户端连接等。

设计意图：掌握全景相机拍摄全景视频的基本操作方法，在尝试解决问题的过程中感受同伴合作学习的乐趣。

活动 6：学习小结

学生活动：

1. 回顾本次课的主要学习内容，做好新主题信息科技准备。

2. 完成本次主题任务单的上传，了解两个设备的工作原理，掌握其基本操作方法。

3. 明确下次课的学习要求，平时注意观察校园学习空间。

教师帮助：

1. 组织学生交流讨论，了解学生的学习情况。

2. 指导学生上传任务单，组织学生完成自我评价和同学互评。

3. 小结本次课的学习内容，提示学生按时提交任务单。

4. 布置课后作业：留心观察校园学习环境，发现还有哪些可以改进的地方。

设计意图：引导学生回顾总结本次课的内容，布置适当的观察作业，为下次课做好铺垫。

学习评价

一级指标	二级指标	观测点	评价形式
阶段作业	VR 探究任务单；全景相机探究任务单。	1. 任务单填写准确； 2. 任务单按时提交。	自评、互评、师评
课堂表现	VR 眼镜规范操作；全景相机规范操作。	1. 按照说明书，规范操作； 2. 爱惜公共财产，轻拿轻放，归回原位。	
小组合作	组内合作解决问题。	1. 在交流讨论中，互帮互助解决问题； 2. 认真倾听他人，又能表达自己的观点； 3. 组内互相监督，保证设备的正常使用。	
交流表达	积极举手发言，主动回答他人遇到的问题。	1. 积极主动回答问题； 2. 乐于助人，主动回答他人遇到的问题。	

第六章
新花绽放满园春

一、精心设计高质量学习主题

学校以信息科技、学校现代学习空间、社会学习场馆为依托,以绣美家园、智慧生活、探觅文化、启梦科学、社会万象为主题领域,设计高质量学习主题系列:一是以深度整合式教学理念为指导,分年级设计涵盖各"覆盖课程"课程标准规定内容的学习主题,尽可能地使各主题在关键能力、学习难度等方面呈现出分层递进的样态,实现主题系列的完整性、层次性、递进性和精准性;二是将信息科技作为各年级所有主题学习的基本工具,重组信息科技内容和要求,将"信息收集与管理、信息加工、信息表达与交流、新技术体验与探究"四个模块融入主题教学之中;三是各主题设计在学习题目、学习场所、学习伙伴、学习路径、学习成果形式等方面拥有自主选择、自主发展的空间,以适应各类学生的需要。

以下列举五大主题领域部分教学案例,供学习参考。具体内容涵盖:各领域下某一主题的主题方案(包括主题背景、主题目标、主题内容、主题实施和主题评价),以及该主题下某次课的教学设计示例、学生的代表性成果。

要说明的是,本章所介绍列举的仅仅是深度整合式教学中部分主题的设计方案,不代表所有的主题设计都应如此,具体到底该如何设计,应该视学科、学段、覆盖课程、涉及课程以及具体内容而定。但是,在设计中我们应该明确,主题设计本质上是一种整体性设计,是对课堂教学中轴的真实呈现,其以真实情境去表达教学主题,以教学主题去表达教学目标和具体的教学要求,再以教学目标和具体的教学要求去刺激和满足学生的认知以及能力发展需求。它除了具有一般教学设计应具备的基本特征之外,还具有以主题为中轴、教学主体的辩证统一、"教程"与"学程"的整合、教学时空"无限开放"等个性化特点。

二、优秀案例之"绣美家园":走进美丽校园

"绣美家园"领域主题围绕家园、美、绣进行选材,以引导学生"关注所在的集体""关注身处的环境""关注社区""关注居住的城市"。基于学生的需求和学科规划,整合劳动技术、信息科技、道德与法治、地理、美术、社会、中小学综合实践活动、拓展型探究型等课程内容与核心素养要求,面向不同年级设计了"学校真美丽""校园植物知多少""小小园艺师""走进附校""中庭雅园""神奇的榫卯""我的社区我的家""中华民族大团结""遇见陶瓷""魅力魔都"等主题。采用"做中学""用中学""创中学"等方式,帮助学生成长为"会探究、能发现、会学习、能制作、会欣赏、有品位"的社会成员。下面以"走进附校""中庭雅园"等主题为例,进行详细阐释。

走进附校

主题基本信息					
实施年级	六年级	实施学期	第一学期	设计者	王连方、范春芳、陶蜀琴、王爽、程金霞等
主题类型	☑公共主题　□自选主题				
使用教材版本	初中信息科技(试用本)　华东师范大学出版社 劳动技术　六年级(试用本)　上海教育出版社 道德与法治　六年级(五·四学制)　人民教育出版社				
课时	10次课(每次课以3课时连排)				

(一) 主题方案

主题背景

"走进附校"是六年级趣谱(TRIP)课的第一个主题。设计本主题是希望学生在教师的指导和引领下,通过"走访校园""调查校园""成果展示",了解附校,初步感受初中校园生活、分析初中生活,从而为快速适应中学生活、在新集体中成为更好的自己做好准备。

1. 课标要求

本主题以《上海市初中信息科技学科教学基本要求》《上海市初中劳动技术学科教学基本要求》以及《中小学综合实践活动课程指导纲要》为指导,整合多门课程内容:道德与法治课的"成长的节拍""友谊的天空""师生情谊",劳动技术课的"纸艺",信息科技课的"信息表达与交流",探究型课程的"调查法"以及综合实践活动课程的"设计制作"。以小组为单位,从感兴趣的校园话题入手,设计并实施一次调查,通过数据分析得出结果,并针对结果提出可行性建议。主题以学生提出的问题为起点,以研究为中心,面向整个校园生活,充分发挥学生的自主能力,强调团队合作,落实课标对学生核心素养的培育要求。

2. 学生需求

从学生的主观愿望来看,他们对新生活充满了新奇与期待,希望通过自己的体验和探索,了解初中学习生活与小学学习生活的不同,渴望自己的中学生活有一个良好的开端。本主题基于"我们的中学生活会怎样度过?"这一驱动性问题,引导学生从学校环境、历史、文化、特色活动等方面探究实践,建立初中阶段新的目标和信念,在融入新生活中不断发现自己、改变自己、做更好的自己。

3. 未来需要

活动以探究调查的方法引导学生学会发现问题、分析问题、解决问题。期待学生在人物访谈中学会沟通协调,在走访校园中体会校园的美好,在小组合作中学会协同完成任务;在交流表达中,能够借助 Word 收集整理信息、通过 Excel 处理数据、借助 PowerPoint 进行展示,提升信息科技素养。

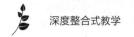

4. 开设条件

学校宣传片、校史馆、活动场馆、网站、微信公众号、校园标识标牌等；新生入学特色活动；劳动技术、信息科技、道德与法治、艺术、体育等综合教师；iPad、电脑等学习终端；信息化教学平台。

主题目标

1. 通过调查、访谈、网络浏览，了解学校教学设施、教学环境、课程设置、规章制度、教学理念以及学校历史，感受校园环境和人文底蕴。
2. 初步体验趣谱（TRIP）学习方式，了解新学习方式的基本方法与步骤。
3. 知道问卷调查实施的流程、调查问卷的构成要素，学会一般调查访谈的研究方法，能够合作完成一份调查报告。
4. 了解文献研究法，体验用 IE 浏览器搜集相关资料，学会信息的收集筛选与管理，掌握 PPT 的基本编辑方法并运用。
5. 经历校园实地走访，感受自我价值的实现，激发探究兴趣，树立问题意识、规则意识和学业生涯意识。

主题内容

本主题通过"走访校园"，引导学生观察校园、了解校园。以"调查校园"为载体，引导学生经历选择调查方向、确定调查课题、分析课题、了解常用调查研究方法，并选择可行性的调查方案，了解调查研究、形成成果的专题调查活动的完整流程。以"调查成果个性化展示"的方式，指导学生策划展示调查结果。以个人自评、组内互评、组间互评等多元评价，帮助学生在专题讨论中"体会学习，发现自我"。

主题实施

课次	学习环节	学习活动	学习内容 覆盖课程 信息科技	学习内容 覆盖课程 劳动技术	学习内容 覆盖课程 道德与法治	学习内容 涉及课程 综合实践活动	学习内容 涉及课程 美术	学习内容 涉及课程 语文	学习方式	学习评价
1	学习准备	1. 明确趣谱（TRIP）的学习要求； 2. 观看视频，走进主题，了解中学时代，完成《道德与法治》《成长的节拍》课后练习，明确预期成果；纸艺组牌设计，调查报告； 3. 参观校园，完成工作单。	信息收集与整理		成长的节拍				参观考察	校园参观
2	自主选择	1. 绘制思维导图，搜集感兴趣的问题； 2. 根据主题成立调查公司，制定合作计划，确定公司内部职位，明确岗位职责； 3. 纸艺组牌设计与制作，团队交流展示。		纸艺		职业体验及其他：找个岗位进行职业调查与体验；设计与制作：立体纸艺设计与制作。			设计制作	分工 计划 作品
3	合作探究	1. 参观图书馆，学会借阅纸质文献资料；			友谊的天空 师长情谊					
4		2. 了解调查的常用方法，制定调查方案，交流修改完善方案；	Word 处理文本数据；Excel 处理数值数据			设计制作；信息交流与安全。	色彩、纹理、形式、造型设计；造型装饰	撰写小论文	访谈调查	调查活动与任务；调查报告
5		3. 设计调查问卷，准备访谈提纲；交流修改完善调查问卷和访谈提纲；								

续表

课次	学习环节	学习活动	学习内容						学习方式	学习评价
			覆盖课程		涉及课程					
			信息科技	劳动技术	道德与法治	综合实践活动	美术	语文		
6		4. 实施调查,发放问卷,预约完成访谈;								
7		5. 调查数据收集分析,访谈资料整理,撰写调查报告,交流修改并完善报告。								
8		6. 报告交流,评价改进,调查报告交流。								
9	交流发展	1. 策划成果展示会,制作演示文稿; 2. 举办成果展示会,完成小组评价;	信息表达与交流			设计制作:演示文稿展示成果。			展示交流	演示文稿 学习成果综评报告
10		3. 主题总结:反思提升。								

主题评价

学习环节	学习评价	过程评价 - 行为规范 (自评/互评/师评)	过程评价 - 小组合作 (自评/互评/师评)	过程评价 - 交流表达 (自评/互评/师评)	过程评价 - 阶段作业 (自评/互评/师评)	结果评价 - 学习成果 (自评/互评/师评)	反思增值 - 综评报告 (自评/互评/师评)
学习准备	评价内容	参观校园活动规范 平板电脑使用规范			参观校园学习任务单《成长的节拍》课后练习		
学习准备	关键能力	合作能力			认知能力		
自主选择	评价内容	劳技工具的使用安全	组建团队		1. 小组合作计划；2. 小组组牌设计方案；3. 纸艺组牌设计。	1. 纸艺组牌作品；2. 调查报告；3. 调查结果汇报演示文稿。	填写一项代表作（四选一）：探究学习实验报告 社会考察报告 创新作品说明
自主选择	关键能力	认知能力	合作能力		创新能力、职业能力		
合作探究	评价内容	专用教室的使用规范 电脑房的使用规范	各"调查公司""团队协同	各"调查公司"团队内部交流	1. 图书馆学习任务单；2.《友谊的情谊》课后练习；3. 调查方案，调查问卷，调查数据统计表；		

续　表

学习环节	学习评价	过程评价												结果评价			反思增值		
		行为规范			小组合作			交流表达			阶段作业			学习成果			综评报告		
		自评	互评	师评	自评	互评	师评	自评	互评	师评	自评	互评	师评	自评	互评	师评	自评	互评	师评
	关键能力	职业能力			合作能力			认知能力			4.调查交流演示文稿。创新能力								
	评价内容	主题成果评价的要求																	
交流发展	关键能力	认知能力							全班交流发言 认知能力			调查成果交流演示文稿 创新能力、职业能力								
综合等第及评语																			

示例：

主题学习评价以活动任务为载体，教师在发布活动任务的同时，需要勾选活动任务所对应的知识体系、创新实践和关键能力。评价结果形式多元，包括课堂评价结果、关键能力评价结果及综评报告等，具体示例如下：

（1）课堂评价结果

图 6-1　课堂评价荣誉榜

（2）关键能力评价结果

图 6-2　关键能力评价结果

（3）综评报告（"探究性学习报告、科学实验报告、社会考察报告、创新作品说明"四选一）

查看探究学习作品 ×

探究学习(科学实验或社会考察)报告创新作品说明

代表作标题	八（1）班-01白馨瑜-魅力体育-范春芳
代表作类型	◉探究学习 ○科学实验 ○社会考察 ○创新作品
指导教师	范春芳
合作者	郑钰廷、胡景炀、周铭峰、谢昱臣
承担任务(50字以内)	与郑钰廷共同撰写论文、劳动作品，与胡景炀一起制作PPT
探究或创作完成时间	2021-10-20
探究或创作的内容、方法、过程等(500字以内)	队名称的亚克力板。这块亚克力板的设计初衷是在运动会上同学们举着它做装饰。中期，锻炼了材料分析能力，与郑钰廷确定了论文的题目《提高体育成绩的目标与途径》并在图书馆寻找相关书籍。后期，我与郑钰廷共同撰写了论文，从体育锻炼中目标的重要性与提高的途径两方面来论述。最后，我参与了PPT制作，并向同学汇报了学习成果。
探究或创作的内容、方法、过程等(500字以内)修改提示	
探究或创作的学习体会与思考：(200字以内)	制作劳技作品锻炼了我的手工能力，弥补了我在绘画方面的不足；材料分析让我提高了分析能力；第一次撰写论文的尝试使我在寻找、整合有效信息时效率更高了。
探究或创作的学习体会与思考：(200字以内)修改提示	
指导教师的简要评语：(100字以内)	在这次的课题中，我参与了较多的任务制作，但劳技作品参与度不是很高，并且写论文的效率与逻辑性思维还有待提高。
本探究或创作成果公开交流情况	○国际 ○国家 ◉校级 ○区级 ○市级
佐证材料附件(不超过30M),限图片(png、jpg、jpeg)，word文档(doc、docx)，压缩文件(zip)，pdf文件格式。	查看附件
学校认定意见	○需要补充材料 ○同意指导老师意见
	提交学生确定　退回学生修改

图 6－3　综合素质评价报告示例

（二）教学设计示例

第1次课　学习准备：了解主题　走访校园

内容确定

本次是六年级趣谱(TRIP)第一个主题的第1次课，走进主题，明确主题预期成果。认识趣谱(TRIP)的学习要求,明确趣谱(TRIP)的学习方式和评价规则,了解趣谱(TRIP)的课堂规范。带领学生参观校园,完成任务单。

本次课的学习重点:参观校园,初步感受校园生活。

学情分析

学生已有的基础:经过小学的趣谱(TRIP)学习,大部分学生已经对趣谱(TRIP)学习有所了解,知道主题探究的过程,经历过团队合作,学会收集信息的方法,有一定创意物化的基础。

可能遇到的困难:参观校园时,大部分学生能够通过询问、走访校园完成任务单。但在分析中小学的不同之处时,有的同学可能还不太清楚差异,对于中学时代的目标还不明确,缺少方法和技能,需要教师和同伴的引导。

本次课的学习难点:明确中学和小学学习生活、学习方式的不同。

学习目标

1. 了解本学期趣谱(TRIP)学习的行规要求和评价方式;
2. 参观校园完成活动任务单;
3. 初步感受初中校园生活,明确初中校园生活需要的综合条件。参与情景讨论,提高对环境的观察、分析,以及语言组织和表达的能力。

资料准备

工具材料:电脑、平板电脑、信息化教学平台。

教学资源:附校沙盘模型、视频宣传片、学校参观路线、任务单、访谈申请及提纲等。

教学过程

活动1:重识趣谱(TRIP)

学生活动:
1. 观看、聆听教师介绍,明确趣谱(TRIP)学习的要求。
2. 提出问题,达成趣谱(TRIP)学习的共识。

教师帮助：

   1. 介绍趣谱(TRIP)，出示宣传片，帮助学生更直观地感受初中趣谱(TRIP)与小学趣谱(TRIP)的不同之处。

   2. 引导提问，组织讨论，帮助学生明确趣谱(TRIP)学习的要求及课堂学习规范，鼓励学生积极发言。

设计意图：

   帮助学生明确趣谱(TRIP)学习的目标、行规和评价。

活动 2：走进主题

学生活动：

   1. 聆听教师介绍，明确"走进附校"主题的规划。

   2. 积极思考，提出疑问，明确主题预期成果。

教师帮助：

   1. 展示校园风景照片和宣传视频，引入主题。

   2. 展示主题规划以及预期成果，引导学生交流，达成学习目标的共识。

设计意图：

   帮助学生了解主题内容，激发主题探究的兴趣。

活动 3：揭开中学序曲

学生活动：

   1. 观看学校宣传视频，欣赏歌曲《海防路的日子》，聆听了解附校。

   2. 思考并分享——附校知多少？

   3. 登录 AiClass 平台完成研讨任务(见图 6-4)。

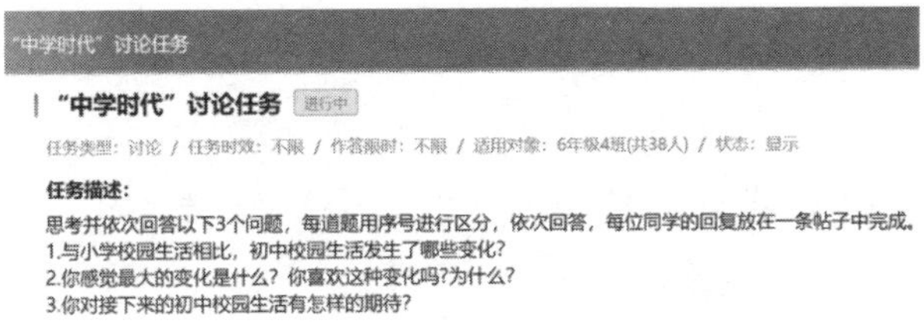

图 6-4 AiClass 平台任务发布

教师帮助：

1. 引导学生观看视频欣赏歌曲，帮助学生进一步熟悉附校、了解附校。

2. 指导学生在 AiClass 平台上完成研讨任务，辅助 iPad 设备技术问题。

3. 展示学生留言并寄语：希望每一个附校学生都有丰富多彩的初中生活。

设计意图：

落实《道德与法治》第一课的教学内容，引导学生分享自己的经验。

活动 4：情景讨论

学生活动：

1. 阅读信息，独立思考，参与小组讨论；

情景 1：预备铃响了，老师还没有出现在教室里。教室里吵吵闹闹的：有的同学在与他人打闹，有的在做作业，还有的……

情景 2：课堂上，老师正在黑板上板书，老师的背后，有的同学趁机趴下了，有的趁机与他人说话，还有的……

情景 3：下课铃响了，老师离开了教室。有的同学开始在走廊里跑了起来，有的在走廊里大声说话，还有的……

情景 4：下午跑步时间，班级需要整队到操场，领队在整队时发现，有几个同学还在教室里不肯离开，有的在接水，还有的……

问题：

(1) 你怎么看待这些行为？为什么？

(2) 为什么会出现这些状况？

(3) 面对这种状况，我们应该怎么做？值日班长应该怎么做？

(4) 正确的行为又应该是怎样的？

2. 倾听他人发言或教师总结，感悟中学生的学习行为规范。

教师帮助：

1. 提出问题，引导学生进行情景讨论并进行校园生活的行为规范总结；

2. 组织交流，针对问题达成共识。

设计意图：

鼓励学生积极思考，乐于表达。主动参与讨论，贡献智慧。

活动5：参观校园

学生活动：

1. 如实记录临时小组的参观路线。

2. 根据参观过程，完成任务单的填空题。

3. 拍照上传，AiClass 平台提交。

4. 查看作品库其他同学提交的任务单，点击评论。

5. 全班交流讨论，解决任务单中的疑惑之处。

教师帮助：

1. 临时分组，指导学生以临时小组为单位制定参观路线，实地参观校园。

2. 指导学生在参观过程中遵守纪律，认真填写任务单。

3. 指导学生将任务单拍照上传至平台。

4. 组织学生查看作品库里其他同学的任务单，并进行评论。

5. 组织全班交流讨论，发现问题，解决问题。

设计意图:

实地走访,直观了解校园文化,感受真实的师生关系。

活动6:回顾与小结

学生活动:

1. 回顾本次课的主要学习内容,做好新主题的学习准备。
2. 修改并完善活动任务单,上传最终稿,掌握 AiClass 平台的基本操作方法。
3. 明确下次课的学习内容,平时注意观察校园生活。

教师帮助:

1. 组织学生交流讨论,了解学生学习情况。
2. 指导学生上传任务单,组织学生完成自我评价和同学互评。
3. 小结本次课的学习内容,提示学生按时提交任务单。
4. 布置课后作业:留心观察校园学习环境,寻找自己感兴趣的探究方向。

设计意图:

回顾本次课的学习内容,布置适当的观察作业,为下次课做好铺垫。

学习评价

一级指标	二级指标	观测点	评价形式
阶段作业	参观任务单	1. 准确完成任务单内容填写; 2. 准时完成上传。	自评 互评 师评
课堂表现	情景讨论	1. 认真聆听并积极参与讨论; 2. 能够公平、公正、合理地进行评价。	

续　表

一级指标	二级指标	观测点	评价形式
小组合作	参观校园	1. 小组集体参观，不走散； 2. 既认真倾听，又能表达自己的观点。	自评 互评 师评
交流表达	学习回顾	1. 有效组织语言进行准确表达； 2. 声音响亮，大方自然。	

附件

参观校园学习任务单

1. 请画出团队参观的路线图或写出实际参观路线。

2. 请写出以下专用教室或活动室的位置（位于哪栋楼的第几层）：

方圆对话室在_____；电脑房在_____；觅珍屋在_____，就是_____；美术室在_____；音乐室在_____；化学实验室在_____；物理实验室在_____；生物实验室在_____；形体房在_____；思辨厅在_____；团队活动室在_____；涂鸦墙在_____；学生处在_____；教务处在_____；总务处在_____。你还看到哪些专用教室，请写出它们的位置：_____。

3. 请完成以下情景题：

六年级同学小明在放学后打扫教室时发现扫帚坏了，正在排课桌的小方同学说："你可以问一下班主任老师应该去哪里领。"小明跑到南_____楼的六年级班主任办公室，发现只有5班班主任_____老师在，得知原来王老师下班后去打乒乓球了。于是小明跑到_____找到了正运动得热火朝天的王老师，王老师告诉小明要去_____问_____老师领扫帚。在去的路上，小明撞到了平时负责_____工作的侯老师，到了_____之后，英语组的李老师告知小明_____老师刚刚离开回家了，小明失望地看了眼墙上的钟，不早不晚正是学校老师的下班时间_____：_____。

小明正打算回教室，路过操场时被同班的小樱同学叫住，问要不要一起打篮球。小明猜拳输了于是负责去借球，来到_____找到_____老师借到了篮球。回到操场上，又撞到了做完值日准备回家的小狼同学，得知教室的门锁坏了，于是身为值日班长的他只能再跑一次了,他来到_____找到了身穿蓝色工作服的_____师傅。等到修完锁,小明背上书包和戴眼镜的门卫_____叔叔以及不戴眼镜的_____叔叔打了声招呼,走出了校门。真是充实的一天呢。

(三) 学习成果展示

本主题的学习成果有纸艺组牌设计、调查探究报告、调查结果汇报的演示文稿。学生在团队合作过程中与新同学建立了友谊,同时也认识了学校,并把自己对学校的了解介绍给了更多的同学,还对学校的建设提出了自己的建议。

成果作品

1. 小组分工计划

小组分工计划表
—— 《公共主题:走进附校》

小组编号:5	小组名称:燎原小组

小组成员:
陈子靖——负责人(负责组织小组各项活动,合理给组员分工,督促组员完成任务。)
周子轩——记录员(负责完成活动记录表的填写,通过拍照、摄像记录活动过程。)
廖晴朗——资料员(负责收发小组所有资料及 iPad,完成相关资料的上传工作,或者使用邮箱备份。)
陈子靖——发言人(负责总结小组的交流讨论内容,主要代表小组发言。)
韩泽华——监督员(负责监督小组成员的任务完成情况,协调组长监督组员完成任务,进行安全纪律监督。)

合作宣言:
避免矛盾,做好自己。

小组公约:
1. 不得窜组。
2. 做好自己的职责。
3. 不要逞强。
4. 投票决定。
5. 不要吵架、打架。

填写说明:根据实际小组人数填写此表,多余删除,不足自补。

小组分工计划表
——《公共主题:走进附校》

小组编号:7	小组名称:星梦小组

小组成员:
曹佳雨——负责人(负责组织小组各项活动,合理给组员分工,督促组员完成任务。)
周奕彤——记录员(负责完成活动记录表的填写,通过拍照、摄像记录活动过程。)
朱彧菲、周子茗——资料员(负责收发小组所有资料及 iPad,完成相关资料的上传工作,或者使用邮箱备份。)
盛夏、曹佳雨——发言人(负责总结小组的交流讨论内容,主要代表小组发言。)
虞诗涵、任安晴——监督员(负责监督小组成员的任务完成情况,协调组长监督组员完成任务,进行安全纪律监督。)

合作宣言:
点燃星星之火,扬起梦想风帆。

小组公约:
1. 小组团结一致,始终为一体,有福同享,有难同当。
2. 遵守秩序。

填写说明:根据实际小组人数填写此表,多余删除,不足自补。

2. 组牌设计与制作

3. 问卷设计

趣谱（TRIP）课程 2020 学年第一学期六（4）班

任务单：

关于＿＿＿附校历史发展＿＿＿的调查问卷
——《公共主题：走进附校》

凌云小组

尊敬的老师或校长，您好。为了了解附校历史发展，特邀您填写此问卷。此问卷仅供课题参考，不作其他用途。愿您如实填写，谢谢！

1.您教哪门课？（　　）（多选）
A.语文　B.数学　C.英语　D.物理　E.化学　F.音乐　G.美术　H.体育　I.地理　J.TRIP

2.您教几年级？（　　）（多选）
A.四　B.五　C.六　D.七　E.八　F.九

3.您是＿＿＿＿＿年来到附校讲课的。

4.您认为自从搬到新校区后，自己的工作有什么变化？（请至少列出两点）
＿＿＿＿＿＿＿＿＿＿＿＿＿＿＿＿＿＿＿＿＿＿＿＿＿＿＿＿＿＿＿＿＿＿＿＿
＿＿＿＿＿＿＿＿＿＿＿＿＿＿＿＿＿＿＿＿＿＿＿＿＿＿＿＿＿＿＿＿＿＿＿＿

5.您认为近年来学校有何变化？（请至少列出两点）
＿＿＿＿＿＿＿＿＿＿＿＿＿＿＿＿＿＿＿＿＿＿＿＿＿＿＿＿＿＿＿＿＿＿＿＿
＿＿＿＿＿＿＿＿＿＿＿＿＿＿＿＿＿＿＿＿＿＿＿＿＿＿＿＿＿＿＿＿＿＿＿＿

6.您认为附校有什么特色？（　　）（　　）（选择2个选项）
A．TRIP　B.鱼园　C.致雅书苑　D.英语长廊　E.明星闪亮30分　D．其它＿＿＿＿＿＿＿（请在空格内填写其他）

7.您认为现在的校园比以前的校园多了什么？（至少回答3点）
＿＿＿＿＿＿＿＿＿＿＿＿＿＿＿＿＿＿＿＿＿＿＿＿＿＿＿＿＿＿＿＿＿＿＿＿
＿＿＿＿＿＿＿＿＿＿＿＿＿＿＿＿＿＿＿＿＿＿＿＿＿＿＿＿＿＿＿＿＿＿＿＿

8.以前的操场是什么材质的（　　）？
　A.草地的　B.塑胶的　C.其他＿＿＿＿＿＿

9.您的教龄大约几年？（　　）
A.5年（不含）以下　B.5（包含）—10（不含）年
C.10（包含）—15（不含）年　D.15年以上

10.请问您进入附校工作的那一年是在哪个校区？（　　）
A.海防路374号（江宁校区）
B.海防路300号（陕北校区）

11.您认为新校区有哪些亮点？（　　）（多选题）
A.地下剧场（达人剧场）B.地下兵乓房
C.地下体育馆　D.教室
E.图书馆（致雅书苑）　F.其他＿＿＿＿＿＿

12.附校曾有（　　）次获得荣誉，都有哪些（如果知道时间可标注）？
＿＿＿＿＿＿＿＿＿＿＿＿＿＿＿＿＿＿＿＿＿＿＿＿＿＿＿＿＿＿＿＿＿＿＿＿

感谢您在百忙之中，抽空来完成我们的问卷！请完成问卷之后交给办公室A325的地理老师冷老师。谢谢！

深度整合式教学

趣谱（TRIP）课程 2020 学年第一学期六（4）班

任务单：

关于附校运动会的调查问卷
——《公共主题：走进附校》

第（7）小组

首先，要有开场白，交代调查目的，一定注明只是作为课题研究之用而不做其他用途，请使用礼貌语言；

其次，展示问题，根据研究内容设计问题，问题呈现最好是客观题，不少于 8 题；

最后，要有收尾语，也请使用礼貌语言，如，谢谢配合等。

尊敬的同学/女士/先生您好，我们是静教院附校六四中队的第七小组，我们想调查一下您关于运动会的见解。感谢配合完成我们的调查问卷，本次调查只作为课题研究使用，并无其他用途，请放心填写。

1.第一届校运运动会是几几年举行的？（开放式回答）
————————————————————

2.历届校运会举办时间线？（开放式回答）
————————————————————

3.举办校运会的最初理念？（开放式回答）
————————————————————

4.您对历届附校运动会的开幕式满意吗？（封闭式回答）
A.满意　　　B.不满意

5.您最喜欢附校运动会的开幕式的那一个环节？（封闭式回答）
A.方队表演　　B.校长致辞　　C.啦啦操表演　　D.其他（　　　）

6.您希望运动会开幕式能增加/减少什么环节？（开放式回答）
————————————————————————————

7.校运会的项目有（开放式回答）
————————————————————

8.您对校运会现有的项目有什么建议？（开放式回答）
————————————————————

9.校运会目前奖牌的分配与发放规则为（开放式问答）
————————————————————

10.请问您曾经参与过附校运动会的会徽设计吗（封闭式回答）
A.参加过
B.未参加过

11.请您稍微评价一下往届运动会会徽（封闭式回答）
A.非常完美！
B.挺好
C.需要小许改进

感谢您抽出时间来填写我们的调查问卷，谢谢您的配合！

4. 调查报告

趣谱（TRIP）课程2021学年第一学期六（2）班

调查报告

关于附校午餐满意度调查的报告
—— 《公共主题：走进附校》

六（2）班　第三组

一、调查目的

静教院附校同学们对午餐的满意度

二、调查时间： 2021年9月

三、调查地点： 静教院附校

四、被调查对象： 静教院附校四~九年级同学

五、调查内容和结果

（一）地上是否滑

各个年级大部分学生都觉得地面不滑，特别是六年级和七年级学生，占了总体的2/3，觉得地面滑的学生只占1/3。得出的结论是：食堂地面有时滑有时不滑，可能需要拖地板的阿姨注意一下拖地的时间，保证地面在学生用餐时应当是干的。

（二）桌椅是否干净

各个年级大部分学生都觉得桌椅比较干净。特别是四年级和五年级学生。但几乎没有觉得非常不干净或非常干净的学生。而且年级越高的学生反而会觉得桌椅不干净。得出的结论是：四五年级同学先用餐，用餐完毕后，没有及时处理桌椅，让桌椅恢复到干净的样子。所以要鼓励学生们用餐之后自己收拾一下桌椅。

（三）食堂排队、倒饭时间

各个年级的排队时间都不相同。相对来说，四五年级排队时间比较短，几乎不用等。六七八年级因为下来的时间差不多，正是拥挤的时间，所以排队时间较长。九年级因为楼层高下来最晚，所以排队时间较短，只需1-2分钟即可。得出的结论是：最好把六七八年级再错开一点，以便让同学的排队时间变短。

（四）同学们最喜欢的菜

同学们最喜欢的菜是红烧肉块，学校可以多烧这个菜以及类似的菜

（五）食堂还需要改进的地方

大部分学生没有建议。有一位同学说要安静点，一位同学说不好吃，四位同学说要加强秩序，有三位同学说要多设窗口。得出的结论是：要加强管理、多设窗口。

5. 调查成果交流 PPT

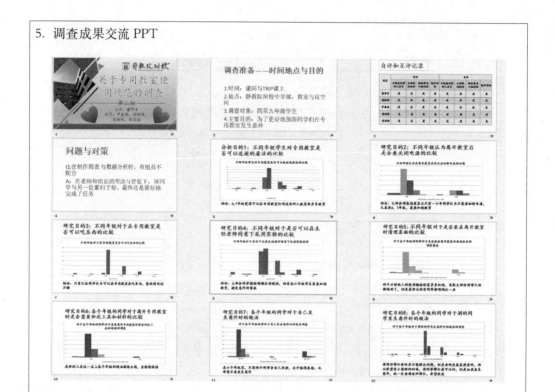

学生感言

撰写人：六(4)中队第 4 小组

在走进附校主题中，我们走访了校园、学习了调查方法，并且用访谈法和问卷法对学校的食堂和午餐问题进行了调查。本小组的调查选题接地气，与同学的学习生活紧密关联，具备调查意义。我们通过问卷调查、访谈等方式收集了详细资料，并进行了数据归集和整合，提出了可行性建议。

由于是初次组队进行调查活动，活动过程中也呈现出了一系列的问题。

1. 调查样本的数量比较少，仅 50 份问卷还不足以全面反映同学与老师的所有诉求和建议，因此得出的数据画像还不精准。调查问卷的问题设置同质性较为明显，特别是反映不足的提问偏少，造成在数据整理、制图的时候，找不到最为合理的对比项。

2. 其次，本次调查没有使用文献研究法，因此缺乏理论观点的支撑，在下一次的调查中，还应该加入文献整理的环节，为调查结论提供理论依据。

3. 另外,队员间的配合还缺乏默契,分工不够合理。小组成员分工重叠,集中在调查问卷和访谈,没有人及时进行后续的数据归集和整理,使得调查结论的准确性受到了影响。

中庭雅园

主题基本信息					
实施年级	六年级	实施学期	第一学期	设计者	范春芳
主题类型	□公共主题　☑自选主题				
使用教材版本	劳动技术　六、七年级(试用本)　上海教育出版社 初中信息科技(试用本)　华东师范大学出版社 道德与法治　六年级(五·四学制)　人民教育出版				
课时	10次课(每次课3课时连排)				

(一) 主题方案

主题背景

华夏文明在五千年的演变中,积淀了丰富的人类智慧与文化瑰宝。中式庭院,自然写意、雅致沉稳,西式园林"完整、和谐、鲜明",都是人类文明积淀的瑰宝,值得我们深入探索、细细品味。我校位于江宁路的新校舍在地下二层设置了一个雅致的中西合璧的庭院——"鱼园"。学生对这个空间甚是喜爱,同时也充满了好奇。

1. 课标要求

参照《上海市初中信息科技学科教学基本要求》《上海市初中劳动技术学科教学基本要求》以及《中小学综合实践活动课程指导纲要》,整合信息科技"我的数码天地""新技术的体验与探究"(3D设计与打印);劳动技术"纸艺""植物栽培""木工";道德与法治"探问生命""珍视生命""绽放生命之花";探究型课程"观察法和项目研究法";综合实践活动课程"职业体验活动""设计制作活动"等内容,结合跨学科主题活动的学习方法与基本流程,引导学生通过观察与调查分析,走进传统手工艺的世界,感受园林庭院的魅力、体验工匠精神。

2. 学生需求

"鱼园"作为学校劳动教育的实践项目,学校在庭院中给各班分配了属于本班的鱼缸,各班要对其进行日常管理。本主题基于真实的"鱼园"情境,结合驱动性问题:"如何科学管理好班级鱼园?""园林庭院有着怎样的设计与布局?"引导学生深入了解园林庭院的设计与布局方法以及相关的日常维护,建立鱼园管理措施,设计制作"我心中的园林",满足学生参加社会实践的愿望和动手制作的需求。

3. 未来需要

未来社会需要具备创新精神和实践能力的人才,还需要具备一定文化底蕴的人才。文化是人文精神培育的载体,学生探寻中华园林建筑的过程亦是提升自身文化内涵的过程。本主题中,学生通过考察、探究和制作园林沙盘,感受与体验设计之美、工艺之美,增强人文积淀、提高审美情趣。

4. 开设条件

包括手工教室、平板电脑教室或电脑房、鱼园,GeekCAD 或其他 3D 设计软件,园林、纸艺、插花学习视频、基本的植物栽培、木工、纸艺材料包和加工工具,劳动技术、信息科技、地理及美术老师。

主题目标

1. 以园林为探究对象,学习纸艺、植物栽植、植物造型、3D 设计、案例分析等知识技能。
2. 在分析经典中西式园林庭院案例的基础上,结合江宁校区的"鱼园"景观,深入了解园林庭院的设计布局方法、日常维护等。
3. 掌握作品加工技能和设计制作方法,运用所学纸艺、植物栽培、3D 设计等知识技能,根据团队合作实现"我心中的园林"探究作品设计、制作与评价。
4. 在实践中领略工匠之心,体悟巧手改变世界的流光溢彩,感受设计之美、手工艺之美、生命之美,感悟敬畏生命的情怀和正确的生命价值观。

主题内容

以"园林案例分析"走进主题,在"鱼园"的真实场景中,通过"园林案例分析""庭院要素分析"等活动体验信息收集、资料筛选、观察分析、形成成果的探究过程。通过"技能储备"活动,学习与本主题相关的 3D 设计、纸艺、植物栽培等知识与技能,为合作探究活动奠定基础。最后通过"我心中的园林"策划与制作活动,以小组为单位,自主确定风格,结合所学知识,以小组为单位制作创意作品,设计并制作园林沙盘,通过视频、PPT 等形式展示交流。

主题实施

课次	学习环节	学习活动	学习内容 — 覆盖课程				学习内容 — 涉及课程		学习方式	学习评价
			信息科技	劳动技术	道德与法治	科学	综合实践活动	美术		
1	学习准备	1. 案例分析引入主题,明确预期成果:(1)鱼园日常维护建议手册;(2)园林沙盘制作。 2. 观察鱼园,分析鱼园中鱼缸景观的现状,了解鱼缸景观的维护方法与注意事项。 3. 巧手技能储备:(1)无土栽培植物挂饰;(2)GEEKCAD设计软件;(3)纸艺花园(花朵、叶片,组合作品)。	信息收集与管理;新技术体验:植物识别APP下载使用。	植物栽培(无土栽培);纸艺(纸艺花朵)。		温度测量;PH测定;植物种类。	设计制作:运用各种工具、工艺(包括信息技术)进行设计,并动手操作。	绘图	鱼园案例分析	观察活动
2										
3	自主选择	搭建团队,角色分工,成立园林工作室。			感受生命的意义				成立园林工作室	工作室人员分工
4	合作探究	1. 鱼园日常维护手册设计与编排。 2. 我心中的园林:(1)确定方案(风格、布局、设计图纸、分工等);(2)园林沙盘制作(制作沙盘基底、木屋建筑制作);(3)园林装饰制作,布局与安装;(3)园林沙盘制作:完善与调整。	电子海报制作;新技术体验3D设计软件。	一般作品设计、制作与评价。			职业体验:在模拟情境中见习、实习,体认职业角色的过程。	色彩选配;造型设计;作品布局	我心中的园林创意设计与制作	鱼园日常维护手册;园林模型
5										
6										
7										

续 表

课次	学习环节	学习活动	学习内容						学习方式	学习评价
			覆盖课程			涉及课程				
			信息科技	劳动技术	道德与法治	科学	综合实践活动	美术		
9	交流发展	1. 交流准备:(1)鱼园日常维护手册;(2)我心中的园林模型。 2. 分享交流:(1)视频编辑;(2)交流文稿与PPT等。 3. 成果评价:组内组间评价,学习反思。	信息表达与提交(问卷星)	作品评价	活出生命精彩					
10									成果交流	交流表达 综评报告

154

主题评价

本主题有 3D 建模作品、无土栽培植物挂饰、纸艺作品、鱼园的景观示意图、观察报告（鱼园中的鱼缸）、园林工作室人员信息表、"我心中的园林"设计与制作过程记录以及《道德与法治》练习册等过程性的活动任务。也有"我心中的园林"作品、作品介绍铭牌、日常维护建议手册（鱼园中的鱼缸）等任务成果的结果性评价。教师组织学生在课堂上利用点赞、讨论、互相评价等工具进行自评和互评，课后，教师再在评价平台上对学生的阶段作业进行重点评价。

本主题中的交流表达涉及主题活动任务交流、活动进度汇报、"我心中的园林"作品发布等。成果展示阶段的交流表达主要注重交流的形式和内容两个方面。在形式方面，要求学生能够借助多种演讲辅助手段，如海报（纸质或电子）、PPT 或微视频等；内容方面，要求学生从作品展示的关键问题展开。

（二）教学设计示例

第 5 次课　自主选择：搭建团队　巧手技能储备"纸艺花园"

内容确定

本次课为六年级"中庭雅园"的第 5 次课，主要内容为搭建团队和设计"纸艺花园"，形式是以小组团队合作的形式开展探究活动。其中搭建团队是重要环节。本主题采用职业角色体验的形式，以园林工作室模式搭建团队，在"纸艺花园"活动的设计中掌握工具使用及作品完成的方法。

本次课的学习重点：团队的搭建、角色分工、合作体验、学习技能。

学情分析

学生已有的基础：学生通过前面的主题学习，对趣谱（TRIP）这种学习方式以及纸艺相关的基础知识形成了一定的认知。

可能遇到的困难：在根据特长与角色需求双向选择组队时，势必会出现某些小组某些岗位几人竞争、某些小组某些岗位无人选择的情况，该如何及时调整这种情况？如何招募队员？这对六年级的学生来说是一个挑战，需要教师的及时指导与帮助。

本次课的学习难点:快速有效地组建团队,快速进入角色。

学习目标

1. 能够根据自身特长选择组建团队,通过自述特长认领角色建设团队。
2. 熟练运用工具、材料,实现花朵与花园部件的制作,分工合作完成纸艺花园的规划与制作。
3. 感悟分工意识、合作意识和进度管理意识,提高团队合作能力。

资料准备

工具材料:电脑、平板电脑、信息化教学平台、纸艺花卉作品。

教学资源:园林工作室人员信息表、纸艺工具与材料(各种材质的纸、花蕊、剪刀、直尺、热熔枪、装饰灯带、各种装饰)、纸艺花园作品评价表。

教学过程

活动1:回顾与反馈

学生活动:

　　了解活动目标,明确任务。

教师帮助:

1. 出示 AiClass 平台,反馈任务上传情况。
2. 介绍本次课的内容和各组要完成的任务,具体任务安排见下表。

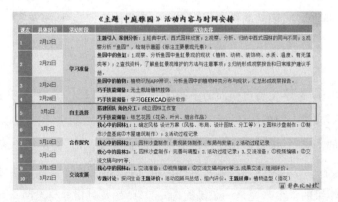

设计意图：

反馈活动，让学生明确本次课的活动内容与任务。

活动 2：自主选择　搭建团队

学生活动：

1. 自荐或推荐他人，确定 7 个园林工作室负责人。

2. 根据角色需求，在便利贴上写下自己的特长与角色意向。

3. 将书写姓名和特长的便利贴，贴到心仪小组的相应角色位置。

4. 园林工作室负责人根据本工作室各角色应聘情况进行调整，也可以再次招聘。完成双向选择，成立园林工作室。

5. 重新落座，再次协调角色与分工，填写"园林工作室人员信息表"。

6. 由各工作室"宣传与营销"进行"园林工作室人员信息表"交流与分享。

教师帮助：

1. 介绍本主题团队组建方式与要求。

2. 出示"园林工作室人员信息表"，讲解园林工作室成员组成、角色要求与人数需求。

3. 帮助学生搭建团队，引导学生合理选择，监控进度。

4. 开放"园林工作室人员信息表"，反馈上传情况。

5. 组织交流，引导组间对话，填写上传活动的过程评价。

设计意图：

学习自身特长或想要发展的能力，选择组建团队的方法。组建团队，为后续合作探究做好准备。

任务单：	
园林工作室人员信息表	
——《主题 中庭雅园》	

园林工作室人员组成与分工（10分）	
成员特长：（10分）	
1. 姓名——特长	5. 姓名——特长
2. 姓名——特长	6. 姓名——特长
3. 姓名——特长	7. 姓名——特长
4. 姓名——特长	
工作室合作宣言（10分）：		
工作室徽标（10分）：		

工作岗位	工作职责	成员姓名
1. 设计总监、工作室创始人（1人）：	职责：负责组织协调工作室各项活动，合理给组员分工，督促工作室的工作进度，汇总工作室的资料。	（学号与姓名）
2. 主创设计师（1人）：	职责：负责作品整体设计，确定风格、整体布局等。协同景观设计师一起完成作品。	（学号与姓名）
3. 景观设计师（2-3人）：	职责：负责设计制作作品所需景观饰品，协同主创设计师达成设计。	（学号与姓名） （学号与姓名） （学号与姓名）
4. 宣传与营销（1人）：	职责：负责拍摄工作室日常活动资料，总结小组的交流讨论内容，主要代表小组发言。	（学号与姓名）
5. 团队后勤（1人）：	职责：负责工作室活动保障工作，协助设计师完成作品。	（学号与姓名）
填写说明：根据实际小组人数填写此表，多余删除，不足自补。		

活动3：纸艺花卉加工与纸艺花园规划制作

学生活动：

1. 发现并探索花朵不同的部分，如花瓣、花蕊、花叶等。发现花朵中材料的不同特性。了解纸艺花朵不同部件的加工方法。

2. 观察了解纸艺玫瑰花的加工流程与方法。

3. 领取材料工具，组内分发。跟随帮助文件或教师示范学练，制作玫瑰花花瓣、花心、叶子并进行组装。

4. 组内互助，每人完成一朵纸艺玫瑰花的加工制作。

5. 拍照上传至平台,并完成组内互评。

6. 提早完成的同学可以尝试其他种类花朵的加工尝试,也可以继续进行纸艺玫瑰花朵的加工。

教师帮助:

1. 课前上传纸艺玫瑰加工的帮助文件、其他花朵加工的帮助文件及任务单。

2. 分享课件,帮助学生发现每种花朵的不同,了解不同材料的特性,介绍纸艺花朵的加工方法,提示如何安全使用工具。

3. 介绍纸艺玫瑰花的加工流程与方法。

4. 演示纸艺玫瑰花花瓣、花心、叶子的加工过程,提示注意事项。

5. 引导学生组内互帮互助,反馈任务上传情况。

6. 择优展示,提示加工要点。

学生活动:

1. 由"设计总监"组织工作室成员,思考花园的规划。共同讨论花园里除了花朵以外还有什么?怎样的花园才是优美的,如何规划才好?

2. 根据纸艺花园作品的制作需求,分配各自任务。由"设计总监"填写纸艺花园设计方案并上传任务单,把控小组活动进度;由"主创设计师"负责规划花园绘制布局图纸,组装纸艺花园部件;由"景观设计师"制作花园部件;"宣传与营销"辅助花园部件制作,并做好交流准备;"团队后勤"根据小组规划领取材料与工具,制作过程中拍摄照片视频,记录小组活动过程。

3. 分工合作,实现花园中各种元素布景的整合,完成小组作品。

4. 思考花园中好的和不好的部分,进行调整和修改。拍照上传。

5. 桌面整理,归还工具与多余的材料。

教师帮助:

1. 布置纸艺花园活动任务,提示分工方法。

2. 介绍纸艺花园规划方案的制订要求,指导学生绘制规划草图。

3. 指导学生设计与制作需要的花园部件。提醒学生思考花园规划的合理性,花朵与建筑之间的关系,调整制作细节。

4. 巡视指导,提示进度与时间。

学生活动：

1. 由各组"宣传与营销"展示交流介绍作品。
2. 组间对话，交流评价，并填写评价任务单。

教师帮助：

组织交流，引导学生公平公正合理评价，打分表见"纸艺花园作品评价表"。

设计意图：

储备基本知识技能，为纸艺花园加工基本素材。团队自主完成分工与制作，并进行展示交流。

纸艺花园作品评价表

公平公正合理地打分！			第 小组			组长			
评价标准		分值 小组	1	2	3	4	5	6	7
1. 设计图纸（初稿、修改稿）		20							
2. 产品制作	与图纸的契合度	10							
	制作工艺	20							
	整体效果	20							
3. 团队合作过程		20							
4. 整理（桌面、工具归位）		10							
总分		100							

活动4：活动总结与教室整理

学生活动：

1. "工作室负责人"总结本组活动情况，归纳经验与不足。
2. 工作室成员，交流自己的角色任务达成情况。

3. 下课归位桌椅，值日小组打扫整理教室。

教师帮助：

1. 组织学生回顾本次课的活动。

2. 归纳总结，建议提示。

3. 布置教室整理工作，指导学生完成。

学习评价

一级指标	二级指标	观测点	评价形式
阶段作业	园林工作室人员信息表；纸艺玫瑰花；宣传文件；花园规划草图等	1. 每位同学均有小组和分工； 2. 结合各自特长，人员分工合理； 3. 宣传文件富有特色，重点突出； 4. 纸艺作品外观牢固美观； 5. 花园规划布局合理；功能实用，富有创意。	自评、互评、师评
行为规范	宣传营销会表现；评价表使用	1. 能否认真聆听和观看各组宣传营销； 2. 能否秉着公平、公正、合理的原则进行评价。	
小组合作	小组排练	1. 小组分工合理，相互协调的程度； 2. 能否既认真倾听他人的建议，又能表达自己的观点； 3. 排练的投入程度。	
交流表达	宣传营销会形式	1. 手段选择合理，能突出规划特色； 2. 语言表达生动形象、流畅自然程度。	

（三）学习成果展示

"中庭雅园"主题中，除了个人的知识技能类的学习成果以外，还有多种小组合作类的活动成果，不仅有案例分析报告、观察报告、建议手册，还有创意设计、创意作品、总结报告等。

成果作品

1. 案例分析：园林中的基本要素任务单

2. 观察报告：鱼园中的景观要素

3. 鱼缸日常维护建议手册

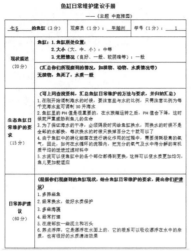

4. 我的植物挂饰作品

5. 3D 设计作品

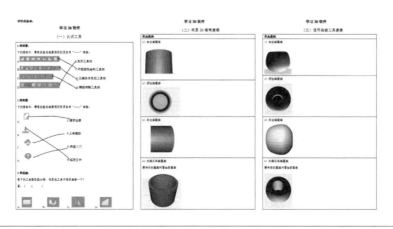

6. "我心中的园林"作品

7. "我心中的园林"交流分享问卷星评价结果

第1组 [矩阵文本题]		
行标题		详情
1.演讲表现（口齿清晰、声音响亮、自信大方、从容自如）20分		平均值：17.09 [详情]
2.交流展示PPT（资料完整，排列顺序符合逻辑 文字颜色大小合适，清晰可见 模板精美，动画效果合理）30分		平均值：25.22 [详情]
3.园林模型（设计符合要求，布局合理 工艺技术使用合理，配色和谐 组装整齐，搭建牢固 整体效果美观）40分		平均值：34.31 [详情]
4.亮点特色 分工合作（形式新颖，具有特色 分工明确，合作有效）10分		平均值：7.97 [详情]
		小计：84.59 平均：21.15

三、优秀案例之"智慧生活"：设计温馨家园

当5G、云计算、大数据、人工智能等新技术以不可阻挡之势席卷全球的时候，智能门锁、智能音箱、智能冰箱、智能空调、智能扫地机器人等也进入了居家场景。显然，智慧生活日益成为学生当前与未来生活的标配。学校紧跟时代发展，在三至八年级设计了数个凸显"智慧生活"的主题。面向三年级设计了"小小动画师"，面向四年级设计了"小小测绘师"，面向五年级设计了"智探植物世界"，面向六年级设计了"智能文具""智能校服""智能花园""智能桌椅""五彩缤纷的AI笔袋""会自我介绍的垃圾模型""私人定制亲情坐垫"；面向七年级设计了"智能家居""附校'大白'行动""智能交通"，面向八年级设计了"智能景观模型""智能社区"等。各主题涉及的新技术丰富多元，各年级涉及的知识内容结构相互关联，深度层层递进。下面以"私人定制亲情坐垫""智能家居"等主题为例，进行详细阐释。

私人定制亲情坐垫

主题基本信息					
实施年级	六年级	实施学期	第一学期	设计者	王爽
主题类型	☐公共主题　☑自选主题				
使用教材版本	劳动技术　六年级(试用本)　上海教育出版社 初中信息科技(试用本)　华东师范大学出版社 道德与法治　六年级(五·四学制)　人民教育出版社				
课时	10次课(每次课3课时连排)				

(一) 主题方案

主题背景

据世卫组织调查发现，久坐是生活方式中四大致死因素之一，全球每年近200万人的死亡与久坐有关。在科学技术快速发展的今天，涵盖不同科学技术的智能坐垫也随之出现，有的能矫正坐姿，有的可以检测体质，有的提供久坐提醒功能，这些功能使坐垫变得不简单，也使得坐垫成为了人们不可或缺的"保健品"。

1. 课标要求

本主题参照《上海市初中信息科技学科教学基本要求》《上海市初中劳动技术学科教学基本要求》以及《中小学综合实践活动课程指导纲要》，整合多门课程内容，如劳动技术的"布艺"；信息科技的"信息表达与交流""信息安全与道德规范""新技术体验与探究"；道德与法治学科的"亲情之爱"；探究型课程的"项目设计"以及综合实践活动课程的"设计制作类"中的部分内容。调查长辈需求、设计坐垫方案、手工缝制坐垫、成果展示等情境，引导学生将基本针法、图样的绘制、布料的加工工艺流程、Micro:Bit的使用等知识和技能转化为结构化、体系化、生活化的知识和技能，在解决问题或完成任务的过程中，养成了信息意识，训练了工程思维和计算思维，提升了团队合作能力，培育了探索精神和创新精神。

2. 学生需求

"制作"是儿童的本能之一，通常是指对原材料进行手工拆解、装配或加工，形成人工制品并理解其工作原理。本主题提出的驱动性问题包括："人们需要怎样材质、颜色、图案、功能的坐垫？""如何进行设计并缝制坐垫？""需要哪些电子元器件实现坐垫的功能？"同时，本主题以小组为单位，让学生亲身经历了分析需求、设计方案、选择布料进行裁剪和手工缝制、借助短视频分享成果等过程，使其获得了发现和解决问题、拓展实践能力、创新精神和合作能力的机会。

3. 未来需要

学生设计制作能力的形成，往往开始于对客观事务的认知。可以通过为学生创设"调研需求、设计方案、缝制坐垫、编写程序、组装作品、交流和评价"的系列问题情境，使其掌握设计制作的思路和方法，拓展思维，自主创造，进而发展自身的创新能力。

4. 开设条件

本主题的开展需要以下条件：Micro:Bit 主控板，Kitten Bot 扩展板及相关电子元器件，这些硬件目前处于充分的市场竞争中，价格低廉，品质优良，可以反复使用；为 Micro:Bit 主控板编写程序的软件也有很多，如慧编程、Makecode、Mind+ 等图形化编程软件，免费，简单易上手；需要 10 台左右台式机或笔记本电脑，平板电脑也可以完成程序编写和下载。

主题目标

1. 调研人们对于坐垫的需求，组建团队，制定方案，经历一次完整的缝制坐垫的职业体验。
2. 知道项目设计的构成要素，能够根据人们的需求，借助草图、展开图和裁剪图表达设计思路；能制定合理的坐垫缝制加工流程，使用合适的针法缝制坐垫主体和装饰物。
3. 熟练使用电子设备记录制作过程，并借助短视频呈现研究过程和结果。

主题内容

本主题以"为家中的长辈设计并亲手缝制一款智能坐垫以表达我们的孝心"为驱动性问题激发学生思考，设计了亲情之爱专题学习、布料加工工艺、Micro:bit 图形化编程的探究、参观上海纺织博物馆、智能坐垫的设计与制作、成果展示与评价等活动，鼓励学生从长辈的需求出发，设计个性化的坐垫。在完成坐垫的过程中逐步提升学生的关键能力和正确的价值观。主题以手工缝制智能坐垫为切入点，融入图形化编程技术、视频编辑技术、布艺以及《道德与法治》课中亲情之爱相关知识和技能，通过调研活动发现问题、建立联系、合作探究、交流发展等环节的学习培养学生对相关知识的理解、迁移和再创造的能力，在跨越较长时间的探究学习中融入合作，形成成果。

主题实施

课次	学习环节	学习活动	学习内容 - 覆盖课程（信息科技）	覆盖课程（劳动技术）	覆盖课程（道德与法治）	覆盖课程（美术）	涉及课程（综合实践活动课程）	学习方式	学习评价
1	学习准备	主题导入：(1)明确主题任务；(2)完成道德与法制（练习册）39—47页。卡套的设计与制作：(1)单卡位卡套图样；(2)单卡位卡套成品。Micro:bit入门：完成探究任务单。	新技术探究	布艺			趣味编程入门、走进博物馆	参观考察 独立学习	道法练习册 参观活动 卡套设计 与制作
2		参观上海纺织博物馆：完成参观记录单。							
3	自主选择	成立小组、确定主题：小组信息登记表。	信息加工				找个岗位去体验	成立小组	信息登记表
4	合作探究	撰写设计方案：从坐垫名称、设计依据、设计思想、打算实现的功能、电路部分和造型部分需要的工具和材料、作品效果图、展开图、裁剪图等角度完成方案设计。	信息加工；新技术探究(Micro:bit)；信息安全与道德规范	布艺	亲情之爱	色彩 图案 形状	多彩布艺世界，我是平面设计师	项目设计 动手制作	设计方案 坐垫制作
5									
6		制作坐垫：(1)根据方案缝制坐垫；(2)使用Micro:bit实现方案的智慧功能；(3)完成坐垫和电子元器件的组装。							
7									
8									
9	交流发展	短视频制作，内容包括：主题名称、组号、组长、组内成员，设计理念、作品制作过程、作品工作原理（脚本编制）、成品过程中的分工情况等。	图片编辑 视频编辑				镜头下的美丽世界	主题展示	短视频制作 综评报告
10		作品制作过程记录：作品草图、展开图、裁剪图。 评价反思：(1)师生共同制定评分标准；(2)客观公正地对学习成果进行评价；(3)反思。							

167

主题评价

1. 阶段作业：本次主题共布置了 10 项任务，每项活动任务均有明确的评分标准，学生上传任务后教师对其赋予一定的分数，并录入信息化教学平台。

2. 小组合作：小组合作的评价应以能够促进学生有效合作为出发点，为此，评价分为两个部分，分别是加分项和减分项，加分项是按照每次课中任务完成的先后顺序进行分别加分。

3. 行为规范：主要是针对个人进行评价，以每次课为单位进行评价，上课时由老师直接录入 AiClass 教学管理平台的课堂评价入口。

4. 交流表达

展示交流是学生们分享研究成果的有效途径（交流表达评分表见表 6-1），这一阶段的评价主要从交流形式和交流内容两个方面进行。在形式方面，要求学生能够借助微视频进行辅助演讲；内容方面，可以指导学生从与课题相关的各个问题展开。

表 6-1　交流表达评分表

评价指标	具体说明	分值
形式	有辅助演讲的工具（微视频）。	30
视频	内容完整，包括：1. 研究主题名称、组长、成员；2. 主题来源；3. 作品制作过程；4. 作品工作原理（脚本截图）；5. 作品工作过程；6. 完成作品过程中的分工情况；7. 制作时遇到了什么问题，怎么解决的？8. 还有哪些地方可以做得更好？9. 从这次主题活动中，每位成员有什么收获？以上内容，每少一项扣 1 分。	20
视频	使用的图片、声音、动画等多媒体信息能够增强作品的表现力。	20
视频	色彩搭配合适。	10
视频	口齿清晰，声音响亮。	10
视频	视频要素完整，包括封面、封底、作者信息、标题、背景音乐，每少一项扣 2 分。	10

5. 学习成果

评价标准（见表 6-2）由师生共同制定，教师将评价标准录入数字化教学平台，以任务的方式推送至学生电脑端，每位学生都是评委，分数记入该主题下的个性化学习报告。

表6-2 学习成果评分表

角度	评价标准	分值
坐垫	针脚细密。	20
	线迹匀直。	20
	封口牢固美观。	20
	实用性强(主要从坐垫的智能角度评价)。	20
	电子元器件与坐垫主体安装牢固美观。	10
	装饰物美观新颖。	10

6. 综评报告:创意作品说明。

(二) 教学设计示例

第5次课　合作探究:撰写研究方案

内容确定

本次课是"私人定制亲情坐垫"主题的第 5 次课,该次课的主要内容包括:撰写研究方案,明确任务,细化任务。学生要上网收集资料,了解坐垫的材料、外形、封口方式和功能;构思自己小组的坐垫拟使用的材料、外形、封口方式和功能;借助草图、展开图和裁剪图对坐垫进行设计和表达;确定所需的材料和工具。

本次课的学习重点:撰写研究方案。

学情分析

学生已有的基础:布艺缝制基础;图样的三种形式,以及这三种形式的区别与绘制方法;单卡套卡位绘制草图、展开图和裁剪图;Mind+编程基础,以及 Micro:bit 的初步使用方法;AiClass 平台的熟练使用。

可能遇到的困难:规范绘制草图、展开图和裁剪图;自主探究新传感器的使用方法。

本次课的学习难点:图形绘制及新传感器的使用。

学习目标

1. 知道设计制作类活动的基本流程:收集分析资料—构思方案—设计表达—制作—交流评价。
2. 能够熟练使用网络收集关于坐垫材料、封口方式、外形和功能的资料。
3. 小组合作从坐垫的材料、结构、外形、使用的针法、功能、使用的对象等角度对坐垫进行构思,完成坐垫草图、展开图和裁剪图。
4. 在交流的过程中能够认真倾听他人意见或发表自己的观点,并依据交流的结果修改完善研究方案。

资料准备

工具材料:电脑、平板电脑、信息化教学平台。

教学资源:研究方案模板、图样绘制视频教程、可能用到的材料和工具清单。

教学过程

活动1:回顾与总结

学生活动:

1. 倾听教师总结三种图样的区别和联系;
2. 倾听教师讲解三种图样的绘制要点。

教师帮助:

1. 制作PPT讲解图样的区别和联系;
2. 制作PPT讲解三种图样的绘制要点。

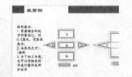

设计意图：

帮助学生回忆前期学习的图样的三种形式、绘制要求以及要点，为学生完成研究方案中的草图、展开图和裁剪图做准备。

活动 2：明确任务，细化任务

学生活动：

1. 倾听教师讲解缝制亲情坐垫的基本流程：收集分析资料—构思方案—设计表达—制作—交流评价；
2. 明确本次课的任务：收集分析与坐垫有关的资料，构思方案，完成草图、展开图和裁剪图的绘制；
3. 根据本次课的任务进行细化，为下阶段的小组分工做准备。

教师帮助：

1. 讲解缝制亲情坐垫的基本流程；
2. 介绍本次课的任务；
3. 师生共议完成本次课的细化。

设计意图：

对学生合作完成研究方案的撰写进行指导。通过细化本次课的任务，为学生制定小组分工计划搭建脚手架，避免出现任务分工有遗漏、不具体等问题的发生。

活动 3：收集分析资料

学生活动：

1. 上网收集资料，了解坐垫的材料、外形、功能和封口方式等；
2. 通过共享屏幕与老师和同学分享自己收集的结果。

深度整合式教学

教师帮助：

1. 指导学生完成资料收集的方法和角度；
2. 组织全班交流收集的结果，了解坐垫的外形、材料、功能和封口方式。

设计意图：

收集资料，为构思方案做准备。

活动 4：构思方案

学生活动：

1. 登录 AiClass 平台收取研究方案任务单；
2. 小组合作完成坐垫的构思，并完成研究方案中"组号、组长、研究主题、主题来源、打算实现的功能、人员分工、所需材料和工具"等部分的填写；
3. 修改完善任务单。

教师帮助：

1. 制作针法回顾视频，帮助学生回顾已学针法，为学生设计方案提供铺垫；
2. 设计研究方案模板，指导学生完成方案的撰写；
3. 组织全班交流研究方案，引导暴露典型问题。

设计意图：

布置研究方案撰写要求。

活动 5：设计表达

学生活动：

1. 观看视频学习草图、展开图和裁剪图的绘制方法；
2. 小组合作绘制坐垫的草图、展开图和裁剪图；
3. 以小组为单位交流草图、展开图和裁剪图，分享修改建议；

4. 根据交流的结果修改、完善图样；

5. 任务单完成后提交至 AiClass 平台。

教师帮助：

1. 录制视频，帮助学生学习绘制草图、展开图和裁剪图的方法，并借助 AiClass 平台进行推送，供学生选择使用；

2. 明确三种图样的绘制要求如下：

草图(10 分)	展开图(15 分)	裁剪图(15 分)
绘制要求： 1. 符合长辈需求； 2. 可操作； 3. 有创意； 4. 标注尺寸； 5. 有材料、针法说明。	绘制要求： 1. 各部件标注名称、尺寸； 2. 部件完整。	绘制要求： 1. 预留缝边，约 0.5 厘米； 2. 与实际尺寸 1∶1 绘制。

3. 组织全班同学交流展示图样，对存在的问题进行及时补充，问题预设：

草图绘制时可能存在的问题：缺少必要的说明；改进封口方式；缺少针法说明；缺乏可操作性；看不见的用虚线，看得见的用实线；

展开图绘制时可能存在的问题：展开图中的所有部件需要全部罗列；缺少部件名称；草图各边尺寸和展开图中部件的对应边尺寸相等；

裁剪图绘制时可能存在的问题：所有需要拼接的边均须留有缝边；缝边需要用实线表示；为了加工方便，也可以对相关部件进行整体或部分合并；部件与部件之间留有适当的距离；

设计意图：

指导学生修改、完善研究方案。

学习评价

一级指标	二级指标	观测点	评价形式
阶段作业	细化任务 设计表达 研究方案	1. 任务单"小组分工计划"部分； 2. 任务单"草图""展开图""裁剪图"部分； 3. 方案要素完整、按时上传、各项要素语义确切。	自评、互评、师评
行为规范	遵守课堂纪律	1. 积极发言；2. 不插嘴；3. 不做与课堂无关的事；4. 不大声讨论。	
小组合作	各司其职；不游离在小组之外	按照上传的顺序和质量依次赋予 10 分、8 分、6 分……	
交流表达	研究方案交流	针对其他小组的研究方案提出修改建议并说出理由。	

（三）学习成果展示

通过本主题的学习，学生不仅收获了诸多创意作品，如单卡位卡套、设计方案、智能坐垫等，还收获了诸多思考和感悟。

成果作品

1. 单卡位卡套

2. 智能坐垫成品图

3. 辅助演讲PPT

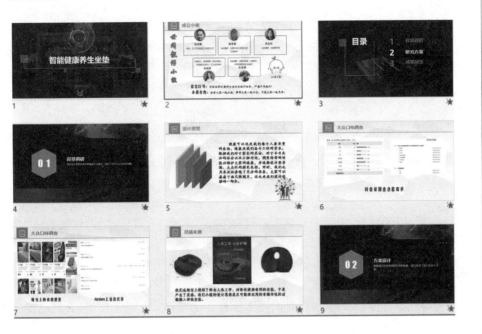

学生感言

撰写人：第5小组陈怡雯

我们小组虽然只有三名组员，但是我们合理安排时间，严格落实人员分工，不但没有出现人手不足的问题，还使工作效率达到了最大化，因此这次的任务能够顺利完成，要归功于我们小组的每一位组员。

除了小组合作上的感触，我对于本次的任务主题也有很多想法。这次的主题是亲情坐垫，出于完成任务的目的，我们多多少少也对长辈生活中的琐碎喜好有了进一步了解。明天也是母亲节了，希望我们对长辈的爱和关心不要只停留在完成任务这一步。这几年来我也看了不少关于亲人之间的遗憾的故事，表示伤感之余，我们也要从中汲取正面的力量，其实我们和长辈相伴的时间说长不长、说短不短，我们应该抓住当下的大好年华，多关心、陪伴我们的长辈，这样我们才不会在亲情这种人间最宝贵的情感中留下过多遗憾！

智能家居

主题基本信息						
实施年级	七年级	实施学期	第二学期	设计者	周子晴
主题类型	☐公共主题　☑自选主题					
使用教材版本	初中信息科技（试用本）　华东师范大学出版社 劳动技术　七年级（试用本）　上海教育出版社 道德与法治　六年级（五·四学制）　人民教育出版社					
课时	10次课（每次课3课时连排）					

（一）主题方案

主题背景

随着时代的进步，人们的居住意识在不断地变化与提升。对于住房，人们已经不再满足于"居者有其屋"的传统思想，也不再停滞于简单的物质层面的满足，而是追求一种安全、舒适和温馨的家居环境。信息科技的蓬勃发展，为智能家居提供了无限可能，正在改变着人们的生活方式。

1. 课标要求

本主题以当下十分热门的"智能家居"为载体，整合多门课程内容：劳动技术"木工"；信息科技"新技术体验与探究"；道德与法治学科"绽放生命之花"；探究与拓展型课程"项目设计"以及综合实践活动课程"设计制作类"；美术"造型设计"；数学"面积测量"等。学生们在该主题学习中创立设计公司、开展室内设计、制作家居模型、实施智能家居产品推介等。

2. 学生需求

随着技术的不断更新和发展，智能家居也逐渐走入千家万户。学生对高新科技充满好奇，具有探索欲望。而"木艺"作为中国传统工艺，虽然在家居生活中得到了广泛应用，但对于木工工具，学生却很少接触。本主题用驱动性问题——下雨了阳台衣服没人收怎么办？卧室潮湿昏暗怎么办？家里电器忘记关了怎么办……引导学生将木工工具的使用方法、木制品工艺流程、Micro:Bit的使用等单一、细碎的知识点转化为结构化、体系化、生活化的知识，学习相关技能，满足学生动手实践、探索创新的需求，使其在感悟自身价值的同时，提升对于传统文化的审美情趣和创新能力。

3. 未来需要

在以人工智能为主导的信息化2.0时代，培养具有高阶思维的创新人才，已成为学校教育迫切需要承担的使命。学生仅掌握基础性的读、写、算技能已无法适应未来社会的需求，学校必须强化学生关键能力的培育。本主题借助Micro:Bit新技术的学习运用，助力培育学生的信息科技素养，使其更好地适应信息化社会；鼓励学生动手实践中国传统"木艺"，提升对传统文化的审美情趣，根植保护和传承中国传统工艺的思想种子；引导学生规划和设计家居空间，制作家居模型。提升其综合运用各科知识、分析并解决现实问题的能力。小组合作动手制作的过程，有利于提升学生的沟通协调能力，为学生的设计能力和职业工程素养打下了基础。

4. 开设条件

学校具备木工工坊和电脑房等专用教室；配备了Micro:bit主板、扩展板以及相匹配的多种传感器，配合图形化编程软件如makecode、Mind+等；还准备了曲线锯、角度剪、木板、砂纸、酒精胶等木工常用的工具和材料，包括室内设计常常使用的酷家乐软件等，以上均为主题的顺利开展提供了条件。

主题目标

1. 体验木制品工艺流程和新技术（Micro:bit），制作一个智能家居模型。
2. 知道项目设计的构成要素，学习项目设计的研究方法，完成一份创新作品说明。
3. 经历一次完整的室内设计职业体验过程，策划并举办一场智能家居产品推介会。
4. 参与社会公益，感受自我价值的实现，激发职业兴趣，树立问题意识、规则意识和知识产权意识。

主题内容

从参观体验"智慧社区"沙盘入手，引导学生走进主题，激发学习兴趣。通过调查和头脑风暴以及思维导图收集家居生活中存在的问题。确定主题，成立公司，借助室内设计软件、木工相关技能和Micro:Bit，尝试解决问题并设计与制作一个智能家居模型。策划举办一场产品推介会。使用投资问卷互评和自评。参与社会公益，进行创意孵化。

主题实施

课次	学习环节	学习活动	学习内容 - 覆盖课程 - 信息科技	学习内容 - 覆盖课程 - 劳动技术	学习内容 - 道德与法治	学习内容 - 涉及课程 - 综合实践活动	学习内容 - 涉及课程 - 美术	学习内容 - 涉及课程 - 数学	学习方式	学习评价
1	学习准备	1. 观看视频、走进主题、了解项目设计、明确预期成果：(1)创新作品说明；(2)智能家居模型、推介文件(PPT等)。 2. 参观 5G 智慧沙盘，体验智能家居。	新技术体验			设计制作：建筑模型类项目的设计与制作			参观体验	参观活动
2	自主选择	1. 绘制思维导图，搜集家居问题； 2. 制定项目计划，成立设计公司，确定公司内部职位，明确岗位职责。	思维导图		感受生命意义	职业体验及其他：找个岗位进行职业调查与体验			制定计划	项目计划
3	合作探究	1. 学习室内设计理论和设计软件，完成设计方案，关注知识产权和信息安全。	新技术探究（设计软件"酷家乐"）；信息安全与道德规范			设计制作：创意木艺坊、建筑模型类项目的设计与制作；信息交流与安全、趣味编程入门、我是平面设计师	色彩、纹理、形式、造型设计、造型装饰	面积、边长、体积计算、三视图	设计制作	酷家乐室内设计图；外观功能设计方案；智能家居模型等
4		2. 认识木工常用工具，体验木工基本技能，制作家居部件；测量尺寸，确定比例，搭建框架，形成房屋模型；		木工材料与加工工具；木工的加工；木制品设计与制作						
5										
6		3. 学习图形化编程，使用 Micro:Bit 为房屋模型添加功能，使其实现智能化；	新技术探究（图形化编程软件 Mind+）							
7		4. 优化布局，装饰美化，完善房屋模型。								
8										

续 表

课次	学习环节	学习活动	学习内容							学习方式	学习评价
			覆盖课程			涉及课程					
			信息科技	劳动技术	道德与法治	综合实践活动	美术	数学			
9	交流发展	1. 策划产品推介会,制作推介文件; 2. 举办产品推介会,交流展示,使用投资问卷评价; 3. 主题总结,收获精彩的人生。	信息表达与交流		活出生命精彩	设计制作:演示文稿展成果			交流展示	推介文件;综评报告
10											

主题评价

1. 阶段作业:项目计划书、酷家乐室内设计图、外观和功能设计方案、家居部件(见图6-5)等。

图6-5 作品任务示例——家居部件

2. 小组合作:主要包括小组合作表现、按时提交任务、任务完成质量、每位成员的参与程度等。各阶段采用《分工和分数分配表》(见表6-3)来评价小组分工是否合理以及每位成员的参与程度。

表6-3 分工和分数分配表

任务	模型装饰美化 (1—2人)	功能调试和视频拍摄 (1—2人)	投标文件制作 (2—3人)
需提交	作品任务:我们的模型	作品任务:功能演示视频	作品任务:投标文件
负责人			
分值			
备注:本表由组长填写,共100分。组长根据组员自荐和推荐分配岗位,依据活动中的表现和贡献完成岗位分数设置。			

3. 行为规范:对学生行为规范的评价(评分表见表6-4)主要采用加分和减分的方法,既有团队分数,又有个人的加减分,既有教师打分,又有组长打分。

表6-4 学生行为评价表

类别	举例	加分/减分
资源使用	遵守曲线锯、酒精胶等木工工具的操作规范。	
	活动后清理木屑等垃圾,将工具和材料回归原位,保持木工坊整洁。	

续 表

类别	举例	加分/减分
课堂表现	明确岗位职责,积极完成本岗位任务。	
	积极参与课堂互动,主动举手发言。	
	安静倾听,轻声讨论,主动提醒同伴遵守纪律。	

4. 交流表达:主题成果交流和推广,采用"智能家居"产品推介会的形式进行,在推介会上的行为和表现是重要的评价内容,也是本主题中最重要、最能突出主题特色的评价内容。

5. 学习成果:本主题最终的学习成果,包括智能家居模型和推介文件等。

6. 综评报告:创意作品说明。

(二) 教学设计示例

第 10 次课　交流发展:产品推介会

内容确定

本次课是"智能家居"主题的最后一次课,主要内容是通过产品推介会的形式交流和推广主题成果。通过师生共同制定推介会的评价标准,各"公司"上台推介产品,使用 AiClass 评价问卷进行自评和公司间的互评,邀请科技辅导员和"善陶"超市负责人进行专家点评,反思经验和不足,为后续的主题学习积累经验。

本次课的教学重点:能够借助多种手段实施智能家居产品推介。

学情分析

学生已有的基础:室内设计初步理论,酷家乐室内设计软件的使用,木工制作基本技能及木工作品设计与制作流程,文档、PPT、视频制作和修饰的基本方法,已完成智能化家居模型的制作。

可能遇到的困难:如何制定产品推介会评价标准,如何组织语言,借助多种推介手段更加生动有趣地展示交流小组产品。

本次课的教学难点:组织语言,生动有趣地进行推介;制定评价标准。

学习目标

1. 借助多种手段,如产品说明书、演示文稿、视频、小品等实施智能家居产品推介,锻炼表达能力和团队协作能力。
2. 尝试制定推介会评价标准,用评价标准进行自评和组间互评,建立评价标准意识。
3. 参与社会公益,反思本次主题中的收获和不足,实现自我价值,收获有意义的人生感受。

资料准备

工具材料:电脑、平板电脑、信息化教学平台、智能家居模型。

教学资源:推介文件、产品捐赠证书、项目孵化意向书。

教学过程

活动1:推介准备

学生活动:

1. 明确本次课的活动安排和目的。
2. 理解推介会的流程和要求。
3. 公司内部头脑风暴,讨论评价标准,填写在 AiClass 讨论任务,通过点赞投票共同制定评价标准。
4. 公司成员合理分工,进行推介会排练。

教师帮助:

1. 说明本次课的活动安排和推介会目的。
2. 介绍推介会的流程和要求,见下图。

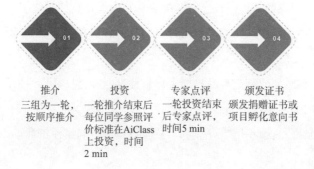

推介
三组为一轮,
按顺序推介

投资
一轮推介结束后
每位同学参照评
价标准在AiClass
上投资,时间
2 min

专家点评
一轮投资结束
后专家点评,
时间5 min

颁发证书
颁发捐赠证书或
项目孵化意向书

3. 组织讨论和投票，共同制定本次推介会的评价标准，将评价标准录入评价问卷，上传至 AiClass。

4. 引导各公司进行推介会准备，明确产品推介时的分工，协助各公司进行分工和排练。

设计意图：

推介会评价标准由全体同学共同讨论制定，让学生在互动学习中头脑风暴、集思广益，增强了学生的主人翁意识，真正掌握课堂的主导权；排练是为后面的产品推介会做准备。

活动 2：产品推介

学生活动：

1. 观看视频，回顾主题内容。
2. 各公司按顺序上台进行产品推介，台下学生倾听和观察产品推介。
3. 根据评价标准在 AiClass 上投资（见附件学生任务单）。
4. 三个小组推介结束后，倾听善淘超市负责人和科技辅导员点评。

教师帮助：

1. 播放视频，引导学生回顾主题内容。
2. 组织推介会，引导各公司按要求进行产品推介。
3. 组织各公司根据评价标准自评和互评。
4. 邀请善淘超市负责人和科技辅导员进行专家点评。
5. 颁发捐赠证书和项目孵化意向书。

设计意图：

短小精悍的视频可以帮助学生更形象地回顾主题学习过程。本次推介会是主题成果的展示，通过各组的展示交流，能了解其他小组产品的设计和功能，为今后的主题学习和设计制作积累经验。自评和互评让学生学会如何评价，在评价中学习。学生的优秀作品不应该只停留于校内展示，学生也希望自己的学习成果能发挥更大的作用。因此本次课邀请了科技辅导员,帮助学生将创意进一步孵化,迈向更高的平台。通过与善淘超市的公益联动让智能家居产品走出校门,走入社会,这种方式既赋予了产品价值,又让学生主动承担了社会责任,奉献了爱心,使其人生变得更有意义。

活动 3：主题小结

学生活动：
1. 完成作品任务—主题小结,并上传至 AiClass。
2. 浏览班级作品库,交流在本次主题中的收获和不足。

教师帮助：
1. AiClass 发布作品任务—主题小结,引导学生进行主题小结。
2. 组织班级交流,归纳总结。

设计意图：
总结学习经验并反思存在的不足,为今后的主题学习积累经验,寻求进一步发展。

学习评价

一级指标	二级指标	观测点	评价形式
阶段作业	评价标准设计；主题小结撰写	提出的推介会评价标准数目的适恰性； 提出的推介会评价标准的适恰性； 主题小结语言流畅,富有真情实感。	自评、互评、师评
行为规范	推介会表现；投资问卷使用	认真聆听和观看各组推介； 秉着公平、公正、合理的原则进行评价。	
小组合作	小组排练	小组分工合理、相互协调； 既认真倾听他人建议,又能表达自己的观点； 排练投入。	

续表

一级指标	二级指标	观测点	评价形式
交流表达	推介会手段	手段选择合理,能突出产品特色; 语言表达生动形象,流畅自然。	
学习成果	推介文件;智能家居模型	推介文件富有特色,重点突出; 产品外观牢固美观,布局合理; 产品功能实用,富有创意。	

(三) 学习成果展示

通过本主题的学习,学生不仅收获了诸多创意作品,如项目计划书、设计方案、推介文件等,还收获了诸多思考和感悟。

成果作品

1. 项目计划书

项目计划书

组号:02　公司名称:TRIP 智能化工程有限公司

一、项目简介

地理位置:本案位于上海市静安区江宁路 666 号。

周边环境:靠近常德路商业圈,非常繁华,交通便利有 13 号线,7 号线。

建筑面积:150 m^2(不规则)。

建成年代:正在建设中。

朝向:南北通透。

二、家庭成员情况

家庭人数			4 人 + 1 个宠物猫
家庭成员	年龄	职业	情况描述(爱好、需求等)
爸爸	39	警察	喜欢打篮球,希望有一个私人篮球场
妈妈	37	老师	喜欢看书,希望有一个自己看书的空间

续　表

家庭成员	年龄	职业	情况描述(爱好、需求等)
女儿	11	学生	喜欢做手工,希望有一个自己的工作室
儿子	12	学生	喜欢学习,希望有一个安静的学习空间
布偶猫	1	宠物	喜欢吃猫粮,希望有一个私猫空间,一个窝,一个猫爬架

三、我的设想

风格简约,收纳容量大,宽敞舒适,全屋智能,安全系数高,与110联网。

三室两厅两卫,一厨房,一书房,一娱乐空间,一工作室,一玩具室。

2. 设计方案

设计方案

组号:01　公司名称:金浅公司

一、设计理念

我们选择用现代风格,希望给家人们创造一个简单、舒适的生活环境,采用浅色系的一些暖色调营造温暖的氛围。我们选择简洁风格的家具和摆件来装饰我们的家。

二、功能区划分及配置(可自行增减)

功能区	配置(家具/陈列品)
客厅	电视、电视柜、茶几、沙发、滑滑梯、篮球框、蹦床、海洋球
餐厅	餐桌、椅子
主卧	床、书桌、梳妆台、衣柜、床头柜、电视机
次卧1	床(×2)、书桌(×2)
次卧2	床、书桌、书柜
书房1	书柜、书桌
私猫空间	猫窝、猫爬架、猫砂盆
入户花园	花、草
书房2	书柜、书桌
工作室	桌子、坐垫
卫生间1	淋浴、马桶、洗手台

续表

功能区	配置(家具/陈列品)
卫生间 2	淋浴、马桶、洗手台
猫的浴室	澡盆
厨房	灶台、冰箱

三、平面规划图(酷家乐 2D 图)

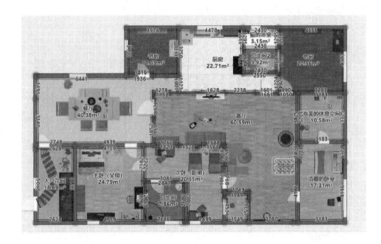

四、效果图(酷家乐 3D 图)

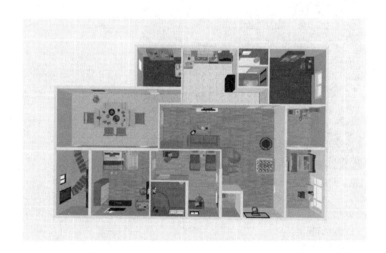

3. 功能设计方案

功能设计方案

组号：01　　公司名称：金浅公司

1. 现存问题阐述

观察和回忆身边的家居生活，是否存在一些不尽如人意的地方？

（1）下雨时要自己收衣架，很麻烦。

2. 未来家居生活畅想

你想要怎样的未来家居生活？身边的家居物件在未来会发生什么变革？

智能化，自动化：下雨时能自动收回衣架。

3. 解决方向方法

针对家居生活中现存的问题，你能提出什么解决的方向或方法？

（1）在下雨时监测到湿度的变化并收回衣架。

4. 具体功能设计

使用 Micro：bit 进行创意设计，解决 1-2 个问题，请写出你设计的功能。

（1）安装舵机和湿度传感器，每当监测到湿度过高时就自动收回衣架。

5. 请简要描述该功能（工作原理、达成效果等）

（1）工作原理：当监测到湿度过高时，舵机转动，使衣架收回室内；达成效果：避免了晚收衣物而导致衣物被淋湿的情况。

6. 准备使用哪些器材？（可能用到的器材清单见文末附件，也可自带）

- Micro：bit 基础板
- Micro：bit 扩展板
- 湿度传感器
- 舵机

7. 程序截图

6. 程序截图

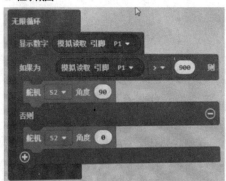

附件：可能用到的设备清单

- Micro：bit 基础板
- Micro：bit 扩展板
- 红色按键模块
- 白色按键模块

- 数字红色 LED 模块
- 数字白色 LED 模块
- 数字绿色 LED 模块
- 数字蓝色 LED 模块
- 数字震动传感器
- 数字钢球倾角传感器
- 数字大按钮模块黄色
- 数字触摸开关 Touch
- 模拟声音传感器
- LM35 模拟线性温度传感器
- 模拟环境光线传感器
- 距离传感器
- 心率传感器
- 紫外线（UV）传感器
- 模拟水分传感器
- 模拟火焰传感器
- 模拟一氧化碳传感器
- 人体热释电红外传感器

4. 家居产品模型

学生感言

撰写人：第 4 小组孙稷泽

　　在智能家居主题中，同学们学会了木工技术，用 Micro：bit 实现多种功能并使用酷家乐进行设计，了解了家居的分类和各个风格的特点。

　　作为组长，我带领组员们组建团队，分配职务，完成作品。

参观沙盘的过程中,组员们学习了家具的布局,了解了编程能够实现的各项功能,能够自动驾驶、自动送货的小车给同学们留下了深刻印象。组员们以展示的沙盘为目标,设计属于自己的功能和家具。

设计户型图的过程中,组员们各展所长,利用课上和课余时间,选择了各自家具的风格,设计房间和走道的位置,一件件摆放家具,当完成了自己设计的方案时,组员们的成就感倍增。

制作物化部分的过程中,负责制作的物化工程师和负责设计方案的智能工程师起了争执,在组员间的协调讨论下解决了问题,最终,两个版本都被采用,取长补短,我们的作品也因此更为完善。虽然遇到了很多困难,组员们还是积极地制作部件,完成了一件算是不错的作品。

编程的过程中,智能工程师们分工协作,有程序漏洞时会互相帮助解决,最终我们组成功实现了四个功能,得到了老师的称赞和同学们的认可。

在产品推介会中,我们的产品由于造型不够美观,没有获得很高的投资。我们会吸取这次的经验,在以后的主题学习中努力学习制作工艺,发挥工匠精神,争取做出更美观的作品。

四、优秀案例之"探觅文化":体味文化之旅

文化是民族的灵魂,中华五千余年的文明给我们留下了数不尽的文化蕴藏。家国情怀与民族精神丝丝浸润,风土民情与传统民俗相互呼应。探究民俗文化,有助于我们了解我国渊博的历史,更能使我们理解当下的生活。本领域主题以生活中的衣食住行为切入点,开展了一场让学生感受生活状态、民俗礼仪和地理风貌的文化之旅。

学校基于学生的需求和学科规划,整合劳动技术、信息科技、道德与法治、自然、科学、艺术及生命科学等学科知识与核心素养要求,设计了"小小艺术师""纸杯文化""木工乐园""觅习俗""玩泥巴""纸趣""探秘姓氏文化""华夏有霓裳""附校文创秀""国粹京剧脸谱""玉盘珍馐"等主题。各个主题面向不同年级的学生,以下结合"探秘姓氏文化""玉盘珍馐——为家人订制亲情菜谱"等主题为例,进行详细的阐述。

探秘姓氏文化

主题基本信息					
实施年级	七年级	实施学期	第一学期	设计者	华明　王连方
主题类型	□公共主题　☑自选主题				
使用教材版本	初中信息科技(试用本)　华东师范大学出版社 劳动技术　七年级(试用本)　上海教育出版社 道德与法治　七年级(五·四学制)　人民教育出版社				
课时	8次课(每次课3课时连排)				

（一）主题方案

主题背景

2017年1月，中共中央办公厅、国务院办公厅发布《关于实施中华优秀传统文化传承发展工程的意见》，要求坚持以社会主义核心价值为引领，坚守中华文化立场，传承中华文化基因。面向未来，汲取中国智慧、弘扬中国精神、传播中国价值，不断增强中华优秀传统文化的生命力和影响力。中国是一个历史悠久、民族众多、人数极大的大国，姓氏代表每个人及其家族的一种符号。姓氏文化的形成、发展、演变经历了漫长的历史过程，了解姓氏文化对于每个学生而言都有深刻的文化价值。

1. 课标要求

本主题以培养学生核心素养为目标，以"姓氏文化"为切入口，参照《上海市初中劳动技术学科教学基本要求》以及《中小学综合实践活动课程指导纲要》，整合多门课程内容：劳动技术"木工"，道德与法治"在集体中成长"，探究型课程"项目设计"，实践活动课程"设计制作类"，信息科技"信息表达与交流""信息安全与道德规范""新技术体验与探究"等，引导学生动手实践、探索创新，在感悟自身价值的同时，提升传统文化审美情趣和创新能力，探求中华姓氏蕴藏的奥秘。

2. 学生需求

每个人都有自己的姓氏，本主题基于驱动性问题——"你知道自己姓氏的由来吗？""你能为自己设计一个姓氏图腾吗？"结合学生实际情况走进姓氏文化，了解姓氏文化。通过学生自身的体验和探索,增强其作为炎黄子孙的民族自尊心、自豪感以及民族的认同感和凝聚力。

3. 未来需要

姓氏文化是华夏文明的一部分,随着社会变迁,现代的姓氏文化较传统的姓氏文化已发生很大变化。传承传统姓氏文化,发扬中华民族姓氏文化,是继承传统文化的有效途径。

4. 开设条件

本主题与每个同学息息相关,学校图书馆、网络等是充裕的资源库,亲戚朋友是可以调查走访的对象,尤其是长辈对于传承姓氏文化有着深厚的感情。学校配有木工工坊和电脑房等专用教室,铣床、钻床、曲线锯、砂光机、木板、专用电烙铁、酒精胶等木工常用的工具和材料,以及多台桌面激光切割机等,以上均为主题的顺利开展提供了条件。实施本主题的教学团队既有历史课教师、社会课老师、劳技教师,还有信息科技教师,跨学科的备课团队有利于主题的研发,便于教师们在主题实施过程中对学生进行指导。

主题目标

1. 学会使用调查、访谈的方法进行一次主题探究活动,经历查找资料、汇总筛选、对照分析数据、归纳总结等探究过程,完成一份探究报告。
2. 知道姓氏文化作为中华民族传统文化的起源和发展,能够选择自己感兴趣的相关主题进行主动探究,并将探究成果进行交流展示。
3. 知道传统工艺"烙铁画"的构成要素,体验木制品工艺流程和烙铁画设计工艺,运用激光雕刻技术装饰烙铁画,制作一个体现姓氏文化的烙铁画作品。
4. 经历名人姓氏的追踪,感受自我价值的实现。增强自豪感,激发职业兴趣;树立家国意识、民族意识,感受中华民族传统文化的魅力,体会家国情怀。

主题内容

从一则新闻视频"复旦大学宣布完全确定曹操家族DNA,揭开曹操姓氏之谜"引入主题,引导学生提出姓氏相关的问题。根据问题组成探究小组,以小组为单位共同分析问题,搜集相关文献资料。调查身边同学对姓氏文化的了解程度,采访亲友,完成所选课题的探究。在课题探究活动过程中,融入激光雕刻技术的普及,每位同学设计个人姓氏图腾,利用烙铁画完成作品创作。全班展示活动中,通过不同课题探究成果的交流帮助学生了解姓氏的起源发展、传承姓氏文化,体悟姓氏文化带来的习俗文化,感受劳动技术发展的智慧,提高审美能力。

主题实施

课次	学习环节	学习活动	学习内容						学习方式	学习评价
			覆盖课程			综合实践活动	涉及课程			
			劳动技术	信息科技	道德与法治		美术	历史		
1	学习准备	1. 观看视频，走进主题，明确预期成果：(1)探究报告；(2)姓氏图腾格格铁画。 2. 文献检索，查找整理主题资料； 3. 参观木工教室，了解格铁画工艺过程。	激光切割机结构与操作		我和我们	设计制作：格铁画工艺品的设计与制作			文献检索；参观体验	文献检索
2	自主选择	1. 绘制思维导图，确定探究课题； 2. 成立小组，制定合作计划，明确分工。 3. 设计小组组牌，利用激光切割组牌。						姓氏文化典故；格铁画的历史渊源	建立团队	组牌设计
3	合作探究	1. 设计调查问卷，制定访谈提纲； 2. 问卷修改完善，开始实施调查； 3. 认识木工工具，处理板材，测量尺寸； 4. 搜索图腾信息，确定比例，绘制图案。	电烙铁结构及使用方法；作品设计：草图、尺寸图、效果图；木工材料与加工工具；木工	网络资源收集，提取归纳信息；资源的分享与保存；文档的多人协作编辑；PowerPoint的应用。		职业体验及其他：找个岗位去体验、职业调查与体验；设计制作：创意木艺坊	构图纹理虚实变化整体造型设计装饰	统工艺的历史渊源	调查访谈；实践探究	探究方案；产品设计
4		1. 整理调查、访谈数据，初步形成结论； 2. 学习并绘制格铁画，增加装饰图案。								

续 表

课次	学习环节	学习活动	学习内容 覆盖课程				学习内容 涉及课程		学习方式	学习评价
			劳动技术	信息科技	道德与法治	综合实践活动	美术	历史		
5		1. 撰写课题探究报告,制作演示文稿; 2. 个人姓氏相关的名人信息搜集,格铁画的修饰与完善、交流、撰写感悟; 3. 铁画的修饰与完善、交流展示。	的加工;木制品设计与制作。							
6		1. 制定课题探究报告评价标准; 2. 修改完善课题探究报告及演示文稿。		美好集体有我在						
7	交流发展	1. 修改完善、准备交流; 2. 交流展示、完成组间评价; 3. 主题反思、上传探究学习报告。				设计制作活动:演示稿展成果	设计制作:信息表达与交流		交流评价	成果交流;主题反思
8										

主题评价

1. 阶段作业:本主题主要评价有小组课题探究方案、烙铁画设计方案、设计图、主题问卷、数据分析表、主题探究报告、PowerPoint 交流课件等。

2. 行为规范:对学生行为规范的评价(评价表见表 6-5)主要采用加分和减分的方法,既有团队分数,又有个人的加减分,既有教师打分,又有组长打分。

表 6-5 学生行为评价表

类别	举例	分值
资源使用	遵守各类工具的操作规范,合理使用工具处理材料。	10
	根据需求选择耗材,合理规划使用材料。	10
	课中、课后正确归还工具,合理收纳材料。	10
	课后主动清理桌面、地面垃圾,恢复桌椅摆放位置。	20
课堂表现	明确岗位职责,积极完成本岗位任务。	20
	积极参与课堂互动,主动表达自己的观点或想法。	10
	积极参与组内、组间互助,遇到问题时能提出可行解决方案。	20

3. 小组合作:主要包括小组合作表现、按时提交任务、任务完成质量、每位成员的参与程度等。各阶段采用"分工和分数分配表"(见表 6-6)来评价小组分工是否合理以及每位成员的参与程度。

表 6-6 分工和分数分配表

岗位	姓名	任务	需提交	完成时间	完成情况
资料收集（全体）		制定探究计划、收集参考图案、课题相关资料收集与汇总	（课题）分工计划资料汇总		
课题探究（2—3人）		资料分析、撰写报告	（课题）探究报告		
材料准备（1—2人）		材料尺寸规格、购买途径、材料价格	（劳技）材料采购单		

续 表

岗位	姓名	任务	需提交	完成时间	完成情况
作品设计（1—2人）		作品尺寸图、效果图、板材图案绘制	（劳技）作品设计		
作品制作（2—3人）		板材切割、打磨、钻孔、烙铁画制作、激光打印操作	（劳技）烙铁画作品		
拍摄记录（1—2人）		拍摄活动照片、视频，编辑相关照片与视频	（主题）视频文件 活动照片		
课件制作（1—2人）		PPT模板选择、PPT内容制作	（主题）交流PPT		
交流展示（1—2人）		交流PPT、展示作品、讲解活动过程及总结反思	（主题）交流发言稿		

4. 交流表达：主题成果交流和推广，采用产品展销会形式进行，在展销会上的行为和表现是重要的评价内容，也是本主题中最重要、最能突出主题特色的评价内容。

5. 学习成果：本主题最终的学习成果包括烙铁画工艺作品、小组课题探究报告、展示PPT文件。

6. 综评报告：探究学习报告。

（二）教学设计示例

第3次课　合作探究：资料的收集

内容确定

本次课是本主题的第3次课，前期学生已经完成了分组分工，基本确定了探究方向，在教师和同伴的帮助下初步拟定了探究课题。本次课需要小组同伴之间协同合作，对所涉及的资料进行收集，学习、运用WPS进行文档的多人共同编辑。保证小组所有成员明确任务、相互提醒监督，实现组员之间的相互协作、查漏补缺。

本次课的学习重点：学会应用WPS文档的共同编辑功能，完成小组资料汇总。

学情分析

学生已有的基础：Word 文档文字输入与处理技术，百度、知网、百度学术等网络资源的运用以及搜索查询、文本截取、图片下载、路径保存等规范操作。

可能遇到的困难：在创建协作文档任务中，很多学生未曾接触过这样的协作形式，需要在教师的引导和学生的自主探索中，逐步学会共享文档的创建、分享、编辑等基本操作。

本次课的学习难点：将原有文档创建为小组共享文档。

学习目标

1. 学会 WPS 共享文档的创建与分享，实现多人共同编辑。
2. 熟练运用搜索引擎进行资料的搜集，按字体、字号、格式等具体要求整理资料并保存至共享文档，将完成后的共享文档保存至个人文件夹。
3. 运用 AiClass 教学平台，将小组协作后的文档（任务单）上传至平台。增强相互合作、齐心协力的团队意识，深化同学之间的友谊。

资料准备

工具材料：电脑、平板电脑、信息化教学平台。
教学资源：任务单。

教学过程

活动 1：尝试创建共享文档

学生活动：

1. 说一说：如何实现多人共同编辑同一文档的功能。

可能出现的回答：

A. 多人使用一台电脑，轮流编辑同一文档；
B. 每人一台电脑，内容自行编辑，收集到一起后由一人负责编辑；

C. 使用电脑最厉害的那个人全程操作电脑,其他人在旁边出主意;

D. 创建共享文档,多人同时编辑同一文档;

E. 事先分工,再创建共享文档,多人同时编辑同一文档。

2. 试一试:尝试用某个软件创建共享文档,实现多人共同编辑功能。

3. 说一说:自己的尝试以及发现,是否有推荐的软件。

4. 学一学:根据自己听到、看到的同学介绍,再次尝试。

教师帮助:

1. 提出问题:如何实现文档的多人协作编辑?

2. 组织课堂交流,引出课堂讨论。

3. 组织课堂二次交流,共同寻找解决办法。

设计意图:

鼓励尝试运用不同软件实现文档的多人共同编辑功能,能够主动参与课堂交流,勇敢尝试自己的想法。

活动 2:探究 WPS 编辑功能

学生活动:

1. 浏览 PPT,明确学习内容。

2. 通过 AiClass 教学平台接收帮助文件。

3. 参照帮助文件,尝试运用 WPS 实现文档的多人共同编辑功能。

4. 参与课堂交流,介绍个人实践经验。

5. 同桌、前后桌互助,实现共享文档的创建和编辑。

教师帮助:

1. 介绍 WPS 中文档的多人共同编辑功能,在 PPT 中展示创建、参与等具体操作并简单讲解。

2. 通过 AiClass 教学平台推送帮助文件。

3. 课堂巡视,组织全班同桌之间、前后桌之间的互助活动。

(1) 主动参与交流，能使用必要的术语描述实施过程。

(2) 互助时不离开座位，控制讨论声音。

4. 组织课堂交流，请成功的学生介绍经验。

设计意图：

鼓励学生尝试运用 WPS 实现文档的多人共同编辑功能。

活动 3：编辑"资料汇总单"

学生活动：

1. 打开 AiClass 教学平台，接收"资料汇总任务单"。

2. 根据确定的分工，每位同学选择适合的网站进行资料搜集（百度图片、百度百科、百度学术、中国知网等），并将选取的资料复制、粘贴至共享文档的相应位置。

3. 注意保护原作者知识产权，完善资料来源及作者信息。

4. 编辑"资料汇总单"，注意文档备份，并由组长负责回传至 AiClass 教学平台。

教师帮助：

1. 任务推送：运用 AiClass 将预先设计好的"资料汇总任务单"送给每位学生。

2. 巡视、指导学生完成任务单，帮助有困难的学生，解决学生生成性问题。

3. 利用 AiClass 教学平台回收所有小组的"资料汇总任务单"。

要求：

(1) 按要求正确接收、填写任务单。

(2) 各司其职，可以小声讨论，需避免相互干扰。

(3) 有问题可在小组内讨论解决，无法解决的问题可寻求教师帮助。

设计意图：

通过小组共同编辑资料汇总单，在完成既定任务的同时，进一步巩固 WPS 多人协作。

活动 4：小组展示交流

学生活动：

1. 可自荐展示本组的"资料汇总任务单"，发言人上台交流任务单。

2. 根据自己的实践经验和感触，提出个人的修改建议。

3. 参与课堂交流、讨论，记录修改建议。

教师帮助：

1. 展示个别组的"资料汇总任务单"，邀请该组发言人进行展示交流。

2. 组织班内互动交流活动，提出或协助学生提出修改建议。

交流要求：

（1）正确回传任务单。

（2）交流时声音清晰，详略得当。

（3）积极参与课堂讨论，敢于提出个人见解，能提供有效的修改建议。

设计意图：

班内互动，提出修改建议，学会归纳和整理。

活动 5：小结反思提升

学生活动：

1. 从技术操作的探究方法角度交流学习心得；

2. 小组集中讨论后续工作，明确修改内容，商讨课后修改事宜；

3. 整理、保存课堂电子文档、图片等资料，将相关任务单、文档、图片以及网络资料保存至个人文件夹；

4. 关闭、回收电子设备，整理桌椅。

教师帮助：

1. 组织学生回顾本课掌握的内容，从不同角度说一说个人收获。

2. 提醒组长确认保存小组资料；个人保存相关资料，避免任务单、资料丢失，影响后续学习。

3. 提醒关闭、回收电子设备,安排值日生整理桌椅。

设计意图:

帮助学生建立良好的资料保存习惯,明确数据备份的重要性。

学习评价

一级指标	二级指标	观测点	评价形式
阶段作业	资料收集与整理; 资料汇总任务单	参与资料的收集与整理; 任务单编辑符合要求	自评、互评、师评
行为规范	电子设备使用	电子设备使用符合要求	
小组合作	资料汇总任务单	小组分工合理,相互协调程度	
交流表达	任务单交流; 学习小结	认真聆听交流,积极参与互动; 语言流畅,清晰表达	

(三) 学习成果展示

通过本主题的学习,学生制作完成了诸多手工艺品,制作了交流PPT,还收获了诸多思考和感悟。

成果作品

1. 手工艺品

2. 交流 PPT

学生感言

大家好,我是郭俊铉。通过此次探究姓氏文化的活动,我第一次知道郭姓的来源,还认识了很多历史上郭氏的著名人物,比如战国时燕国谋臣郭隗,他曾让燕昭王"筑宫而师之",为燕国招来了许多奇人异士,终于使燕国得以富强。同时还有通过冶铁成为巨富的大商人郭纵,东汉时有左冯翊人郭躬,以传授法律著名,常有生徒数百人。我以自己的姓氏为骄傲。

在与小组同学合作的过程中,我们的计划是:先各自负责自己的一块内容,到最后进行合并与修改。资料的选择是很重要的部分,我们都对资料进行了删选,还特地对一些字词的读音进行了查阅。小组探究和个人探究的介绍中,我们都花了大把时间去熟悉文字,只希望在交流的时候能达到好的效果。果然,在最后全班交流的时候,我们更胜一筹。

玉盘珍馐——为家人订制亲情菜谱

主题基本信息					
实施年级	七年级	实施学期	第二学期	设计者	陶蜀琴、余慧芬
主题类型	□公共主题　☑自选主题				
使用教材版本	道德与法治　六年级(五·四学制)　人民教育出版社 劳动技术　七年级(试用本)　上海教育出版社 劳动技术　六年级(试用本)　上海教育出版社 初中信息科技(试用本)　华东师范大学出版社				
课时	10次课(每次课3课时连排)				

（一）主题方案

主题背景

饮食文化是我们传统习俗的体现，也潜移默化地影响生活、文化与思想。通过探究日常生活饮食的习惯与文化，订制亲情菜谱的实践活动，可以让学生们感受饮食魅力，提高基本生活技能，感恩生活美好，关爱家人。

1. 课标要求

本主题以"亲情菜谱"为载体，参照课程标准以及教学基本要求，整合多门课程内容：道德与法治学科"亲情之爱"；劳动技术"植物造型""食品雕刻""主副食烹饪"；信息科技"信息与信息的表示""信息的搜集与管理""信息加工""信息表达与交流"；综合实践活动课程"考察探究""职业体验""设计制作"。引导学生从观察日常饮食出发，了解餐桌文化及家人需求，通过"做中学""学中做"，掌握日常生活劳动的方法技能的同时，传承并弘扬中华优秀传统文化。

2. 学生需求

"如何为家人订制一份亲情菜谱？"可以通过设计制作等方式，引导学生关注餐桌上的文化，为家人订制一份亲情菜谱，并精心制作菜肴，这在一定程度上满足了学生自己进行DIY的愿望，同时激发了学生对中华优秀传统文化的好奇心，实现学生想为家人做实事、尽

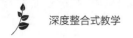

孝心的心愿。

3. 未来需要

为了适应未来发展的需要,学生必须树立正确的劳动观念、形成必备的劳动能力、塑造基本的劳动品质。同时人类社会现代化进程越来越快,需要进一步普及和推广中国传统文化的传承。本主题在创设的情境下,引导学生以厨师身份为家人精心制作一份菜肴,鼓励学生以多种形式解决问题,为学生的发展打下了良好基础。

4. 开设条件

本主题的开设需要准备劳技材料,包括各种食材、视频雕刻器材,以及包含有水龙头、实物展台等设施的劳技专用教室;硬件设备,包括畅通的网络、平板电脑、计算机、实物投影仪等教学技术设备;图书资料,如民俗类别、餐饮类别、地理类别等;多媒体资源,如多媒体课件、电子任务单、短视频、图表等资源。另外教师团队要包括劳动技术、信息科技、道德与法治、地理、美术等学科的教师。

主题目标

1. 通过设计餐饮作品的任务,体验设计菜谱、学习营养搭配、食品雕刻摆盘、食品制作等流程,感受劳动的快乐;
2. 能够掌握文档处理软件、图片处理软件、视频制作软件等,并能够根据课题需求利用多媒体软件制作、呈现资料信息;
3. 知道药食同源,知道家人的需求,为家人设计和制作菜肴,体验劳动的快乐,感受家庭氛围,理解亲情之爱。

主题内容

从道德与法治课内容"亲情之爱"入手,创设情景"为家人订制亲情菜谱",引导学生走进主题。从观察日常饮食出发,引导学生思考日常餐饮中的奥秘,如日常饮食中的营养搭配、常见中药的功效、餐饮蕴含的地域特色以及日常餐食的发展。通过观察家人做菜、设计菜谱、学习食品雕刻、设计摆盘、为家人订制一份亲情菜谱,用自己的双手将烹制品做好,供家人享用、拍摄做菜视频等系列体验活动,制作完成餐饮研究成果。

主题实施

课次	学习环节	学生活动	覆盖课程			涉及活动			学习方式	学习评价
			信息科技	劳动技术	道德与法治	综合实践活动	美术	语文		
1	学习准备	走进主题,感受亲情之爱,理解中国人的家、体味家人间的爱。明确预设成果:(1)不同地域餐饮文化探究报告;(2)亲情菜谱及菜肴制作;(3)美食短视频。			亲情之爱				体验感悟	任务单
2	自主选择	选择分组,制定合约(1)成立小组,推选组长;(2)制定小组合作公约;(3)进行小组成员分工;(4)交流展示分组情况。	信息的搜索、浏览、筛选			职业体验:明确小组岗位要求。			查找资料 成立小组	小组分工计划表
3	合作探究	1. 课题探究:探秘不同地域餐饮文化。 2. 技能储备:(1)食品雕刻,认识食品雕刻的工具,认识不同食材,掌握食品雕刻基本技艺;(2)快剪辑学习,学习一款可以用来剪辑视频,制作DIY手册的软件。 3. 探秘药用植物,拟定亲情菜谱,学习烹饪。 4. 拍摄短视频:(1)设计拍摄脚本;(2)制作亲情菜肴;(3)拍摄与制作美食短视频。	信息加工 新技术探究	食品雕刻基本知识 点与制作工艺流程;主副食烹饪		设计制作活动:食品摆盘 短视频制作 职业体验:手工艺人和厨师。	色彩、纹理、造型 设计;造型装饰	口头表达	实践探究 设计制作	探究报告 菜肴作品 美食短视频
4										
5										
6										
7										
8										

续 表

课次	学习环节	学生活动	学习内容						学习方式	学习评价
			覆盖课程		涉及课程					
			信息科技	劳动技术	道德与法治	综合实践活动	美术	语文		
9	交流发展	1. 课题答辩,完善报告:(1)准备汇报材料,汇报课题报告;(2)各个小组间相互评价,提问;(3)回答问题,修改完善课题报告。	信息加工,表达与交流							
10		2. 展示准备、作品评价:各小组展示交流"亲情菜谱、美食短视频",公平公正地评价他人的劳动成果。				设计制作活动,演示文稿、短视频等多种形式展示成果。			成果交流 学习评价	成果交流

主题评价

1. 阶段作业：主要是对每次的工作单进行评价，既有独立工作单也有小组合作工作单。具体包括：小组分工计划表、餐饮文化探究报告、食品雕刻摆盘、中药植物小档案、亲情菜谱设计、亲情菜肴制作、美食短视频，等等。由于工作单内容不同，评价的指标也随之调整。

2. 行为规范：主要是对学生的课堂表现进行评价。包括：课堂纪律、课堂参与度（回答问题次数及质量），等等。

3. 小组合作：主要是对小组合作任务单的评价。

4. 交流表达：主要指阶段性或终结性任务单或作品完成之后的交流分享。

5. 学习成果：主要聚焦课题探究报告、菜肴作品、美食短视频等评价指标。

6. 综评报告：探究学习报告。

评价量表示例

评价项目	具体内容		
综评报告 40%	课题报告 20%	小组合作 20%	
劳技作品 30%	食品雕刻作品 10%	中药植物小档案 10%	亲情菜谱 10%
信息作品 30%	论文格式 10%	美食短视频 10%	汇报 PPT 10%

（二）教学设计示例

第 4 次课　合作探究：掌握技能　创新摆盘

内容分析

本次课在合作探究中学习技能，主要内容包括对果蔬原料的观察，果蔬简单的切片；经历不同食材的雕刻，学习切、削、刻等雕刻基本技能；经历果蔬摆盘的一般设计方法与基本流程。

本次课的学习重点：食品雕刻的工具使用和雕刻技能。

学情分析

学生已有的基础：对食材有了较多的了解。学生也具有一定的动手制作能力和独立学习的能力。

可能遇到的困难：学生从观察教师操作，到模仿练习，再到利用这些基本雕刻技巧进行个性设计创作，需要一个练习与思考的过程。

本次课的学习难点：设计个人果蔬摆盘作品。

学习目标

1. 在实际操作中体验切、削、刻等雕刻基本技能，学习雕刻工具的基本使用方法，经历果蔬摆盘的一般设计方法与基本流程。设计制作个性摆盘作品。

2. 通过鉴赏、动手做等活动，体会食品雕刻在饮食文化中的作用。

资料准备

工具材料：电脑、实物投影、平板电脑、信息化教学平台、食材（胡萝卜、黄瓜、苹果）、雕刻工具（砧板、切刀、V形雕刻刀）。

教学资源：课件、任务单。

教学过程

活动1：想一想——准备阶段

学生活动：

1. 明确本次课的活动安排和任务要求。
2. 学习理解食品雕刻的安全注意事项。

教师帮助：

1. 介绍本次课的活动安排和学习活动中学生需要达成的任务。
2. 强调食品雕刻的安全注意事项，特别是工具使用安全。

设计意图：

本次课以学生的参与制作和设计为主，所以可以让学生了解本次课的活动安排,鼓励学生根据自己的学习情况,调节活动进程。本次课中,学生将使用小切刀、雕刻刀等工具,所以在课程伊始就要进行必要的安全教育,对学生强调安全第一。

活动 2:赏一赏——鉴赏食品雕刻

学生活动:
 1. 观察食品雕刻与果蔬摆盘的图片,独立思考问题。
 2. 小组讨论,并举手发言说说小组讨论之后,大家所了解的食品雕刻。

教师帮助:
 1. 提供食品雕刻的鉴赏图片。
 2. 引导学生思考"你知道关于食品雕刻的讯息吗?"

设计意图:
 以图片、短视频为载体,引导学生关注食品雕刻,激发学生兴趣,丰富学生关于饮食的知识。

活动 3:看一看——观察食材

学生活动:
 1. 独立学习,观察胡萝卜与黄瓜,尝试比较两种食材的不同之处。
 2. 小组交流,讨论这两种食材有什么不同,分别适合做哪种食品雕刻。

教师帮助:
 1. 提出思考问题"观察胡萝卜与黄瓜,这两种食材有哪些不同之处"。
 2. 指导小组讨论,进一步比较、了解食材。

设计意图:
 以胡萝卜与黄瓜为例,引导学生思考食材的特色,观察了解常用食品的特性。

活动4：练一练——尝试雕刻

学生活动：

1. 练习握刀手势和握雕刻刀的手势。
2. 观察教师切黄瓜片、雕刻胡萝卜花的基本操作步骤。
3. 独立练习，尝试分别使用切、削、刻等基本雕刻技能。

教师帮助：

1. 利用实物展台，演示握刀手势和握雕刻刀的手势。
2. 演示切黄瓜片、雕刻胡萝卜花的基本操作步骤。
3. 全班巡视，观察学生的练习情况。指导有困难的学生。

设计意图：

学生通过观看教师使用雕刻工具，了解各个雕刻工具的使用方法。然后通过动手练习、模仿操作，掌握食品雕刻的基本技巧。

活动5：摆一摆——设计摆盘作品

学生活动：

1. 根据掌握的雕刻技巧，设计个性化的果蔬雕刻摆盘作品。
2. 制作果蔬雕刻摆盘作品。

教师帮助：

1. 提出设计果蔬雕刻摆盘作品的要求，要将切黄瓜片、胡萝卜雕花元素都在作品中呈现。
2. 再次强调工具使用的安全注意事项。
3. 全班巡视，观察学生设计制作情况。指导有困难的学生。

设计意图：

让学生通过实际的食品雕刻和作品摆拍，提升操作技巧，提高熟练度，发挥创意。

学习评价

一级指标	二级指标	观测点	评价形式
阶段作业	雕刻摆盘作品	1. 食材选择合理,搭配得当; 2. 作品体现食品雕刻技艺,造型美观,色彩搭配协调。	自评 互评 师评
课堂表现	看教程完成自学	按计划学习,记录要点。	
小组合作	小组讨论	聚焦议题开展讨论。	
交流表达	雕刻作品介绍	1. 有效组织语言,准确表达创意; 2. 声音响亮,大方自然。	

第 7 次课　合作探究:探秘药用植物,定制亲情菜谱

内容确定

本次课是主题的第 7 次课。主要内容有:走进药用植物,了解药食同源的渊源,了解屠呦呦的成就,了解中医药在抗击新冠病毒中的贡献,感受中华文化的博大精深。通过课堂小调查,了解家人需求,查找资料,完成药用植物小档案以及亲情菜谱的设计。

本次课的学习重点:药食同源的渊源。

学情分析

学生已有的基础:知道药食同源的渊源、屠呦呦的成就以及中医药在抗击新冠病毒中的贡献,并能通过网络查询完成药用植物小档案。

可能遇到的困难:如何定制出适合家人的亲情菜谱。

本次课的学习难点:如何定制出适合家人的亲情菜谱。

学习目标

1. 知道药食同源的渊源、屠呦呦的医学成就以及中医药在抗击新冠病毒中的贡献,感受中华文化的博大精深以及中国劳动人民的聪明智慧。
2. 知道一种或几种药用植物的功效,关爱家人,了解家人的需求。
3. 能设计一份亲情菜谱,回馈家人,感恩家人。

深度整合式教学

资料准备

工具材料:电脑、平板电脑、信息化教学平台。
教学资源:教学课件、学生任务单。

学习过程

活动1:感受中华文化的源远流长、博大精深。

学生活动:

1. 头脑风暴,了解药食同源的渊源。

2. 走近诺贝尔奖获得者屠呦呦,了解青蒿素提取的历程及其功效。

3. 议一议,中医药在抗击新冠病毒中的贡献。

教师帮助:

1. 提出问题,组织学生头脑风暴,并展示有关药食同源的资料。

2. 提出问题,组织学生讨论,并展示资料,帮助学生了解屠呦呦的成就以及中医药在抗击新冠病毒中的贡献。

设计意图:

本环节聚焦药食同源,旨在帮助学生回归到"为家人定制亲情菜谱"主题,为家人亲手设计和制作一份满足家人需求的菜肴。同时,也帮助学生感受中华文化的博大精深。

活动2:查找资料,设计一份亲情菜谱

学生活动:

1. 参与课堂小调查:

(1) 平时,你们家的一日三餐由谁掌勺?

(2) 你自己最喜欢吃的与植物有关的菜是哪一道?你知道这些植物的药用功效吗?

(3) 你的家人最喜欢吃的与植物有关的菜是哪一道？你知道这些植物有什么药用功效吗？

(4) 你知道这些菜肴是如何烹制的吗？

2. 查找资料，完成药用植物小档案。

3. 查找资料，完成亲情菜单的设计。

教师帮助：

1. 提出问题，组织学生参与课堂小调查。

2. 督促学生完成任务单，并帮助学生解决其在完成过程中遇到的问题。

设计意图：

设计了课堂小调查，目的是引导学生关注家人，体谅家人，了解家人。通过药用植物小档案的制作以及亲情菜单的设计，进一步了解家人，感恩家人。

活动3：分享与交流

学生活动：

1. 组内分享与交流：

(1) 药用植物小档案；

(2) 亲情菜单。

2. 组内推选代表。

3. 全班分享与交流：

(1) 药用植物小档案；

(2) 亲情菜单。

教师帮助：

组织学生进行组内和班级的分享活动。

设计意图：

分享交流一方面可以使学生将查找的资料转化成自己的知识；另一方面，将爱大声说出来能够增强学生关爱家人、感恩家人的自豪感。

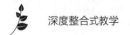

学习评价

一级指标	二级指标	观测点	评价形式
阶段作业	1. 药用植物小档案的制作。 2. 亲情菜谱的设计。	1. 档案是否完整；食材数量是否足够。 2. 亲情菜谱设计是否完整；菜肴制作的过程和步骤是否详细、具体、可操作。	自评 互评 师评
行为规范	课堂行规表现。	1. 能否遵守课堂纪律。 2. 参与课堂讨论的次数。 3. 全班交流时的表现。	
小组合作	小组内部推荐和全班交流。	1. 秩序是否井然，合作是否有序。 2. 能否既认真倾听他人建议，又能表达自己的观点。	
交流表达	全班分享交流。	1. 语言表达生动形象、流畅自然。 2. 内容清晰，重点突出。	

（三）学习成果展示

通过本主题的学习，学生们不仅收获了很多创意作品，还将趣谱（TRIP）课上的学习活动以通讯稿的方式发布于学校公众号"绿之桥"上。

成果作品

1. 研究报告

静教院附校

趣谱（TRIP）课"玉盘珍馐"主题　研究报告

研究题目："甜味发展史"——对蔗糖历史发展的研究

小组名称：IDEA 小队

小组成员：柳佳希　许熙雯　王祺多　陈乐萱

【摘要（200字—300字）】

本研究报告主要围绕蔗糖的起源与历史发展、蔗糖对人体健康的影响等方面进行阐述。蔗糖是植物储藏、积累和运输糖分的主要形式。我们平时食用的白糖、红糖都是蔗糖。关于蔗糖的历史，最早可以追溯到远古时期，在那时，人们虽然没有糖的概念，却已经接触到了糖这种东西,当时人们获取糖分的方式是采摘野果和蜂蜜,只是不明白如何将糖分从其中提炼出来。到了3 000多年前的商代末期,人们就已经能够从各类瓜果中提取出各种糖分了。而这便是蔗糖的前身。在世界历史上,糖的发展与历史事件密切相关。比如,16世纪时,瘟疫让美洲土地大量闲置,葡萄牙人、西班牙人开始在美洲种植甘蔗,从其中摄取糖分。

糖的摄入也和人们的健康息息相关。2000年时,中国人对于糖的年均摄入量有8.4公斤,远低于21公斤左右的世界水准,甚至比许多贫穷的国家还少。然而,过多地摄入糖分也可能造成由多种疾病组成的"甜食综合症",对人体健康产生不利影响。

【关键词】

蔗糖的起源与历史发展;糖与人体健康。

【正文】

一、课题研究的背景

在当今社会,糖已经成为大多数人生活中不可或缺的一部分。而我们平日里所接触的糖到底是如何发展到如今的模样呢?我们小组的成员对这类内容产生了极大的兴趣,于是决定对蔗糖的发展历史及其相关内容进行研究。

二、课题研究的意义

1. 了解糖的发展历史及其在人类生活中的意义。

2. 与同学们分享糖的价值,希望大家能够在了解一些关于糖的知识的同时,也能明白这些资源的珍贵。

三、课题研究的界定

蔗糖的起源与发展;糖与人体健康。

四、课题研究达成的目标

知道蔗糖的整个发展历史,了解糖对于人类生活的帮助与意义。

五、课题研究的主要内容

1. 蔗糖的起源与发展:

人类还处于原始社会时,就发现带有甜味的蜂蜜、野果等是补充能量最好的食物。在那种茹毛饮血的艰苦条件下,原始人获得每一卡热量都要付出很大的代价。甜味的东西是提供最佳热量的载体,所以这份对于"甜味"的追求一直存在于人的潜意识中,带有甜味的食物就成了人类生活中必不可少的物件。随着人类逐渐步入文明社会,便开始有人掌握了从各种果蔬中提炼糖的技术。根据研究证明,在我国商朝时期,就已经有人们制糖的痕迹出现了。随着制糖技术的进步,到了11世纪后,人们已经开始有规划地种植甘蔗,从中提炼出蔗糖。但由于此时的甘蔗种植面积并非十分广泛,能够进行制糖这项工艺的人力资源也不够多,因此,在这个时期,蔗糖是一种极为珍贵的物质,只有一些权贵才能吃到纯正的砂糖。从11世纪一直到17世纪中叶,蔗糖便一直保持着这样昂贵的价格。打个比方,在这个时期,会有许多商人从非洲掠夺一些黑人奴隶,到北美找到种植甘蔗的农场主交换白糖,再到欧洲高价卖出白糖,用这些钱买下枪支,再到非洲进行奴隶交易,如此往复,大费周折,为了倒卖白糖的巨大利润不辞辛苦,白糖的价值可见一斑。说完了糖的"世界历史",再说说我国历史上糖的价值。在我国20世纪70—80年代的经济发展初期,由于人们还处在比较贫瘠的生活环境中,一包白糖便可以作为一份贵重的走亲访友的礼物。现在,在我们身边,白糖是被所有人熟知的调味料,始终作为常用物品静置在厨房的烟火气息中,成为了人们心中和生活里不可缺少的一份子。

2. 糖对人体健康的意义与影响:

糖是人体必需的一种营养,经过人体吸收之后会马上转化为碳水化合物,为人体供给能量。适量摄入糖对人体是有益的。2000年,中国人对于糖的年均摄入量只有8.4公斤,远低于21公斤左右的世界水准,甚至比许多贫穷的国家还低。当然,过量摄入糖,也可能会造成肥胖、高血压、心血管、骨质疏松、胆结石、视神经炎等问题,甚至会引发任性、易冲动、易暴躁的"甜食综合症"。

六、课题研究的方法

我们在本次研究中采用了文献法。

七、课题研究的步骤

(1) 收集关于蔗糖起源、发展及其对健康的影响的相关资料。

(2) 将所有资料集中并分类。

(3) 分析所有资料,得到研究结论。

八、课题研究的主要过程

(1) 了解蔗糖是在何时开始被单独提炼出来作为一种能量来源,知晓其最初的起源。

(2) 了解蔗糖在历史长河中是如何发展到如今的模样。

(3) 了解蔗糖在现代社会中对人们健康的影响以及价值和意义。

(4) 针对研究内容等相关资料进行分析并撰写结题报告。

(5) 准备交流展示的相关内容。

九、课题研究的结论

在本次关于"甜味发展史——蔗糖的历史发展"的 TRIP 课题研究中,我们小组成员围绕"糖"的相关问题进行了研究,在研究过程中,我们得到了以下结论:

关于糖本身,其在历史上的重要地位是无可撼动的。虽然现在糖已经成为了家家户户都拥有的日常调味料,但并不意味着其价值的改变。只是说,由于科技的发展与进步,糖的制造工艺逐渐普及与改进,使糖从皇权富贵的餐桌"飞入寻常百姓家"。

糖分的摄入对于人体是必不可少的,但是必须注意摄取量,"每日 45 g"的标准并非适用于每个人,切记不要让味蕾的狂欢成为人生的负担。

糖是平凡的,也是珍贵的。希望大家在知晓糖的历史价值之后能够在平时的生活中珍惜每一丝甜味,每一份资源。

文献摘要

(1) 百度百科【糖】

https://baike.baidu.com/item/%E7%B3%96/898629?fr=aladdin#1。

(2) 糖在近代西方史上的地位

http://www.shiwuzq.com/portal.php?mod=view&aid=194。

2. 成果作品

学生感言

撰写人：第7小组张业栋

在"玉盘珍馐——为家人定制亲情菜谱"主题学习中，我们对餐具产生了兴趣。经过"中西方餐具差异原因"课题的探究，我们发现：各种小小的餐具，蕴含着丰富多彩的故事。所以，请大家尊重它。前几天上头条的华裔就是因为完全错误地使用筷子并将其拍成视频，还把筷子翻译成"吃饭的小木棍"，最终引起舆论风暴。它真的不只是一件餐具，还是中华民族文化的剪影。世界上每一种存在过的文化都是值得尊重，也是应该被尊重的。刀叉也是同理。虽然说刀叉的起源在中国，可是能在西方发扬光大，背后也一定是民族文化所推动的。对于许多文化，大部分的情况下我们并不了解，就容易产生误解。我们希望大家多去了解，其实这些东西都是很有意思的。

趣谱（TRIP）合作活动充满挑战，我们合作研究了具有代表意义的北京烤鸭，从而了解到它在历史、外交等方面的多种意义。我们通过在互联网上的调查对其加以了解，同时切身体验美食制作给我们带来的乐趣。我们在快乐中收获了知识，更学习到了许多媒体制作的本领。

五、优秀案例之"启梦科学"：铸就科学素养

新时代背景下，加强青少年科创教育，提升青少年科技素养和创新能力迫在眉睫。本领域主题旨在通过贴近生活和科技发展前沿的项目开展探究性学习，充分激发同学们的科学好奇心、自主探究意识和团队合作能力，培养更多的"未来科学家"和"小小创新者"，启迪同学们的科学梦想。

学校基于学生需求和学科规划，整合自然、科学、劳动技术、信息科技等学科知识与核心素养要求，设计了"科学收纳和整理""电工小能手之红绿灯""小小船舶设计师""人体探秘"系列主题，以及"桥梁万花筒""节能小达人""五光十色的金属材料""人体高科技——眼睛""生物体高科技——保温材料""战疫智慧""水质考察及污水处理""探秘太空生活""城市生态与环境保护"等主题。各主题涉及的科学领域丰富多元，结合各年级学科和学生特征，层层递进与深入。下面以四年级"小小船舶设计师"、五年级"节能小达人"、七年级"探

秘太空生活"等主题为例，进行详细阐释。

小小船舶设计师

主题基本信息					
实施年级	四年级	实施学期	第二学期	设计者	杨谨屹　孙灿芬
主题类型	☑公共主题　□自选主题				
使用教材版本	小学信息科技（试用本）　华东师范大学出版社 劳动技术　四年级（试用本）　上海教育出版社 自然　四年级　人民教育出版社 美术　四年级　人民教育出版社				
课时	15次课（每次课2课时连排）				

（一）主题方案

主题背景

本主题围绕"船"展开，借助"识船—研船—造船"这根主线，让学生通过追根溯源、认知原理、巧做船舶，开展船舶发展史调查、设计实验认知船舶原理、尝试船舶的设计制作，对船舶工程师的职业有一个初步的认识，激发学生对熟悉事物产生研究的兴趣，提升其探究意识。

1. 课标要求

本主题的开发基于多门学科的教学基本要求，如：《上海市小学自然学科教学基本要求》主题6"材料与物质"、主题7"运动与力"；《上海市小学信息科技学科教学基本要求》主题3"获取信息"、主题7"规划数字作品"、主题8"设计与制作数字作品"；《上海市小学劳动技术学科教学基本要求》第四单元，借助简单的工具对材料进行加工制作；《上海市小学美术学科教学基本要求》绘画基础主题中有关纸张拼贴以及综合探究课程的要求，即学生能发现和提出问题，自主创新、研究实践。

2. 学生需求

四年级的学生绝大部分对船舶比较熟悉，有过坐船的亲身体验，因此将"船舶"作为研究对象，容易激发学生的学习兴趣。主题融入了自然学科中的"材料与物质""运动和力"，同时关注信息科技和历史人文,以"哪些属性可以改变物体漂浮的状态？什么材料最适合建造一艘船？"作为驱动性问题,关注操作过程和原因分析,最终实现问题解决,从而提高学生应对复杂问题的能力。

3. 未来需要

本主题从真实问题出发,给予学生创造性的空间,了解船舶工程设计的过程,提升问题意识,激发学生从事工程师的职业兴趣。在实践中培养学生解决真实性问题的能力,促进学生的良性成长和发展,使其在掌握相关学科知识的同时,提高个人的核心素养。

4. 开设条件

我校作为上海科技馆、上海自然博物馆馆校合作的学校之一,在活动中可协同场馆资源,通过学生进场馆或请老师进课堂等形式,丰富主题内容和主题形式。校区内设有多个实验室,如化学实验室、色彩实验室、AI智能实验室、木工室、TRIP教室、电脑室、3D打印室等,为学生运用网络调查了解各类船舶的基本信息提供必要保障,同时,学生们以关键问题作为任务驱动建造船只模型。

主题目标

1. 感知物体在水中受到的浮力与该物体排水的体积相关。
2. 设计并制作一艘以可回收材料为主,长宽不超过 50 cm、可至少载重 1 kg 的简易船舶,在此过程中通过动手实践对相关科学知识进行探究学习。
3. 体验跨学科思考,尝试运用创意设计思维解决问题。
4. 初步了解材料科学与工程专业领域,思考新材料与科学技术相互促进的作用。在小组合作中,升华互助友爱、合作共赢的精神境界。

主题内容

"小小船舶设计师"主题围绕"船"这根主线,以调查探究船舶的发展变迁作为切入点,通过实验认知多种与船舶相关的材料,进而设计制作有一定载重能力的简易船只。在学习多门学科知识的基础上,完成小组合作船舶设计并进行船舶载重力的测试,对作品进行展示、评价与分享。

主题实施

课次	学习环节	学习活动	学习内容 覆盖课程 - 信息科技	劳动技术	自然	涉及实践活动 - 综合实践活动	美术	学习方式	学习评价
1	学习准备	1. 观看视频《世界上最快的 5 艘船》，交流对船舶的初步认识；2. 了解船舶的发展史；3. 分享交流，感兴趣的某类船舶。	网页搜索浏览技术，信息安全与道德规范。		船舶发展史探究	设计制作；信息检索与交流，WPS、PPT等各类软件使用方法，创意小报要素分享，招贴设计与制作。		分享交流	
2	自主选择	明确主题概况，根据兴趣成立学习小组：1. 调查研究一种喜欢的船舶；制作一份船舶介绍小报；2. 交流展示小报。	WPS的使用；PPT的制作；新软件探索。				排版设计；手绘设计。	制作小报	船舶小报
3	合作探究	1. 提出问题：哪些属性可以改变物体漂浮的状态？什么材料最适合建造一艘船？							项目设计
4		2. 了解木头、橡胶、塑料等常见的材料及其特性；	实验记录	材料的裁剪、拼接	材料性质；浮力的作用；载重实验。	实验活动：船舶材料实验。		设计制作；科学实验	实验报告
5		3. 自选材料，设计制作有一定载重能力的简易船只进行实验；							
6		4. 讨论造船的设计想法（因为年龄水平限制，设计船的时候考虑船的外观，对内部结构和船上设施不做相关硬性要求，功能性船只需满足规定浮力，重内可漂浮）；				设计制作：探索材料，调查材料，设计制作船只。	设计图的表现；折纸技艺；文稿排版设计；船舶设计。		简易船只
7		5. 绘制造船蓝图；							
8		6. 根据蓝图，选择材料进行实验，再选择材料制作船模型。							

续　表

课次	学习环节	学习活动	学习内容					学习方式	学习评价
			覆盖课程			涉及课程			
			信息科技	劳动技术	自然	综合实践活动	美术		
9 10	交流发展	1. 交流准备；2. 展示分享；3. 评价反思。	PPT制作；使用视频剪辑软件——"快剪辑"。			设计制作：演示文稿展成果。		展示交流	演示文稿

主题评价

1. 阶段作业：本主题评价主要有船舶设计小报、纸质模型船只实验、自选材料特性介绍与实验、船舶设计与展示汇报等。

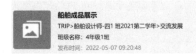

图 6-6　作品任务示例

2. 行为规范：主要针对个人进行评价（评价表见表 6-7），以每次课为单位进行评价，上课时由老师记录在 AiClass 平台中。

表 6-7　学生行为评价表

类别	具体说明	分/次
资源使用	遵守胶枪、剪刀、刀片等工具的操作规范。	+1
	活动后清理纸屑、彩泥等垃圾，将工具和材料回归原位，保持教室整洁。	+1
课堂表现	明确岗位职责，积极完成本岗位任务。	+1
	积极参与课堂互动，主动举手发言。	+1
	课堂中有插嘴、聊天等现象。	-1
	游离在小组之外。	-1
	做与课堂无关的内容。	-1
课间表现	擅自改动 iPad 设置。	-3
	课后玩 iPad 游戏。	-3

3. 小组合作：主要包括小组合作表现、按时提交任务、任务完成度、每位成员的参与程度等。各阶段采用"分工和分数分配表"（见表 6-8）来评价小组分工是否合理以及每位成员的参与程度。

表 6-8 分工和分数分配表

任务	设计制作 （1—2人）	装饰美化 （1—2人）	实验与视频拍摄 （1—2人）	展示文稿制作 （1—2人）
组员姓名				
提交内容	我们的船模	我们的船模	记录制作与实验视频	制作 PPT
完成度(%)				
个人得分				

备注：本表由组长填写，每人总分 10 分，组长根据组员表现完成赋分，并在下课前提交。

4. 交流表达：主题学习各环节都有交流表达，内容不同，评价指标和量规也不同，下面以"船舶小报制作"评价（评价表详见 6-9）为例。

表 6-9 船舶小报制作评价量规

评价 项目	评价指标		分值	小组得分					
				1组	2组	3组	4组	5组	6组
海报 展示	内容完整	围绕主题，图文兼顾，达到应有内容量。	10						
	排版美观	图文并茂，布局美观，具有一定的吸引力。	10						
	创意独特	标题设计、文章内容彰显较好的创意性。	10						
	制作精美	文字呈现和图案匹配有效整合了美术、信息技术知识。	10						
展示 效果	合作探究	分工合理，积极参与，每个成员能完成自己的任务。	20						
	语言表达	语言流畅，条理清晰，体现逻辑思维能力、分析能力、自我评价能力。	20						
活动 小结	反思归纳	能对小组的海报设计作品及自己参与学习的表现进行客观评价，能发表个人独特的观点。	20						
总分									

5. 学习成果:本主题学习成果的最终呈现是"设计制作有一定载重能力的简易船只"。下面以年级展示环节评价(评价表详见6-10)为例。

表6-10 年级学生互评评价量规

评价项目	评价指标		分值	年级展示环节评价量规 ( )年级( )班级					
				( )组	( )组	( )组	( )组	( )组	( )组
模型设计	造型牢固	部件连接牢固,达到承受应有的实验内容量。	10						
	符合规格	尺寸大小在 50×50 cm 以内。	10						
	载重情况(三选一)	500 g—1 kg。	10						
		1 kg—2 kg。	20						
		2 kg 以上。	30						
	做工精致	边缘光滑,有适当的装饰物。	10						
	创意独特	有独特的设计理念。	10						
呈现效果	PPT制作	条理清晰,制作精美,能合理有效地使用美术学科或信息技术知识。	20						
	语言表达	条理清晰,体现逻辑思维能力、分析能力、自我评价能力。	10						
	合作探究	体现合作与探究,各成员能积极参与小组展示,发表观点。	10						
活动小结	反思归纳	能对自己小组选择的材料内容及自己参与学习表现进行客观评价;能发表个人独特的观点。	10						
总分									

（二）教学设计示例

第 10 次课　交流分享：能工巧匠做船舶

内容确定

本次课是"船舶设计师"的第 10 次课。各小组已经基本完成船舶模型的设计与制作，在此基础上，各小组对自己的作品进行最后的完善，上传最终的船舶模型作品图，完成作品报告的撰写，总结分享交流学习过程中的经验和收获。

本次课的学习重点：对船舶模型作品进行最后的完善，完成作品报告的撰写。

学情分析

学生已有的基础：已经基本具备信息检索、WPS 文档、演示文稿、AiClass 平台使用等技能；

可能遇到的困难：理解评价标准并根据评价量表生动地展示小组作品，并对船模作品进行公正、有效的评价。

本次课的学习难点：合理采纳他人建议，并说出自己的观点。

学习目标

1. 选择合适的可回收材料并根据其特点，完善一艘以可回收材料为主、长宽不超过 50 cm、至少可载重 1 kg 的简易船舶模型的设计与制作。

2. 能说出自己的观点，并采纳他人建议，体验作品修改与完善的过程。

3. 体验船舶设计师这一职业，在小组合作中，升华互助友爱、合作共赢的情感。

资料准备

工具材料：电脑、平板电脑、信息化教学平台、船舶模型。

教学资源：展示文稿、投票任务、评价标准。

教学过程

活动1：完善船舶设计与制作

学生活动：

1. 分工合作：根据分配到的任务，完成各自负责的部分。
2. 改进完善：选择合适的劳动工具、合适的材料进一步进行船舶模型设计制作。

教师帮助：

1. 分工合作：学生分工合作，教师巡视分工情况。
2. 提出要求：提供1 kg的砝码，确保每小组负重条件一致，将制作好的船舶放入澡盆中进行沉浮实验。
3. 提醒记录员要将制作和实验过程记录下来。
4. 交流回顾制作过程和实验结果，其他小组给出建议。

设计思路：

实验中，让学生尝试用生活中或课堂中已获得的知识去发现问题、解决问题。通过不断改变实验条件，增加船舶的载重能力，在此过程中不断提升学生的思辨能力。通过收集资料并将资料编辑成视频，既能帮助学生养成良好的实验习惯，同时也可以提升学生的信息技术能力，拓展学生的创作思路。

活动2：交流分享

学生活动：

1. 完成交流报告。
2. 交流调查研究报告。

（1）小组汇报交流报告。

（2）认真倾听同学的分享，思考自己小组报告的优点与缺点。

教师帮助：

1. 发布任务，提出要求。

报告中需含有标题、小组成员介绍、制作材料、制作过程、实验记录、实验小结、收获与反思。

2. 根据前期小组成员分工内容，合理安排成员任务。

3. 分享交流：提供评价量表。

设计意图：

通过自评和互评，让学生在评价中学，学会如何评价。四年级的学生初步具备自主思考和团队协作的能力，能够尝试多样化地展示自己小组的作品，通过交流分享，学生能更形象地回顾主题学习过程，进而对身边熟悉的事物产生研究的兴趣，培养探究精神，达成必备品格，提升关键能力，最终提升核心素养。

活动 3：主题小结

学生活动：

1. 浏览班级作品库，交流在本次主题中的收获和不足。
2. 完成评价、投票任务。

教师帮助：

1. AiClass 发布评价表、投票任务,引导学生进行主题小结。
2. 组织班级交流,归纳总结。

设计意图:

总结学习经验并反思存在的不足,为今后的主题学习积累经验,寻求进一步发展。

学习评价

表 6-11 班级学生互评评价量规

评价项目	评价指标	分值	班级展示环节评价量规 ( )年级( )班级					
			( )组	( )组	( )组	( )组	( )组	( )组
模型设计	造型牢固	部件连接牢固,达到承受应有的实验内容量。	10						
	符合规格	尺寸大小在 50×50 cm 以内。	10						
	载重情况(三选一)	500 g—1 kg。	10						
		1 kg—2 kg。	20						
		2 kg 以上。	30						
	做工精致	边缘光滑,有适当的装饰物。	10						
	创意独特	有独特的设计理念。	10						
呈现效果	PPT制作	条理清晰,制作精美,能合理有效地使用美术学科或信息技术知识。	20						
	语言表达	条理清晰,体现逻辑思维能力、分析能力、自我评价能力。	10						
	合作探究	体现合作与探究,各成员能积极参与小组展示,发表观点。	10						

续表

评价项目	评价指标	分值	( )年级( )班级					
			( )组	( )组	( )组	( )组	( )组	( )组
活动小结	反思归纳	能对自己小组选择的材料内容及自己参与学习的表现进行客观评价；能发表个人独特的观点。	10					
总分								

(三) 学习成果展示

通过本主题的学习，学生制作完成了船舶探究思维导图，制作了船舶小报设计作品，还收获了诸多思考和感悟。

1. 船舶小报设计作品（部分）

2. 纸质船舶草图设计作品(部分)

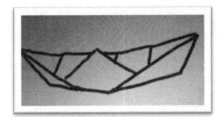
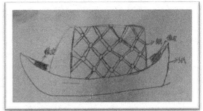

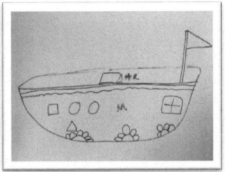

3. 最佳材料实验测试报告(部分)

材料	挤压	弯曲	撞击	放入水中	(防水性)……
塑料	不会变形	弯不动	撞不断	无水进去,可以浮在水上,有水进去,会浮在水中央。	不压不会进水。
塑角器	不会变形	易弯曲	撞不断	可浮起来	水会包裹塑角

材料	挤压	弯曲	撞击	放入水中	(防水性)……
软木	极强,基本不会变形	小于90度	极强,基本不会出现裂缝	会变湿,但不会有什么其他的变化	极好
塑料瓶	极强,基本不会变形	几乎无	极强,基本不会破碎	不会有变化	防水

4. 造船蓝图设计作品(部分)

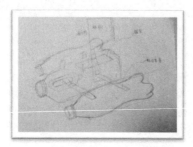

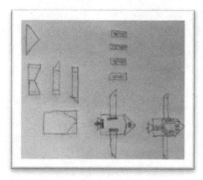
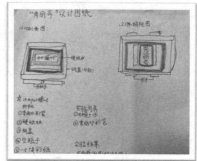

5. 船舶设计作品展示(部分)

第六章 新花绽放满园春

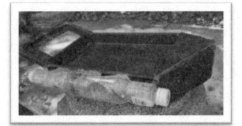

学生收获与反思

收获
- 船只制造需要耐心、细心的手工制造，不能着急。
- 厚纸板贴上不透水的薄膜后，浮在水面上也能承载很重的东西。

反思
- 材料过于简单，船只有些粗糙。
- 对于高科技船只的知识了解得比较少，以后要多思考，多创新。

心得体会

　　这次"载重船"的手工任务十分有意义，让我了解了船的大小、载重量及水的浮力之间的关系：船越大，它在水面的投影面积就越大，当承受载重时，它所排开水的体积就越大，所受浮力也就越大；船浮在水面时，它自身的重量和载重量之和就等于水的浮力。

　　这次为了提高制作效率和便捷程度，我采用了硬纸材料，下次我会试一下塑料、泡沫、金属、玻璃等材质的物件，看看会有什么不同。

233

节能小达人

主题基本信息					
实施年级	五年级	实施学期	第二学期	设计者	吴佳宁
主题类型	☑公共主题　自选主题				
使用教材版本	小学信息科技(试用本)　上海科技教育出版社 劳动技术　五年级(试用本)　上海科技教育出版社 自然　五年级(试用本)　上海远东出版社 美术(试用本)　上海教育出版社				
课时	10次课(每次课2课时连排)				

(一) 主题方案

主题背景

节能问题是现代人类面对的共同问题，人们生存的能源损耗日益加重，节省能源、维持生态平衡、保护环境对人类来说是一项重大课题，所以说节能理念至关重要。

1. 课标要求

本主题以节能为载体，参照《上海市小学信息科技学科教学基本要求》《上海市小学劳动技术学科教学基本要求》《上海市小学美术学科教学基本要求》以及《上海市小学自然学科教学基本要求》，整合多门课程内容：劳动技术中的"电工"；信息科技中的"评价数字作品"；自然中的"能与能的转化"；美术中的"欣赏的内容与方法"以及综合实践活动课程中的"设计制作类"。列举日常生活中节约能源的方法以及新能源开发和利用的实例，了解节能的意义和方向。加强现代电子电路产品的使用和理解，描述作品的内容以及艺术效果，指导调查研究，明确调查研究对于后期创作的重要性。为学生开展更多、更深层次的研究打下坚实基础。

2. 学生需求

上一个主题"电工小能手"中，学生了解了能量是可以转化的，从而引发出新的思考——如何更有效地利用能源？为此，开设"节能小达人"的主题尤为重要，从衣、食、住、行、废物利用的综合研究实践活动中提高学生的节能意识,发展其核心素养。

3. 未来需要

本主题基于三到五年级的纸艺、木工和电工基础,对其进行综合运用,进一步提升学生有关生活技能与美学规律的认知。信息科技的学习对学生进入信息化社会起到重要导向的作用。设计制作可以提升学生发现问题并解决问题的能力,为其今后从事规划和设计类职业奠定基础。

4. 开设条件

通过第一个主题"电工小能手"的相关研究后,学生在劳动技术、信息科技、综合探究等方面有了一定的基础。学校配有 iPad,借助 AiClass 平台,学生可随时收到教师分享的数字化资源,教师也可以利用数字化资源让学生学习体验、交流互动。电工、木工等专用教室配备的各种专业器材能更好地辅助学生进行实践操作,制作出心中的作品。

主题目标

1. 了解调查研究的基本方法,初步学会信息的收集、处理和统计。
2. 掌握设计制作节能装置的方法,能够提出方案、计划并实践验证。
3. 了解装饰规律,培养热爱生活、创造美好事物的意识。

主题内容

本主题要求学生在掌握一定理论知识的基础上,利用环保材料开发设计并制作一款节能环保装置模型。主要有三个阶段:第一,学习调查研究的基本方法。在生活中发现需要节能的地方,通过调查和研究,学会独立思考、合作探究,设计调查问卷,统计数据,完成调查报告。第二,制作节能创意作品。结合所学的自然、劳动技术、信息科技等知识进行节能装置的设计与制作,了解节能不是简单的节约,而是要减少能源损耗并充分利用。通过作品展览、特色讲座、现代化信息技术等方式进行美学和节能知识的渗透,为学生设计与制作节能装置提供平台,搭建脚手架。第三,制定节能出行方案。根据前两个阶段的学习,小组内学生合作探究制定节能实施方案。让每一位同学懂得从我做起,通过共同努力减少地球的能源消耗,创造更美好的未来。

主题实施

| 课次 | 学习环节 | 学习活动 | 学习内容 ||||| 学习方式 | 学习评价 |
| | | | 覆盖课程 |||| 涉及实践活动 | | |
			信息科技	劳动技术	自然	综合实践活动	美术		
1	学习准备	1. 主题引入,明确学习内容和需要完成的任务; 2. 绘制思维导图,搜集节能问题。	思维导图					资料查阅	思维导图
2	自主选择	1. 组建团队,根据兴趣确定方向,讨论确定节能的研究方向; 2. 制定项目计划,确定小组分工,明确任务。	文字信息加工		能量以不同的形式转化	团队合作体验及其他:调查与研究		建立小组制定计划	项目计划
3	合作探究		视频剪辑软件(快剪辑、剪映);PPT制作;网络安全与道德规范	纸艺、木工和电工基本的运用	节能环保在现代生活中的重要意义	设计制作:节能装置项目的设计与制作,信息交流与安全	色彩造型形式设计装饰	设计制作	环保节能装置说明
4		1. 学习空间装饰规律,完善作品;							
5		2. 环保节能装置的设计与制作;							
6		3. 学习视频剪辑,熟练掌握AiClass平台及互联网的应用能力;							
7		4. 制作交流PPT,作交流准备。							
8									
9	交流发展	1. 制定评价标准,策划节能装置展示会; 2. 举办节能装置展示会,进行AiClass平台评价;	信息表达与交流		节能环保从我做起	设计制作:演示文稿展示成果		策划活动	"节能小达人"
10		3. 主题总结——节能环保从我做起。							

主题评价

具体内容如下:

(1) 阶段作业:项目计划书、节能装置设计图、外观和功能设计方案、节能装置成品等。

(2) 小组合作:主要包括小组合作表现、按时提交任务、任务完成质量、每位成员的参与程度等。

(3) 行为规范:对学生行为规范的评价主要采用加分和减分的方法,既有团队分数,又有个人的加减分,既有教师打分,又有组长打分。

(4) 交流表达:既有阶段工作交流评价,也有主题成果交流和推广。"节能小达人"交流会是本主题中最重要、最能突出主题特色的评价内容。

(5) 学习成果:本主题最终的学习成果包括节能装置和交流PPT文件。

(二) 教学设计示例

第9次课 交流准备:评价标准的制定

内容确定

本次课为五年级"节能小达人"的交流汇报准备。主要是通过观察、学习、讨论,制定适合本主题学习评价的标准及其细则,为下一次课进行主题的交流与总结做好准备。

本次课的学习重点:制定评价标准的方法。

学情分析

学生已有的基础:有规则意识,知道评价的过程与方法。

可能遇到的困难:制定适合本主题的评价标准。

本次课的学习难点:制定有针对性的评价标准。

学习目标

1. 经历评价标准制定的过程,知道评价标准的制定方法。
2. 能够正确制定科学、有针对性的评价标准。

3. 能够对他人制定的标准提出自己的建议与看法。

资料准备

工具材料:平板电脑、AiClass 平台。
教学资源:教学评价表任务单。

教学过程

活动1:导入观察　点赞投票

学生活动:

1. 回顾之前的学习过程。
2. 在 AiClass 平台上,点赞自己喜欢的作品。

教师帮助:

1. 出示之前学习过程的照片,让学生回顾之前所学。
2. 出示每个小组作品。AiClass 平台发布作品任务,让学生进行点赞。
3. 统计点赞数据。

设计意图:
　　学生先观察,对作品进行点赞,引出评价标准,而且是统一的评价标准。

活动2:合作探究　初步制定

学生活动:

1. 说说自己点赞的原因。
2. 独立学习:AiClass 平台上,完成个人任务——思维导图。
3. 合作学习:AiClass 平台上,完成小组任务。

教师帮助:

1. 回顾之前的课程,出示每个小组作品。组织推介会,引导各公司按要求进行产品推介。

  2. 根据点赞数据,让学生说说喜欢该作品的原因,简单记录并归纳。

  3. 根据学生的初步评价,归纳三个维度:科学性、结构性、艺术性,AiClass 平台发布个人任务——思维导图,提供专业的评价内容参考,出示个人任务:让学生从艺术性、结构性、科学性三个方面分别选择一到三个最主要的评价内容,完成个人任务——思维导图。

  4. AiClass 平台合并思维导图,小结结果。

  5. 请学生以小组为单位在 AiClass 平台上完成小组任务,出示小组任务:组内交流一下自己的想法,小组讨论制定出每方面三个最主要的评价内容,完成小组任务,每个小组上传一份。

设计意图:

  公开评价的各个方面,让学生初步制定评价标准。

活动3:交流总结　统一完善

学生活动:

  1. 交流评价,其他小组改进完善。

  2. 完成评价标准表。

教师帮助:

  1. 统计小组讨论结果。

  2. 引导学生交流评价内容,权重评价标准的细则,改善评价标准,完成统一、科学、针对性的评价标准。

  3. 总结本次学习内容,完成评价标准表。

设计意图:

  发现更多的亮点,尽量让学生自己总结,能暴露越多的问题越好,最后制定统一的评价标准,体验标准制定的过程,可以对照标准完善自己的交流活动。

学习评价

一级指标	二级指标	观测点	评价形式
阶段作业	评价表的设计	1. 预设的评价内容和分值； 2. 设计的评价表的适恰性； 3. 评价表是否重点突出； 4. 评价表是否合理有依据。	自评、互评、师评
行为规范	评价内容的交流	1. 能否认真聆听和观看各组交流发言； 2. 能否秉着公平、公正、合理的原则进行评价表的制定。	
小组合作	小组讨论	1. 小组讨论出合理的评价内容； 2. 能否既认真倾听他人建议，又能表达自己的观点。	
交流表达	制定评价标准的原因	1. 评价内容合理且重点突出； 2. 语言表达生动形象、流畅自然。	

附件 阶段成果

评价标准

	评价内容	分值	得分
科学性	符合主题	5	
	有独创性	2	
	可操作性	3	
结构性	布局合理	4	
	结构完整	3	
	材料适当	3	
艺术性	造型独特	3	
	色彩强烈	3	
	装饰美观	4	

交流会实录

评价标准思维导图的制作

交流评价内容

(三) 学习成果展示

通过本主题的学习,学生不仅收获了诸多创意作品,如项目计划书、调查问卷、调查报告、作品交流 PPT 等,还收获了诸多思考和感悟。

成果作品

1. 项目计划书

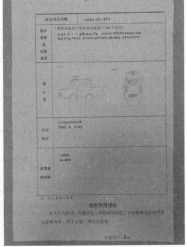

2. 节能装置模型

五(3)班　第二小组　节水装置

五(3)班　第四小组　仓鼠发电机

学生感言

撰写人：五(1)班虞诗涵

本学期，五年级同学进行了以"节能小达人"为主题的趣谱(TRIP)课活动。

同学们自由分组后，自主讨论研究主题、自行设计调查问卷、分析问卷、生成调查报告、制作展示品和PPT进行演讲展示，各方面的能力都得到了锻炼。每个班级各推选了2组最佳作品上台交流。

五(1)班虞诗涵、沈子尧、崔月然、孔德林、周佩淳、朱瑀媓六人小组的调研主题是"汽车太阳能板"。他们希望用绿色的太阳能来取代部分燃油消耗，减少环境污染，调查了大家对于汽车太阳能发电板的接受度、能接受的价格范围、能接受的安装位置等，并据此调查结果设计了模型。五(1)班张立晔、周辰洋、张泽康三人小组设计了机械能回收发电装置，回收汽车车轮滚动产生的机械能进行二次发电。五(2)班的两个小组都对日光灯照明进行了调研，并依据调研结果设计了利用太阳能为日光灯供电的装置，可以减少教室的照明用电量。五(3)班张启芸、张芯绮、白繁廷、袁聆犀四人小组从节水角度出发，设计了巧妙的节水装置。五(3)班杨子豪、张夕哲、韩泽华、许牧音、文笙五人小组通过平时的生活观察，发现活泼好动的小仓鼠可以成为很环保的动能来源，设计了仓鼠发电机装置，将仓鼠在滚轮里跑步产生的动能转化成了电能，可真是奇思妙想啊！五(4)班郭清源、张家畅、黄泊元、王俊皓这组同学发现，平时在跑步机上跑步时脚下履带转动所产生的动能可以转换为电能，以达到节省能源的目的，他们依此设计了"节能动能跑步机"。五(4)班何智悦、张文泽、黄思源、朱彧菲、彭程五人小组研究了如何将汽车行驶中的机械能转化为电能,试图对能源进行再利用。

通过小组讨论、确定主题、设计调查问卷、收集问卷、调查报告分析、寻找材料、动手制作、准备 PPT,同学们充分发挥了自己的创造力、想象力,锻炼了动手能力和团队合作以及出现问题时如何用集体智慧来解决问题的能力。大家各方面的能力又进一步得到了提高。

探秘太空生活

主题基本信息					
实施年级	七年级	实施学期	第二学期	设计者	周子晴、高燕、王连方、陆闻烨、张志伟、王捷
主题类型	☑公共主题　　□自选主题				
使用教材版本	科学　七年级(试用本)　　上海远东出版社　牛津大学出版社 劳动技术　七年级(试用本)　　上海教育出版社 初中信息科技(试用本)　　华东师范大学出版社				
课时	8 次课(每次课 3 课时连排)				

(一) 主题方案

主题背景

自古以来人类对宇宙充满好奇,对太空的遐想与探索从来没有停止! 2021 年 6 月 17 日 18 时 48 分,神舟十二号载人飞船搭载航天员聂海胜、刘伯明、汤洪波先后进入天和核心舱,标志着中国人首次进入自己的"天宫"空间站,正式开启了中国载人空间站建设的征程。

1. 课标要求

本主题以当下十分热门的"探秘太空生活"为主线,参照《上海市初中科学课程标准解读》《中小学综合实践活动课程指导纲要》以及上海市初中科学、信息科技和劳动技术等学科教学基本要求,整合多门课程内容,如:科学课生物的"宇宙与空间探索"、信息科技课的"多种媒体信息加工"、劳动技术课的"布艺"、综合实践活动课程及物理、化学、生命科学、历史等学科内容。创设真实复杂的空间站生活情境,帮助学生了解太空环境以及航天员的太空生活,让学生认识到地球环境与太空环境的区别,体验科学的思维方法,树立科学的价值观念。

2. 学生需要

七年级学生具备一定的科学基础,对太空探索充满了好奇,但对于宇宙空间探索的一

些基本概念缺乏科学的认识。本主题结合驱动性问题：航天员进行空间探索所需面对的困难是什么？造成这些困难的原因是什么？如何解决这些困难？面对困难还要继续进行太空探索吗？认识力对物体的作用，体会空间技术的发展对人类社会的影响。

3. 未来需求

未来15年将是世界航天发展的分水岭，也是我国航天事业发展的重要战略机遇期。这是新时代培养拔尖创新人才、建设创新型国家的重大课题，也关乎新高考背景下深化教育改革、实现教育强国的崇高使命。

4. 开设条件

硬件设备包含平板电脑或台式电脑，实验器材包含基本实验仪器和装置，劳动技术工具包含剪刀、机械缝纫，不同材质的布料等。另外还需要科学、信息科技、劳动技术等老师协同教研，同时辅以天文馆、太空生活、空间站等视频学习资源。

主题目标

1. 了解我国太空站建设的意义，并形成科学的思维方法和价值观念。
2. 理解力的相关知识，知道实验探究的流程，学习控制变量的实验方法，经历一次完整的科学实验方案设计实施过程。
3. 掌握简单的照明电路连接和应用等电工技术、金属制作工艺和新技术（Micro：bit），制作一个智能空间站模型。
4. 记录设计过程并准备"星舰"交流发布会，提高综合分析问题和解决问题的能力；从实践和交流中进行反思总结，提升团队合作能力。

主题内容

观看"天宫课堂"精彩回顾视频，以"我们还要继续进行太空探索吗？"为主题的辩论赛开启主题，引导学生走进主题，初步了解宇宙的起源及人类飞向太空的历程，激发学生对天文现象的兴趣与求知欲。通过数字资料的收集与阅读，寻找课题，头脑风暴，确定研究方向，成立以八大行星命名的"星舰"小队，尝试解决与太空探索相关的问题。以小组合作的形式体验"力"的相关实验，完成科学实验报告。用不同布料制作降落伞，在比赛中体会"力"的作用，通过探秘太空生活，以短视频、演示文稿等多媒体作品的形式探讨交流人类在外层空间生存需要的条件，通过自评、互评以及师评评选出最佳"星舰"。

主题实施

课次	学习环节	学习活动	学习内容 覆盖课程 科学	覆盖课程 劳动技术	覆盖课程 信息科技	综合实践活动	涉及课程 生命科学/物理/化学/历史	学习方式	学习评价
1	学习准备	1. 观看"天宫课堂"精彩回顾视频,以"我们还要继续进行太空探索吗?"为题举行一场辩论赛,开启主题学习。 2. 了解主题内容,明确预期成果: (1)科学实验报告; (2)降落伞设计与制作; (3)"太空生活探秘"研究成果交流。	太阳系组成,宇宙起源			职业体验及其他:社会责任大辩论	历史:中国载人航天	辩论	辩论赛
2	自主选择	1. 查找航天员太空生活相关资料,头脑风暴,寻找课题; 2. 根据课题确定小组,成立以八大行星命名的"星舰"小队。			信息收集与管理			组建"星舰"小队	思维导图 小组计划
3	合作探究	1. 实验探究:力与力的作用;	力与空间探索			设计制作活动: 1. 创意物化; 2. 制作演示文稿展示成果。	生命科学:生命活动基本条件; 化学:神奇的氧气、二氧化碳; 物理:声、光、电、热与能等	设计制作 实践体验 科学实验	降落伞设计比赛;实验方案
4		2. 设计制作:降落伞设计比赛;							
5		3. 太空生活探究:太空衣食住行等方面选取研究主题,设计探究性实验,以短视频、演示文稿等多媒体形式表达研究成果。		布艺	多种媒体信息加工				
6									
7	交流发展	1. "星舰"交流发布会交流研究成果,评价总结;			信息表达与交流			交流发布	"太空探秘"研究成果交流 演示文稿
8		2. 修改完善,主题学习小结。							

主题评价

根据"探秘太空生活"主题学习内容，重点突出以下评价内容。评价内容涉及的具体评价指标见每次课的教学设计。

环节	学习评价	过程性评价 行为规范 (自评/互评/师评)	过程性评价 团队合作 (自评/互评/师评)	过程性评价 交流表达 (自评/互评/师评)	过程性评价 阶段作业 (自评/互评/师评)	结果性评价 学习成果 (自评/互评/师评)	反思增值 综评报告 (自评/互评/师评)
学习准备	评价内容	辩论赛活动规范			辩论赛主题资料任务单		
学习准备	关键能力	合作能力			认知能力		
自主选择	评价内容			班级内部的发言交流	1. 太空生活主题思维导图；2. "星舰"小组合作计划。	1. 科学实验报告；2. 降落伞设计比赛；3. "太空探秘"研究成果交流。	填写一项代表作（四选一）：探究学习报告；科学实验报告；社会考察报告；创新作品说明。
自主选择	关键能力			认知能力	认知能力		
合作探究	评价内容	1. 实验器材使用规则；2. 科学实验操作规范。	"星舰"组内成员团队协同	"星舰"组内交流	1. 探究实验方案、实验记录；2. 降落伞设计与制作；3. "太空探秘"主题探究资料收集整理任务单；4. "太空探秘"探究成果交流与演示文稿准备。		

续 表

环节	学习评价	过程性评价													结果性评价			反思增值		
		行为规范			团队合作			交流表达			阶段作业			学习成果			综评报告		
		自评	互评	师评	自评	互评	师评	自评	互评	师评	自评	互评	师评	自评	互评	师评	自评	互评	师评
交流发展	关键能力	职业能力			合作能力			认知能力			创新能力、职业能力								
	评价内容										"太空探秘"研究成果交流演示文稿								
	关键能力							创新能力、职业能力											
	综合等第及评语																	

（二）教学设计示例

第 5 次课　合作探究：选择方向　设计实验

内容确定

本次课程为"探秘太空生活"主题的第 5 次课。通过前几次课的学习，学生已对中国探索太空的历史、中国空间站的建成、力学原理、航天员的太空生活有了初步的了解。本节课上，学生以小组为单位，在太空衣食住行等方面选取研究主题，设计探究性实验。

本节课的学习重点：实验方案的设计与实施。

学情分析

学生已有的基础：学生已具备一定的进行探究性实验的基础，能够以小组的形式完成探究性实验。

学生可能遇到的困难：聚焦有价值的问题开展研究。

本次课的学习难点：实验可行性和科学性的确认。

学习目标

1. 能从空间站衣食住行中选择有价值的实验研究课题。
2. 学会基于基础条件判断课题研究的可行性，制定可操作的探究性实验方案。
3. 能从研究的畅享和创意之后聚焦研究课题，提升科学素养。

资料准备

工具材料：电脑、平板电脑、信息化教学平台、实验室传感器清单。

教学资源：学术资料网站、实验设计任务单。

教学过程

活动1　收集资料：航天员太空生活的衣食住行

学生活动：

1. 回顾航天员太空生活的衣食住行。
2. 以小组为单位进行资料收集。
3. 明确小组工作的内容是属于载荷专家、航天员还是工程师。

教师帮助：

1. 强调探究性实验的研究范围是航天员的衣食住行。
2. 明确载荷专家、航天员和工程师的工作范围。
3. 参与学生讨论，引导学生进一步明确并细分实验方向。

设计意图：

让学生通过自主进行资料收集，将兴趣转化为有意义的科学问题，并能够联想到相关实验，以航天员、工程师或载荷专家的身份代入相关的情境。

图 6-7　同学进行资料收集　　　　图 6-8　资料收集过程中教师进行指导

活动 2　实验设计：根据主题方向制定出可行的探究性实验方案

学生活动：

1. 以小组为单位进行实验主题的确定。
2. 完成研究背景、实验目的、实验器材的填写。
3. 设计实验步骤，并分享小组的主题和设计思路。
4. 各小组分享设计实验的可行性和科学性，并为其他小组提供建议。

教师帮助：

1. 参加讨论，协助小组完成实验主题的确定。
2. 指导实验主题的科学性和可行性。
3. 协助小组确定实验流程及实验材料。
4. 帮助学生完善优化实验报告中的部分内容。
5. 主持实验方案的分享讨论。

设计意图：

在进行实验设计和实验材料选取时，通过各组之间的分享交流，再结合教师适当的引导。详实的实验流程设计和材料的选择，会帮助后续实验开展得更加顺利。

图6-9 各小组讨论制定实验方案

图6-10 教师参与讨论

学习评价

一级指标	二级指标	观测点	评价形式
阶段作业	选择探究主题；制定实验方案	1. 探究主题与空间站生活的联系。 2. 探究方向明确，实验方案的科学性与可行性。	自评、互评、师评
行为规范	方案分享会表现	1. 能否认真聆听和观看各组方案介绍。 2. 能否秉着公平、公正、合理的原则进行评价和建议。	
小组合作	小组讨论	1. 小组分工合理，相互协调程度。 2. 能否既认真倾听他人建议，又能表达自己的观点。 3. 方案制定的投入程度。	
交流表达	实验方案展示交流	1. 探究主题和实验方案的清晰程度。 2. 语言表达生动形象、流畅自然程度。	

（三）学习成果展示

成果作品

1. 实验主题与实验材料

编号	设计实验	实验材料	参考图
1	研究隔音材料为宇航员做睡眠舱 （用控制变量设计实验，验证假设）	单一材料、复合材料	
2	研究保温材料-传导和对流 （探究航天服的材料）	3个烧瓶、温度计、铁架台、水、不同保温材料 （参考科学六/二 活动5.13 不同材料的保温性能）	
3	探究不同光照下豆芽的生长情况 （太空种植——为人工模拟灯光提供建议）	实验材料：100颗黄豆种子、2个饭盒、照明灯、水、量杯、土壤 其他：录像设备	
4	太阳能电解水 （为空间站的宇航员们制造氧气）	实验仪器：电解器、直流电源、导线、止水夹、烧杯、酒精灯、火柴、小木条（气体检验） 实验药品：氢氧化钠溶液、蒸馏水 其他：录像设备	

实验课题	电解水制氧实验
实验小组	组长：杨一然 成员：陈安琪，陈辰，陈禹恒，彭丹妮，周子涵
研究背景：（简要说明课题的背景和来源，即探索的航空问题） 观看视频时，对空间站内氧气的产生感到好奇，于是设计了这个实验。	
实验目的：（说明实验要解决的问题和重要性，揭示课题的价值和意义） 探究太空中如何制造氧气和氢气。	
实验方法：（勾选研究的方法，从而判定实验研究的科学性） √控制变量法　□转换法　□放大法　□累积法　□类比法 √科学推理法　□比较法　□分类法　√观察法　□逆向思维法	
实验器材：电解器，导线，直流电源，止水夹，烧杯，滴管，2个有刻度的玻璃管，火柴，小木条（气体检验），氢氧化钠溶液，蒸馏水。	
实验步骤： 1 安装器材：将两个有刻度的玻璃管与电源的正负极相连，玻璃管中各倒入30mL蒸馏水，安装止水夹，电解器接导线。 2 打开电源，观察实验现象并记录。 3 当玻璃管中产生一定量的气体时，关闭电源。 4 用点燃的木条和带火星的木条放在正负极产生的气体上方，判断气体种类。 5 记录结果，得出结论。	

2. 交流实验方案

学生感言

七(1)中队沈嘉琪：

  在"探秘太空生活"这一主题中，我们结合了科学课的知识和TRIP课独特的方式，对航天员在太空的生活进行了探究。老师先带领我们了解了太空，以及航天员在太空中的基本生活方式。在这个过程中，我们产生了一些疑问。于是我们成立了几个小组，并对我们产生的疑问进行了探究。我们通过上网查找资料，初步得到了答案，随后，我们又自己设计了实验进行探究。在这个过程中，老师也巧妙地将科学课的内容结合其中，让我们学习、感知了各种"力"的存在。

  我们小组在了解航天员在太空的生活时发现他们似乎都有"失眠"的问题存在，我们便对此展开了研究。通过文献法，我们了解到其中的一大原因就是"噪音"，于是我们便研究哪个隔音材料的隔音效果最好，可以用于建造他们的睡眠舱，以提升他们的睡眠质量。接着，我们便开始设计实验。我们先上网查找出常用于隔音的几种材料，以及进行实验需要的工具。确认好基本材料，我们开始思考我们的实验步骤。我们打算把这些材料做成一个小盒子，底部不封，将分贝仪放在盒子里，声源在外面持续发出固定分贝的声音，测出盒子内的分贝。其余材料也是一样。最终得到一张表格，对比便可得出哪个材料的隔音效果最好。

  在这个过程中，我们也遇到了许多困难：材料过硬导致裁剪十分困难，剪刀根本剪不开，老师便给我们准备了美工刀，这就方便了许多。而最令我记忆深刻的一点，就是通过自己设计实验，我明白了要时刻记住控制变量：比如实验场所是否安静，声源发出的分贝是否固定。声源与盒子的距离是否相等,这其实很好理解,如果距离不等,实验数据就不准确。

若不是亲自设计实验,我可能不会发现这个技巧,它带给我的感触也不会如此深刻。老师的这种形式也激发了我们的兴趣,让我们在学习知识的过程中学会方法,也加深了我们对所得启示的印象,可谓是一举多得。这个课程教会了我许多,也十分有趣,期待疫情早日结束,我们重返校园时可以继续探究。

六、优秀案例之"社会万象":审视社会问题

我们要给孩子什么样的教育呢?不是零碎的、机械的知识,而是培养学生思考、表达,能够对生产生活中的实际问题加以分析,以不同的科学视角审视问题,提高综合分析问题、解决问题的能力。学校紧跟时代步伐,在三至八年级精心设计了数个凸显"社会万象"的主题,如三年级的"小小饲养员""体验一天医生",四年级的"存钱好办法""低碳生活每一天",五年级的"荒野求生""商业的秘密""你来做法官""小小决策师之上海要不要集中供暖",六年级的"木框中的小世界""大航海时代""订制亲情菜谱",七年级的"投资与经营""万千气象""城市与建筑""中华民族大团结""青春飞扬你我他",八年级的"热带雨林""二十四节气""小小法庭""魅力体育"等主题。这些主题涉及社会的方方面面,各年级存在内在联系,并呈"螺旋式上升"。下面以五年级的"小小决策师之上海要不要集中供暖"、八年级的"热带雨林""二十四节气"等主题为例,作简略说明。

小小决策师之上海要不要集中供暖

主题基本信息					
实施年级	五年级	实施学期	第一学期	设计者	孙灿芬
主题类型	☑公共主题　□自选主题				
使用教材版本	自然　五年级第一学期(试用本)　上海远东出版社 自然　五年级第二学期(试用本)　上海远东出版社 小学信息科技(试用本)　华东师范大学出版社				
课时	10次课(每次课2课时连排)				

（一）主题方案

主题背景

近年来，南方是否需要集中供暖的话题一直是民间及官方争议的焦点。从 2010 年开始，连续 4 年的全国两会上均有人大代表及政协委员呼吁在南方冬季气候寒冷地区实行集中供暖，但没有得到政策层面的认可。针对南方要不要供暖，南方如何供暖，南方供暖有什么难点，大家在线上线下展开了热烈讨论。

1. 课标要求

本主题以社会性科学议题"南方供暖"作为教学背景，参照《上海市小学自然学科教学基本要求》《上海市小学信息科技学科教学基本要求》以及《中小学综合实践活动课程指导纲要》，整合多门课程内容：小学自然课中的"能与能的转化"；小学信息科技课中的"获取信息""管理文件""编辑文档""设计与制作数字作品"。将核心问题聚焦于"上海要不要集中供暖"，让学生去了解、去讨论、去论证，通过理性思考，做出合理的决策。

2. 学生需求

上海作为南方城市，且是国家划定的"夏热冬冷"地区之一，冬季时常让人觉得寒冷难耐。为了抵御寒冷，越来越多的供暖设备走进了家庭与学校。但是，选择何种采暖方式，价格成本如何，对于环境又会造成哪些影响，是我们所要综合考虑的问题，因此，"南方供暖"议题与我们学生的日常生活息息相关。学生可以通过搜集各方面信息熟悉议题，从各个角度出发对复杂的议题进行推理，做出合乎逻辑的、明智的决策，发展参与公共事务的能力，提升公民责任感。

3. 未来需要

现代社会充斥着许多因为科学技术的不断进步而引发的一些社会伦理和道德冲突问题。因此，学校里的教学不应该回避这些议题，而是应该以此为背景，给学生讨论和决策的机会，提高每位学生的高阶思维，培养学生处理实际问题、参与公共事务的能力，强化对科学与技术、社会与环境相互关系的理解。

4. 开设条件

学校配备木工工坊和电脑房等专用教室；专用教室里有曲线锯、木板、砂纸、酒精胶等木工常用的工具和材料以及卡纸、剪刀等纸艺加工工具和材料；每位学生配备个人专属iPad。以上均为主题的顺利开展提供了条件。

主题目标

1. 了解做出合理决策的要素,通过辩论赛、角色扮演等活动,经历做决策的过程。
2. 知道网络资料搜索、加工处理以及初步分析的基本过程,能够利用搜集的信息作为证据以帮助决策,意识到使用信息时需要进行判断和筛选。
3. 了解不同能源对社会、环境与生态的影响,认识新能源开发利用的重要意义,树立节能和提高能源效率的意识。

主题内容

设置漫画和网络媒体视频,引导学生走进主题,初步感知南北方寒冬的差异,激发其学习兴趣。通过阅读和分析资料,确定引发南方供暖议题争议的主要方面;利用 iPad 浏览器,从环境保护、人体健康、能源分布等不同方面搜集有关集中供暖的资料,用 WPS 文档摘录资料;通过小组讨论,对摘录的资料进行分析、筛选,编辑文档形成一份调查报告——"上海集中供暖的利弊调查研究"。根据搜集到的关于上海集中供暖的优点和缺点,充分利用有用信息,展开一场班级辩论赛。最后利用劳技的木工和纸艺技能制作道具,通过一场角色扮演活动进行模拟实施,编写兼具科学性与逻辑性的台词,以表演的方式展示小组合作学习成果。

主题评价

本主题阶段作业主要有小组学习任务单、个人搜集资料、小组调查报告等。

图 6-11　作品任务示例

主题实施

课次	学习环节	学习活动	覆盖课程 — 信息科技	覆盖课程 — 自然	涉及课程 — 综合实践活动	涉及课程 — 语文	涉及课程 — 美术	涉及课程 — 数学	学习方式	学习评价
1	学习准备	1. 前测：完成"南方要不要集中供暖"问卷。 2. 通过漫画或网络社交平台的网友评论等引出关于南方供暖问题的热议。 3. 了解集中供暖、供暖分界线、"夏热冬冷地区"等与问题相关的背景知识。	关键字检索资料；信息鉴别的一般依据；将信息保存到iPad/计算机中，并注明来源。	气温；湿度；能源；南北分界线；温室效应；空气污染物质PM-10；能源的开发和利用。		文本的阅读与理解			完成问卷 议题讨论	聚焦议题
2	自主选择	1. 全班讨论引起争议的主要方面（供暖的方式、供暖的政策、供暖的成本等）。 2. 成立小组，选择感兴趣的一个方面进行资料的搜集、筛选。 3. 明确搜集信息的途径，评估信息的标准。			职业体验及其他：职业调查与体验		色彩 形式 造型 装饰	百分数、小数	资料查阅 建立小组 信息筛选	信息筛选
3	合作探究	1. 了解信息整合的基本要求，处理信息，各小组形成一份调查报告（上海集中供暖的利弊调查研究）。 2. 学习辩论技巧，了解规则，分析调查报告内容，展开"上海是否需要集中供暖"辩论赛。 3. 提供情境，以小组为单位进行"角色扮演"（政府官员、能源局局长、环保局局长、医生、小区居民等）。	使用Word整理资料；用wps制作场景PPT。	保温与散热；发电方式；高质量论证标准。		议论文			形成报告 进行辩论	调查研究 辩论赛； 角色扮演 （台词和脚本、道具、形式等）
4										
5										
6										
7										
8										

续 表

课次	学习环节	学习活动	学习内容							学习方式	学习评价
			覆盖课程		涉及课程						
			信息科技	自然	综合实践活动	语文	美术	数学			
9	交流发展	1. 展示优秀表演作品，师生共同评价。 2. 个人总结反思，思考该主题学习的心得感受。	信息表达与交流		设计制作：演示文稿展示成果	书面写作				年级展演	作品展示
10											

成果展示包括班级交流和优秀作品年级展演,采用"角色扮演"方式进行,小组表演呈现的台词科学性、剧情流畅度、道具丰富性等方面是重要的评价内容,也最能体现小组成员团队合作的综合能力。

(二) 教学设计示例

第 5 次课　　合作探究:班级辩论赛　证据的使用

内容确定

本次课在这个主题中是学生培养分析资料、使用资料进行论证的关键阶段,学生主要学习如何分析资料、如何使用资料论证自己的主张、如何运用辩论的基本技巧,在这些学习内容中,最重要的是学会分析资料,使其为自己所用。

本次课的学习重点:分析搜集到的资料,能够利用资料作为证据进行辩论。

学情分析

学生已有的基础:经过之前的学习,学生具备初步的阅读和分析资料的能力,了解一些辩论的知识。

可能遇到的困难:资料的分析和判断;如何组织语言,在规定时间内阐明自己的观点和证据,还需要在实践中摸索、感悟;辩论过程中规范性话语的使用需要教师多方位引导和提示。

本次课的学习难点:依据对方的发言进行反驳,从多方面提出可靠的证据。

学习目标

1. 了解辩论的技巧和规则。
2. 收集上海集中供暖的利弊以及相关证据,初步学会对搜集到的资料进行分析和判断。
3. 能够使用规范性的话语展开辩论。
4. 学会倾听对方的发言。

教学过程

活动1：依据标准，评估证据

学生活动：

1. 了解辩论赛的规则和辩论技巧。

2. 知道一些相关的科学知识。

3. 划分正反方，选出主辩手。

4. 根据正反方立场，从资料中找出有用的证据，为辩论做准备。

教师帮助：

1. 说明辩论赛的基本规则以及注意事项。

2. 梳理维持室内温度的方式，四种发电方式及其利弊；分发各组搜集的所有资料。

3. 分为正反两方，阐述讨论的要求：当一人发言时，其余成员不能打断和插嘴，应当认真倾听。

4. 引导学生在准备过程中学习辩论的提示语，并进行思考和分析，例如：

（1）你为什么这么想？（2）你的理由是什么？（3）你能想出另一个论据来证明你的观点吗？（4）你能想到一个反对自身观点的论点吗？（5）你是怎么知道的？你的证据是什么？（6）是否还有其他的理由支持你的观点？

设计意图：

基本的辩论规则和技巧是顺利开展辩论赛的前提，而对辩论资料的分析更是辩论前至关重要的准备工作。在上一次课中，虽然学生们都收集到了许多证据用以支持或者反对上海集中供暖，但大家对于这些证据还没有进行过评估。组员对自己组的资料也未仔细阅读，而且一个组收集到的资料毕竟有限。因此，教师将每组的调查报告都打印了出来，分发给各小组，并且留给学生充分的时间阅读、分析全班收集的资料，为辩论赛作好充足的准备。为了让学生了解更多关于集中供暖的科学知识，教师可以结合课本内容梳理知识，为学生接下来的辩论提供可靠信息。而如何帮助学生学会分析资料则需要教师提供脚手架，教师组织学生进行大组讨论的过程中可以使用一些辩论提示语，以帮助学生更好地分析资料以及运用有用的资料。

活动 2：使用证据，展开辩论

学生活动：

1. 重新摆放桌椅，分成两个阵营。
2. 辩手展开辩论，大众评审在自由辩论环节举手发言、表达观点，评委认真倾听，做好论据使用的记录。

教师帮助：

1. 重申辩论的规则，由正反方五位主辩手先发言，之后进行自由辩论；维持辩论赛的进行。
2. 辩论过程中需要认真倾听，引导学生使用辩论提示语。

设计意图：

教学环境是影响课堂教学的主要背景因素，通过座位布局改变学习环境，可以使学生更积极地参与到辩论活动中。

活动 3：辩论赛小结

学生活动：

1. 大众评审举手表决，同意正方或反方观点。
2. 三名评委共同商议，评选出正反方最佳辩手。
3. 由三名评委公布最佳辩手获得者以及评选理由。

教师帮助：

1. 组织大众评审举手表决投票，公布正反方胜负。
2. 点评整场辩论赛。

设计意图：

检查自身主张的变化情况，使每位学生都具有参与感。通过教师和学生代表评价辩论赛过程中辩手和大众评审的表现，对其突出的优点进行表扬，不足之处进行点拨，为今后的学习积累经验。

附件

附件1：上海要不要集中供暖利弊调查报告模板

上海要不要集中供暖的利弊调查报告——第（　　）小组

一、上海集中供暖的好处

从_____方面考虑，有以下证据表明了上海集中供暖的好处。

证据一：

【信息来源】

【信息内容】

证据二：

【信息来源】

【信息内容】

从_____方面考虑，有以下证据表明了上海集中供暖的好处。

证据一：

【信息来源】

【信息内容】

证据二：

【信息来源】

【信息内容】

二、上海集中供暖的坏处

从_____方面考虑，有以下证据表明了上海集中供暖的坏处。

证据一：

【信息来源】

【信息内容】

证据二：

【信息来源】

【信息内容】

附件 2：部分正反方发言情况实录

> S1（反方）：我从另一个方面来说，你想，它这个集中供暖是从一个地方同时发过来的，那么一座城市所有人吃着集中供暖的大锅饭，那么你觉得这个滋味会怎么样呢？集中供暖就意味着统一收费，怎么供暖、怎么收费这些自己做不了主，如果你觉得暖气太贵，你去找物业，物业说也没办法，这是规定好的。然后室温不达标也会引发居民聚焦暖气费的情况，但是双方总是会在那里对峙，如何解决就变成一个难题。
>
> S2（正方）：一个小区里的人，少数服从多数，人们在买房的时候就会知道有集中供暖，大多数人是希望集中供暖的，不想集中供暖的人比较少，所以我觉得少数服从多数，从这一点来说，没什么问题。
>
> S3（反方）：我反对，因为眼下的环境已经再也承受不住南方集中供暖的污染水平了，且北方一到供暖季，雾霾指数就上涨，如果南方也集中供暖，雾霾指数也上涨，这样岂不是全中国都要被雾霾所覆盖，而且现在南方的分散取暖方式已经造成了一定的污染，如果集中供暖，污染肯定会更严重，所以无论是对公众还是政府来讲，都是难以承受的，所以我认为不应该集中供暖。
>
> S4（正方）：我要反驳 S3 刚才说的，因为只要我们把热源地址选在对城市污染最小的地方，这样就有利于城市空气质量的提高，也可以让我们的生活环境更好。
>
> S5（反方）：我要反驳 S4、S2 同学。S4 说把制热厂放在比较偏僻的地方，这样的话也会对城市有一些影响，而且偏僻地方的话可能还会对另外一个城市有影响；然后我想问下 S2 同学，你是如何判断想要集中供暖的人是比较多的，说不定有些人承担不起费用就不想要集中供暖了，或者有些人家里已经有空调了的话，他们也不想安装集中供暖，而且一个小区都供暖的话，有些房间没有人，这样就是浪费国家的资源。

（三）学习成果展示

通过本主题的学习，学生为了做出一个重要决策，不仅学习了信息的搜集与整理，也学会了资料分析，形成了"上海集中供暖的利弊"调查报告，同时开展了一场辩论赛和一次角色扮演等，收获了诸多思考和感悟。

成果作品

个人搜集资料

第1小组　主题内容"关于能源使用与消耗的调查研究"

学号 26　姓名：徐思恒

【信息来源】

网页地址：http://www.shdrc.gov.cn/xwzx/fzggdt/32986.htm

网站名称：上海发展和改革委员会

【信息内容】

1. 南方完全可以采用太阳能采暖。太阳能采暖的根本目的在于保暖，现在很多建筑不是很保暖，即使采暖也会造成很大的能源浪费，而太阳能采暖则主要以微排五净四微系、微排墙、微排阳光房等形式实现外墙保温，同时以太阳能热水工程循环采暖作为辅助绿色能源方式。只有在特殊情况下，绿色能源实在不能满足需求时（低于5%），才考虑用常规能源（电能、燃气、油等）作为最后的辅助能源。

2. 北方采暖应强调开源与节流并重。北方冬天室外温度较低，建筑能耗比较大，因此本区域内可以采用微排阳光房这种被动采暖的方式，通过玻璃采光和增强外墙保温来实现被动采暖并降低建筑散热，降低整个建筑的采暖用能，另外再增加太阳能热水工程循环采暖作为主要供暖，如果建筑没有做外墙保温，还可以对建筑围护结构进行专业的外墙保温处理。这样可以极大地降低能耗，同时降低辅助能源的使用比例。同时，为了保证光照不好而又寒冷的天气条件下的舒适效果，建议配备辅助能源，可考虑用常规能源（电能、燃气、油等）支持的暖气片或者锅炉作为最后的辅助能源。

小组"上海集中供暖的利弊"调查报告

小组号：1　小组成员：谢欣怡、徐思恒、李凯丞、秦崧博、宋梓萱

一、上海集中供暖的好处

从人体健康方面考虑，有以下证据。

证据一：适宜的温度和湿度对居室环境起着重要的作用，它直接影响到一个人的健康状况，温度与湿度过高或者过低都不利于人体的健康。研究表明，最宜人的室内温湿度是：冬天温度18—25℃，湿度30%—80%；夏天温度23—28℃，湿度30%—60%。湿

度是与温度有关的,在适宜的温湿度条件下人的精神状态好,工作效率高,思维敏捷。

证据二:近年来国家大力进行空气治理,特别是在北方雾霾严重的地区,实施集中供暖可有效减少空气中污染物的排放,实现节能环保。而且今后集中供暖将会成为城市供暖的主要形式,这也是城市规划的大趋势。

证据三:1月6日,人民日报记者分赴上海、南京、杭州、合肥、南昌、武汉、长沙、重庆、成都、贵阳等10个南方城市,携带温度计,就户外、无采暖家庭、自采暖家庭、集中供暖小区、大型商场、省(市)政府大楼等处气温进行实地测量。结果显示,武汉最"悲催",无采暖家庭室内比室外还要冷!

从能源消耗方面考虑,有以下证据。

证据一:集中供暖是可以的,这里面有两种模式,一种是大集中,我们可以概括为北方模式,另一种是小集中,可以概括为分布式。我个人认为,目前北方模式这种大集中的供暖有一定的难点,主要是因为这种模式本身已经表现出落后的趋势了,例如使用的能源主要是化石能源、煤油气,这些都是不可再生的资源,用一点就少一点。目前我们国家建筑能耗的总量控制有一个天花板,也就是极限值,有专家称之为"红线",大概是10亿吨标煤,按照现在的能耗水平,已经达到了7成,所剩空间不大了。所以,传统的化石能源被新能源所替代的趋势是必然的。如果我们发现有必要对目前的大集中供暖模式加以改进,就不应该让南方地区再盲目照搬已经呈现落后趋势的模式了。除了能源供给有问题以外,基础设施的改进、管理措施的改进都势在必行。

从政策制定角度考虑,有以下证据。

证据一:国发(1986)22号文件指出,"城市集中供热的建设资金可采取多种渠道解决,一是地方自筹;二是向受益单位集资;三是从城市维护建设税中拿出部分资金补助城市热网建设;四是国家给予部分节能投资"。国家可采取无息、低息、贴息、延长贷款偿还期限等优惠政策,扶持城市集中供热的发展。

二、上海集中供暖的坏处

从人体健康方面考虑,有以下证据

证据1:供暖的时间和温度不能自主控制,也就是说无法进行个性化的选择。集中供暖是统一的,有时冬天可能提前来了,但是暖气还没来,有时冬天可能已经走了,但暖气却还有。

证据2:相关辐射会造成儿童白血病、诱发癌症、影响生殖系统、导致智力残缺、影响心血管系统、破坏视觉系统。医学研究证明,长期处于地热供暖辐射的环境中,会使血液、淋巴液和细胞原生质发生改变。意大利专家研究后认为,该国每年有400多名儿童患白血病,其主要原因就是居住场所的地热供暖辐射。它会诱发癌症并加速人体的癌细胞增殖。地热供暖辐射污染会影响人体的循环系统、免疫、生殖和代谢功能,严重的情况下还会诱发癌症,并会加速人体的癌细胞增殖。瑞士的研究资料指出,处于地热供暖环境下的住户居民,患乳腺癌的概率比常人高7.4倍。美国得克萨斯州癌症医疗基金会针对一些遭受地热供暖辐射损伤的病人所做的抽样化验结果表明,居住在地热供暖环境中的人,其癌细胞生长速度比一般人要快24倍。地热供暖影响人的生殖系统,主要表现为男子精子质量降低,孕妇发生自然流产和胎儿畸形的概率增大等。还可导致儿童智力残缺。据最新调查显示,我国每年出生的2000万儿童中,有35万为缺陷儿,其中25万为智力残缺,有专家认为地热供暖辐射也是影响因素之一。世界卫生组织认为,除了计算机、电视机、移动电话的电磁辐射对胎儿有不良影响之外,地热供暖辐射也是导致婴儿发育不良的罪魁祸首。它会影响人们的心血管系统,患者会表现为心悸,失眠,部分女性会出现经期紊乱,心动过缓,心搏血量减少,窦性心律不齐,白细胞减少,免疫功能下降等情况。对于装有心脏起搏器的病人来说,处于地热供暖辐射的环境中,会影响其心脏起搏器的正常使用。

地热供暖对人们的视觉系统也有不良影响。眼睛属于人体的敏感器官,过高的地热供暖辐射污染会引起视力下降、白内障等。还会影响及破坏人体原有的生物电流和生物磁场,使人体内原有的电磁场发生异常。值得注意的是,不同的人或同一个人在不同年龄阶段对地热供暖辐射的承受能力是不一样的,老人、儿童、孕妇属于对地热供暖辐射比较敏感的人群。

中国专家警告:地热供暖辐射可能导致儿童智残或失忆……

从能源方面考虑,有以下证据。

证据一:在2012年3月的"第八届绿色建筑大会"上,主管城镇供热的住房和城乡建设部副部长仇保兴公开表示,不能把集中供热盲目地照搬到秦岭、淮河以南,这对能源消耗是巨大威胁。

证据二:处于长江以南有采暖需求的城市而言,居民采暖以电暖器、热泵空调等为主,目前其采暖能耗为每平方米每年6到8度电,按照发电能耗折合为2到3公斤标准煤,而北方集中供热地区的采暖能耗达到每平方米每年20公斤标准煤,做得好的也在15公斤标准煤左右。

> 证据三:北方集中供暖主要用煤炭作为供暖能源。一项有关供暖对PM2.5影响的调查结果发现,有集中供暖的北京和沈阳,冬季供暖会使PM2.5平均增加47%和37%。

学生感言

> 学生A:这次学习让我对上海是否需要集中供暖的看法有所改变。我起先认为上海需要集中供暖,因为这与老人和儿童的身体有关联,有了集中供暖会更暖和、更舒适,室内不会像开空调那样干燥,这有利于老人和儿童的身体健康。然而当我查找相关资料后发现,集中供暖会产生一种对人体有害的物质——PM2.5,它会使空气变得更差,而且花费的资源并不比空调、地暖、电热扇少。综合考虑,我认为上海并不需要集中供暖。这次学习对于我来说是十分有益处的。让我了解了集中供暖的好处与坏处,它对人的身体造成的影响等。另外我还学会了辩论的技巧和它的规则。学习过程中,我们小组的分工不当,在团结合作上有些地方没有达到要求,有某些组员(长)在上课时嬉戏,并不参与到活动中,工作效率差,待改进。
>
> 学生B:在未上这个课之前,我认为决策是非常简单的,只要选择对或错就行,但我现在完全改变了看法,没想到自己做出决策后还会受到他人的反驳,只有给出可靠的证据,才能支持自己的想法,有时候还会被他人说服。所以,做一名决策师并不是一件简单的事情,我现在十分敬畏决策师这个职业,因为他们需要想很多充分的理由来支持自己的看法。并且他们的决策稍微有一点错误就会影响国家之间或者城市之间的关系,所以我觉得决策师是个非常重要的职业,决策师也需要很多专业的知识。
>
> 学生C:通过这次课,我知道了很多知识,比如如何参加辩论,如何找出理由来反驳对方。而且我也知道了如何查找资料来确定自己是正反还是反方。
>
> 学生D:在本次关于集中供暖的学期主题中,我认为自己收获了以下几点。
>
> 1. 查找资料培养了我的资料分析能力,我学会了筛选有用与没用的资料;
> 2. 辩论赛培养了我思考现实问题的能力;
> 3. 在写稿子时,我发现了自己之前思考的许多漏洞,并做出了一些改正,这让我知道了,在思考完问题之后需要再三检查,把错误率降至最低。
>
> 在本次关于集中供暖的学期主题中,我认为自己有以下几点做得不足:
>
> 1. 在辩论赛时,虽然也有想说的,但没有举手说;

2. 在角色扮演时,因为紧张,所以念错了很多字,还不太顺畅;

我希望在下学期的学习中,能改掉自己的不足,做更好的自己。

热带雨林

主题基本信息					
实施年级	八年级	实施学期	第一学期	设计者	盛丽芬
主题类型	☑公共主题　□自选主题				
使用教材版本	生命科学　八年级(试用本)　上海教育出版社 地理　六年级(试用本)　上海教育出版社 劳动技术　六年级　上海科技教育出版社 社会　九年级(试用本)　上海人民出版社				
课时	6次课(每次课3课时连排)				

(一) 主题方案

主题背景

纵览全球,世界上抵抗力、稳定性最高的生物群落当属有着"地球之肺"美誉的热带雨林。经过长期不断的进化,热带雨林形成了良好的生态模式,许多不同种类的动物和植物在这里和谐地生活。尽管热带雨林还有许多秘密没有被发现,但是研究与破坏之间的竞争已经迫在眉睫。热带雨林作为人类共有的遗产,已经引起越来越多的关注和重视。

1. 课标要求

本主题以学生喜闻乐见的"热带雨林"为载体,对照生命科学和地理学科的核心素养,细细分析生物核心素养"生命观念"与地理核心素养"人地协调观",会发现它们殊途同归,均关注人与环境的和谐相处。本主题围绕"人地协调观"这一核心素养,开发"热带雨林"跨学科主题教学。"热带雨林"整合多门课程内容:如地理中的"世界分国篇";生命科学中的"生态系统";劳动技术中的"纸艺";社会中的"感受城市运行";信息科技中的"新技术体验与探究"等。在教学实践中,引导学生关注人与环境的和谐相处,形成人地协调的正确价值观。

2. 学生需求

大部分学生曾在上海自然博物馆、上海科技馆、上海植物园、辰山植物园等科普教育基地体验过热带雨林地区,部分学生曾去旅游过,他们对"热带雨林"主题充满探究兴趣。本主题基于"如何感受到地理环境对人类的影响？如何正确看待人类对地理环境的作用？怎么做才能协调人类与地理环境的关系？"等驱动性问题,让学生动手实践、探索创新,在感悟人地协调观的同时,提升认知能力、合作能力和创新能力。

3. 未来需要

本主题有利于学生综合运用所学的地理、生命科学、劳动技术、社会、信息技术等学科知识来分析和解决实际问题,提升学生综合素养,树立人与自然协调发展的观念。

4. 开设条件

八年级学生已学过世界地理、中国地理,开始学习生命科学。经过前期的趣谱(TRIP)学习,学生已经具备纸艺、布艺、木工、绳结、植物栽培、植物造型等技能,再将本学期社会等课程内容融入主题,可以为学生制作热带雨林地区创意产品提供有力支撑。

学校具备趣谱(TRIP)和电脑房等专用教室;火柴人的多种传感器和造型模板,火柴人的编程软件;卷筒纸、白胶、丙烯、超轻黏土等常用的材料。

主题目标

1. 自主选择感兴趣的热带雨林小组课题,绘制思维导图,制订计划、查阅文献,自制热带雨林地区立体地形图、动植物模型等学具认识某一热带雨林的地形、气候、动植物、农业、工业、交通等特征,发现该热带雨林地区存在的问题并分析原因。
2. 联系地理、生物、劳技、社会等学科知识并结合火柴人的传感器,针对所选择的热带雨林地区存在的问题设计创意产品,制作演讲课件或编排小品等。
3. 运用立体地形图、创意产品等学习成果实施产品发布,尝试用评价标准进行自评、互评,学会与他人分工合作,理解人类发展和地理环境之间的关系,树立人地协调观。

主题内容

通过欣赏"丛林飞跃"视频引入主题,组织学生开展头脑风暴以提出合适的探究主题。各小组制定目标明确的研究计划,在交流中倾听他人的建议,完善小组计划;借助文献查阅法、制作地图等方法完成研究,遇到困难和挫折能想办法解决;最终各组以自制的热带雨林地区立体地形图、创意产品(结合火柴人的感应器)、课件等学习成果实施产品发布,尝试用本课程评价标准进行自评、互评,意识到人地协调发展的重要性。

主题实施

课次	学习环节	学习活动	学习内容 覆盖课程 社会	学习内容 覆盖课程 劳动技术	学习内容 覆盖课程 信息科技	学习内容 综合实践活动	学习内容 涉及课程 地理	学习内容 涉及课程 生命科学	学习方式	学习评价
1	学习准备 自主选择	1. 通过欣赏"丛林飞跃"视频引入主题: (1) 认识热带雨林; (2) 共绘思维导图。 2. 案例分析,确定研究方向。 3. 依据确定的研究方向,建立团队,初步制定研究计划。	理解丰富多彩的社会生活带来的机遇与挑战	掌握纸质作品的一般设计方法和制作	思维导图	设计制作:模型类项目的创意设计,选择活动材料或工具、动手制作	认识某一热带雨林区域的地形、气候、农业、工业等特征,分析发展区域的问题及原因,说明自然环境与人类活动之间的关系,感悟尊重自然规律的重要性	描述热带雨林的动植物特征与相关环境,说明保持生态系统稳定性的重要性,以及人类活动对生态系统稳定性的影响	案例分析	思维导图 研究方向
2	合作探究	1. 知识技能储备: 基础知识; (1) 综合:电工技术、电子技术、社会		要点:添加声、光、电等物理环境;借助模型制作立体地形图、制作火柴人创意模型	新技术体验:火柴人针对热带雨林地区存在的问题,使用相关传感器制作创意产品					
3		2. 跨学科案例分析:方法指导。收集、筛选资料,运用所学案例与分析方法分析所选案例。								
4		3. 制作某一热带雨林地区立体地形图。								
5		4. 运用火柴人感应器制作创意产品。								设计制作	创意作品
6	交流发展	1. 完善案例分析报告、制作交流PPT。 2. 完善分布、产品发布、评价中小结,培养人地协调观。	合理运用理论知识阐述个人观点		信息表达与交流	设计制作: 交流展示作品			成果交流	交流表达

主题评价

1. 阶段作业:本主题主要评价的阶段作业有小组分工计划表、小组探究方案、思维导图、课件报告等。

2. 小组合作:各阶段采用"分工和分数分配表"(如表6-12)来评价小组分工是否合理以及每位成员的参与程度。

表6-12 分工和分数分配表

任务	立体地形图(1—2人)	创意产品(1—2人)	演示课件制作(1—2人)
需提交作品	作品任务——立体地形图	作品任务——创意产品	作品任务——PPT
负责人			
备注:本表由组长填写,共60分,组长根据组员表现完成分数分配,并在课前提交。			

3. 行为规范:对学生行为规范的评价(评价表如表6-13)主要采用加分和减分的方法,既有团队分数,又有个人的加减分,既有教师打分,又有组长打分。

表6-13 学生行为评价表

类别	举 例
资源使用	遵守各类工具的操作规范。
	活动后清理纸屑等垃圾,将工具和材料回归原位,保持趣谱(TRIP)教室整洁。
课堂表现	明确岗位职责,积极完成本岗位任务。
	积极参与课堂互动,主动举手发言。

4. 交流表达:本主题中最重要、最能突出主题特色的评价内容是"热带雨林"产品发布会,实施的评价标准如下:问题新颖,产品创新;过程清晰,资料详实;图文并茂,凸显特色;自信大方,声音响亮;结论明确,分析合理。

5. 学习成果:本主题最终的学习成果包括创意产品立体地形图及创意作品发布说明。

6. 综评报告:创意作品说明。

(二) 教学设计示例

第1次课　学习准备：主题引入　团队建设

内容确定

这是热带雨林主题的第一次课。热带雨林是地球上抵抗力和稳定性最高的生物群落，常年气候炎热，雨量充沛，季节差异极不明显，生物群落演替速度极快，是世界上一大半动植物的栖息地。热带雨林是全球最大的生物基因库，也是碳素生物循环转化和储存的巨大活动库。它的盛衰消长不仅是地表自然环境变迁的反映，而且直接影响全球环境，特别是人类生存条件。雨林的保护已成为当前最紧迫的生态问题之一。

本节课的学习重点：绘制"热带雨林"的思维导图，合并后知道"热带雨林"的探究内容以及探究"热带雨林"的重要性。

学情分析

学生可能将热带雨林地区与热带雨林气候相混淆，不知雨林有热带、温带之分，不了解热带雨林植物的垂直分层，不清楚热带雨林的动物，未深入思考热带雨林中一些特有现象、动植物与当地自然环境的关系，未曾切实关注热带雨林的生态价值及其开发中的问题……以上知识恰恰是学生绘制"热带雨林"思维导图这一教学难点的脚手架，因此需要教师适时、适宜引导，并鼓励学生之间合作学习。另外，学生可能不熟悉 AiClass 平台的思维导图和分组研讨功能，需要教师指导，小组内合作完成。

本节课的学习难点：运用思维导图认识热带雨林地区。

学习目标

1. 认识热带雨林的全球分布、动植物资源及其生态价值。
2. 各组绘制"热带雨林"的思维导图，合并后知道"热带雨林"的探究内容，初步认同人地协调观。
3. 建立小组合作的团队。

资料准备

工具材料：电脑、平板电脑、信息化教学平台、历届优秀的立体地形图和创意产品模型

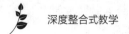

等学习成果。

教学资源：讨论任务、思维导图、小组分工计划表。

教学过程

活动1：认识热带雨林

学生活动：

1. 欣赏"丛林飞跃"。
2. 观察地图回答问题。
3. 欣赏动植物资源。

教师帮助：

提出问题：沿途看到哪些景观？热带雨林都是热带雨林气候？雨林只存在于热带吗？为什么说热带雨林是天然的"药房""生物图书馆"？热带雨林为何有"地球之肺"之称？

设计意图：

激发兴趣，知道热带雨林在世界上的分布及特点等，了解热带动植物资源，体会到热带雨林的生态价值。

活动2：共绘思维导图

学生活动：

1. 绘制思维导图。
2. 通过对话讨论思维导图。

教师帮助：

1. 组织绘制思维导图。
2. 呈现思维导图。
3. 从找关键词、理清层次、创意、合作意识等方面评价。

设计意图:

运用 AiClass 平台的思维导图,见证思维导图的强大作用、集体的智慧。

活动 3:建立合作小组

学生活动:

1. 根据思维导图和以往学生的作品,确定研究方向。
2. 依据研究方向,成立研究团队。
3. 完成团队组建任务单,初步制定研究计划,确定人员分工。

教师帮助:

1. 出示前两届同学作品。
2. 发放工作任务单。
3. 指导建立小组及计划制定。

设计意图:

欣赏前两届同学的作品,依据兴趣,确定研究方向,组建团队。

学习评价

一级指标	二级指标	观测点	评价形式
阶段作业	思维导图	1. 想法聚焦。 2. 关键词简练严谨。 3. 重点突出。 4. 主题与词语间有逻辑关系。	自评、互评、师评
行为规范	独立学习 合作学习	1. 聚焦问题,安静地阅读地图。 2. 独立绘制思维导图。	
小组合作	组建团队	1. 初步制定研究计划。 2. 人员分工合理。	
交流表达	研究方向	1. 认真倾听他人建议,同时能有理有据地表达自己的观点。 2. 确定研究方向。	

附件

学习任务单:绘制"热带雨林"的思维导图

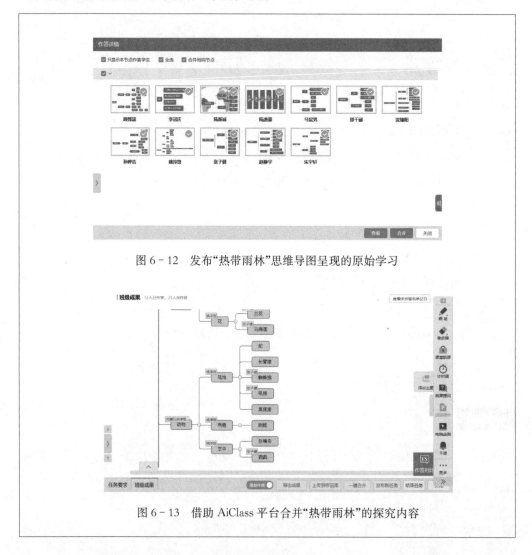

图 6-12　发布"热带雨林"思维导图呈现的原始学习

图 6-13　借助 AiClass 平台合并"热带雨林"的探究内容

(三) 学习成果展示

通过本主题的学习,学生收获了诸多学习成果,如立体地形图、火柴人创意产品件等。以下是部分学生作品。

成果作品

1. 立体地形图

马达加斯加岛

刚果盆地

斯里兰卡

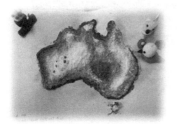
澳大利亚

印度尼西亚

中南半岛

2. 创意产品

雨雪感应器

太阳能收音机

二氧化碳检测

 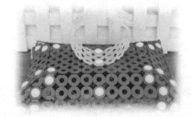 

光照感应灯　　　　　　　录放机　　　　　　　　　超声波测距

3. 创意产品发布会

综合使用火柴人传感器提高赤道几内亚的经济收入

运用雨雪感应器在马达加斯加岛种植香草　　介绍刚果盆地珍稀动物——非洲森林象　　丰富澳大利亚土著生活的太阳能收音机

二十四节气

主题基本信息						
实施年级	八年级	实施学期	第一学期	设计者	王盛、华明、王连方、耿园萌、盛丽芬、高燕	
主题类型	☑公共主题　□自选主题					
使用教材版本	社会　九年级(试用本)　上海教育出版社 劳动技术　八年级(试用本)　上海教育出版社 初中信息科技(试用本)　华东师范大学出版社					
课时	7次课(每次课3课时连排)					

(一) 主题方案

主题背景

二十四节气是中国古代劳动人民在长期的农耕生活中摸索总结出来的，是我国劳动人民独创的文化遗产。通过探究二十四节气与气候候应、风俗人文、农事活动等之间的关系，可以更多地了解二十四节气对人们生活的影响，了解中国人的生存智慧、社会结构、职业分工的巨大变化，领会传统文化的丰富内涵，体会先人的智慧，形成人与自然协调发展的理念。

1. 课标要求

本主题以"二十四节气"为载体，参照课程标准或教学要求，整合多门课程内容：社会课的"认识社会生活"专题；劳动技术课的"电工"；信息科技课的"信息表达与交流"；探究型课程中"项目设计"以及综合实践活动课程中"设计制作类"的部分内容。创设社会人文、农事活动、风俗习惯等情景，引导学生体验自主学习、合作学习、探究学习；在解决问题和完成任务的过程中，形成节气和社会相关问题的认知与发展能力。

2. 学生需求

二十四节气与气候候应、风俗人文、农事活动、人们的衣食住行等息息相关，深刻影响着中国人生活的方方面面。学生对传统文化充满好奇，充满探索欲望。本主题运用"节气是什么?""节气的由来是什么?""节气的意义是什么?"等驱动性问题,确定研究课题,撰写课题报告,设计并制作节气灯饰作品,满足学生动手实践、探索创新的需求,满足学生对社会生活、职业变迁等方面的学习愿望,加深其对传统文化的理解和认识。

3. 未来需要

本主题以"二十四节气"为载体,在深度整合式教学过程中,让学生在合作探究、问题解决、创意物化中发展认知、合作、创新、职业等关键能力,成为具备社会责任、勇于担当的人。

4. 开设条件

本主题需要以下条件:电脑房、木工坊等专用教室;小灯泡、开关元器件、导线若干、电池及电池盒;剥线钳、剪刀、绝缘胶带等常用的工具和材料。

主题目标

1. 了解二十四节气,发现节气对人类生活的重大意义。
2. 通过课题研究、汇报展示等学习活动,提升收集、处理信息,分析解决问题及交流表达的能力。
3. 通过设计制作节气灯饰作品,运用多媒体辅助作品说明,习得电工技术应用等技能,提升信息表达与交流水平。

主题内容

本主题在不同节气与社会生活的情景下,引领学生进入主题,了解主题概况,明确预期学习成果。基于主题,学生自主选择节气与社会生活中感兴趣的方向组建团队展开探究。以问题为驱动,学生通过查找资料和头脑风暴确定探究课题、制定探究计划,按计划展开研究,分工合作完成探究报告撰写。各小组应用电工技术设计制作节气灯饰作品,运用信息技术表达展示作品和报告。最后以班级内评选、年级内交流等形式,展现学习成果与心得体会。

主题实施

课次	学习环节	学习活动	学习内容 - 覆盖课程 - 社会	覆盖课程 - 劳动技术	覆盖课程 - 信息科技	涉及课程 - 综合实践活动	涉及课程 - 语文	学习方式	学习评价
1	学习准备 自主选择	1. 观看视频,走进主题,明确预期成果:(1)探究报告;(2)汇报表达(PPT、海报、视频、网页等);(3)灯饰作品。 2. 搭建团队,确定探究课题,制定初步计划。						案例分析 搭建团队	研究方向 初步计划
2		1. 学习评价标准制定,交流探究计划,学生自评、互评探究计划。 2. 制定劳技作品规划,完成劳作作品规划表。							
3	合作探究	(1)劳技作品要求:灯饰表达;工作电路说明。 (2)头脑风暴进行预期成果的表达、自我创意。	"认识社会生活"专题	用电安全;电工技术;自行选择木工、纸艺等技术并实施	信息表达与交流	探究活动:节气主题探究 设计制作:节气灯饰作品的设计与制作	诗词鉴赏	实践探究 设计制作 制定标准 完善作品	探究报告 灯饰作品 交流表达
4		3. 分工合作,撰写探究报告,制作汇报PPT,制作劳技作品。							
5		4. 阶段汇报,相互借鉴,修改方案,继续完善。 5. 明确汇报要求,依据评价标准准备交流分享。							
6	交流发展	1. 班级内交流分享,汇报学习成果,呈进行小组自评、互评。 2. 修改、完善学习成果,整理资料。				设计制作:交流展示作品		成果交流	综评报告 (探习报告和创新作品说明)
7		1. 年级交流分享,汇报学习成果。 2. 主题总结。							

主题评价

本主题有过程性阶段作业评价,如探究计划、探究过程、劳技作品规划表、交流汇报计划表等;学习成果评价,如探究报告、劳技作品、汇报PPT、交流汇报等。在学习过程中,教师推送相关活动和任务,师生共同制定评价标准,再依据标准对学习成果进行评价。评价标准示例如下:

阶段作业评价

评价方面	评价内容	分值
探究计划 (100分)	探究题目新颖。	20
	探究问题有价值。	20
	探究问题切入点小,考虑时间、空间。	20
	探究背景与探究问题相关。	20
	探究目标明确。	20
探究过程 (100分)	研究安排合理。	40
	团队分工明确,有合作意识。	30
	分类对研究资料进行整理。	30
劳技作品规划 (100分)	灯饰设计。	20
	灯饰部分电路工作原理说明。	20
	作品有设计感。	20
	作品有草图。	20
	作品有材料清单。	20

学习成果评价

评价方面	评价内容	分值
探究报告 100分	封面设计:美观,能凸显探究特色。	20
	内容结构:完整,格式规范,突出主题。	20
	探究过程:清晰呈现,层次清楚,逻辑性强。	20
	探究目标:合理选用探究方法。	20
	探究结果:观点明确,有一定的实际价值。	20

续 表

评价方面	评价内容	分值
汇报PPT 100分	风格统一，排版美观，凸显特色。	30
	紧扣主题，文字精练，内容准确。	30
	图文搭配合理，清晰呈现探究过程及结果。	30
	动画、页面切换、超链接、视频等效果能辅助演讲。	10
劳技作品 100分	灯饰融合有创意，整体效果颇佳。	30
	外观设计美观，凸显主题特色。	20
	作品选材环保，粘贴牢固，做工精良。	20
	灯饰功能正常，电路原理配套说明清晰准确。	20
	基本按照原规划实现，偏离部分有说明。	10
交流汇报 100分	分工：任务明确、配合得当。	30
	主讲：声音洪亮、语言简练、举止大方。	30
	互动：善于调动观众热情、态度诚恳地接受不同意见、乐于反思。	30
	加分项。	10

（二）教学设计示例

第1次课（共7次课）　自主选择　组建团队

内容分析

二十四节气是我国古人的智慧结晶，然而随着社会的变迁，二十四节气似乎与我们的日常生活渐行渐远，很多人会疑惑节气与现代社会生活有什么关系。本次课旨在通过"节气是什么？""节气的由来是什么？""节气的意义是什么？"等一系列问题，搭建节气与社会生活的主题框架。在教师指导下自主组建团队，自主制定探究方案。为之后的团队合作学习，制定探究方案，设计并制作节气灯饰作准备。

本次课的学习重点：组建团队，提出值得探究的问题。

> **学情分析**

学生已有的基础：学生对二十四节气有一定的了解，知道部分节气的风俗习惯。

可能遇到的困难：学生能否针对选出的节气，结合社会现象提炼出值得探究的问题，问题的思考是否全面，语言组织是否到位，是否能规范地描述探究主题与内容。

本次课的学习难点：初步拟定合作探究计划。

> **教学目标**

1. 通过案例分析，体会节气与现代社会生活的密切关系。
2. 能够说出感兴趣的节气。
3. 小组内合理分工、有效检索，聚焦研究方向，初步拟定探究计划。
4. 能够以小组为单位展开组内交流和全班交流，听取并给出合理建议。

> **资料准备**

工具材料：电脑、平板电脑、信息化教学平台。

教学资源：帮助视频文件、学生任务单、教学资源 PPT。

> **教学活动**

活动 1：自主学习，了解节气

学生活动：

1. 领取任务单，明确活动 1 的要求。
2. 认真观看视频。
3. 查找资料，完成并上传任务单。

教师帮助：

1. 教师发布学生任务单"任务单 1：节气是什么"。
2. 组织学生观看帮助视频，提示可适当记录。
3. 布置学生查找资料并回答问题：

（1）节气是什么？

（2）为什么有二十四节气？举例说明某节气的风俗。

4. 巡视指导，协助学生完成任务单。

活动 2：交流讨论，分享认知

学生活动：

1. 对比"任务单 1：节气是什么"上的回答，思考并修改。

2. 准备交流心得。

3. 进行课堂交流。

教师帮助：

1. 提示学生将视频内容或笔记对比作答的任务单，修改完善任务单后重新上传。

2. 布置交流任务，说一说视频补充了哪些原本没有收集到的信息（节气的由来、意义等信息）。

3. 组内部分学生交流。

4. 评价与总结。

设计意图：

活动 1 及活动 2 设置问题链——"节气是什么？""节气的由来是什么？""节气的意义是什么？"学生通过网络资料检索、观看解答视频，体验自主学习的过程，激发起进一步探究的兴趣。对节气及节气相关的现代社会生活产生进一步探究的欲望。

活动 3：成立小组，提出探究计划

学生活动：

1. 学生自荐担任组长。组长选择想要深入探究的节气。

2. 学生自由选择成为组长或加入已成立的小组。

深度整合式教学

3. 小组讨论"帮助文件 2:问题库",提出想要探究的问题。

4. 接收并以小组为单位讨论并填写"活动任务单 2:探究计划"。

5. 各小组完善任务单展开交流,为交流的小组提供自己的建议。

教师帮助:

1. 鼓励学生担任组长。借助教学 PPT 展示节气盘,帮助组长选择感兴趣的节气。

2. 说清团队建设的流程、规则。帮助所有学生完成分组。

3. 发布"帮助文件 2:问题库",说清要求。提示学生可以从社会学科、地理学科、生命科学等角度出发,提出值得探究的问题。

4. 发布"活动任务单 2:探究计划",说清填写的要求及注意事项。

5. 巡视指导,协助小组填写"活动任务单 2:探究计划"。

6. 组织评价,分享巡视过程中发现的个性化问题。可以找 1—2 个小组进行交流分享并适当点评。

7. 评价与总结。

设计意图:

鼓励学生按兴趣成立小组。教师发布"帮助文件 2:问题库",用案例的形式引导学生对感兴趣的节气与社会现象深入思考,提出可以深入探究的问题。随后教师发布"活动任务单 2:探究计划",引导学生进一步思考推敲想探究的问题,可以按学科的角度,也可以按其他角度,最后形成较有探究价值的探究题目。并鼓励学生在合作的基础上,尝试分工,各司其职,互帮互助。学会合作学习,培养勇于承担的精神。

教学评价

一级指标	二级指标	观测点	评价形式
阶段作业	探究计划	1. 探究题目新颖。 2. 探究问题有价值。 3. 探究问题切入点小,考虑时间、空间。 4. 探究背景与探究问题相关。 5. 探究目标明确。	自评、互评、师评

续 表

一级指标	二级指标	观测点	评价形式
行为规范	组内交流 全班交流	1. 组内轻声交流。 2. 全班交流时声音洪亮。 3. 别人发表观点时,安静倾听,积极思考。	
小组合作	小组分工	1. 分工明确。 2. 相互协调,能开展有效检索。	
交流表达	个人交流表达 组内交流讨论	1. 表达观点有依据。 2. 能听取建议,也能给出合理建议。	

附件

帮助文件:问题库

1. 春分

"春分到,蛋儿俏",在每年的春分那一天,世界各地都会有数以千万计的人在做"竖蛋"试验。鸡蛋能否竖起来,真的和日期有关系吗?为什么竖的是鸡蛋而不是鸭蛋或者其他蛋呢。

2. 清明

清明期间,小明想约同学一起出去玩。但小明的爸爸希望小明和家人一起去祭拜逝去的亲友。你会怎么劝小明。

3. 惊蛰

惊蛰期间春寒料峭,小明的奶奶感冒咳嗽了一直没有好转。小明劝奶奶去看医生。奶奶却说去菜场门口"打小人、祭白虎",多吃梨就好了。如果你是小明,会怎么劝奶奶。

4. 立夏

立夏期间,学校组织斗蛋活动,要求同学们自己带鸡蛋。从小在西藏长大的小红对这个活动很好奇,你能否为她介绍一下。

5. 小满

小满期间,小明的奶奶在公园里挖了一些香椿,想给小明做一桌的菜。小明想起了生命科学老师的话,觉得不合适。如果你是小明,会怎么劝奶奶。

古时候,蚕丝非常珍贵,而蚕也非常娇贵难养。人们为此举行祈蚕节,祈求能有个好的收成。小明有个疑问,江南是蚕的故乡。而养蚕技术的推广也离不开桑树的推广种植。那为什么不在城市的马路边种植桑树呢?又能养活蚕,又能美化城市,一举两得。你觉得呢。

6. 谷雨

古人有"谷雨三朝看牡丹"的谚语,所以牡丹也被称为"谷雨花"。每年谷雨节气到来之际,牡丹正好进入盛花期。人们不远万里,不约而同来到洛阳等待牡丹开放。牡丹在全国很多地方都有种植,为什么人人都传颂"洛阳牡丹甲天下"呢。

7. 寒露

国庆过后,小明与小强讨论去了哪里玩。小明去了香山赏枫叶,小强去了苏州东山赏菊。虽然他们去了不一样的地方,但他们都爬了山、吃了糕。为什么不同地区的人会有类似的习俗呢。

8. 立春

小明和父母回老家过年,他看到当地人们"打春牛"迎立春觉得非常新鲜。听村长说"鞭打春牛"的习俗起源于先秦,但形式几经变化。小明觉得很好奇,现代生活中,农事已经不再是最重要的事,但鞭春牛的活动并没有停止,反而在各地遍地开花,这是为什么呢。你能回答小明的困惑吗。

(三) 学习成果展示

成果作品

1. 探究计划

探究题目	冬至节气南北方不同养生方式的探究			组号 1	第一小组
组名	六朵金花			组长	李伶跃
组员	王粲 万子熙 杨柯劼 张乐怡 王羿琪				
探究问题:					
1. 地理 冬至为何不是一年中最冷的节气?冬至就是冬天到了吗?					

续　表

2. 社会　为什么北方人冬至聚在一起吃饺子,而南方一些地区盛行吃汤圆?	
3. 生命科学 & 社会　冬至前后身体的变化以及如何养生?	
探究目的:	
1. 了解南北方在冬至这一节气中有何不同的气候,以及不同的养生习俗。	
2. 从对冬至的研究延伸到有关地理、生命科学、社会学科中知识的探究。	
活动步骤	活动安排
第一阶段:确定主题　资料整理	
提出问题	问题: 1. 地理　冬至为何不是一年中最冷的? 冬至就是冬天到了吗? 2. 社会　为什么北方人冬至聚在一起吃饺子,而南方一些地区盛行吃汤圆? 3. 生命科学 & 社会　冬至前后身体的变化以及如何养生?
资料收集	方式 1:网络搜寻 方式 2:访谈 方式 3:查找书籍 ……

阶段分工: 人人都有 事情做	学号	姓名	任务
	7	李伶跃	填写小组计划表; 搜集关于问题 3 的文献资料。
	13	万子熙	搜集关于问题 1 的文献资料; 设计研究报告版式。
	14	王粲	填写小组计划表; 搜集关于问题 2 的文献资料。
	18	杨柯劼	搜集关于问题 1 的文献资料;填写资源表。
	20	张乐怡	搜集关于问题 2 的文献资料;填写资源表。
	33	王羿琪	搜集关于问题 1 的文献资料。

合作情况:合理分工,人人有事做,较好地分配时间,完成了老师布置的任务。
表扬(注明原因):全员都值得表扬,因为大家都认真地完成了组长布置的任务,积极参与活动。
须努力(注明原因):无

第二阶段:合作探究　协作实施

预期成果:研究报告、辅助演讲 PPT、完成与节气相关的劳技作品(至少一件)。
预期成果(加分项):相关过程的记录或者展现成果的视频、海报等。

续　表

阶段分工：人人都有事情做	姓名	学号	任务
	李伶跃	7	制作劳技作品。
	王粲	14	制作劳技作品。
	万子熙	13	做PPT。
	杨柯劼	18	做PPT。
	张乐怡	20	撰写研究计划研究报告。
	王弈琪	33	拍摄加分项视频。
合作情况： 表扬(注明原因)：全员都值得表扬，因为大家都认真地完成了任务。 须努力(注明原因)：			
第三阶段：交流展示 1. 交流展示准备：确认形式，明确分工，合作练习； 2. 交流展示评价：认真聆听，公平合理给予他人和自己评价。			
阶段分工：人人都有事情做	姓名	学号	任务

2. 交流展示汇报 PPT

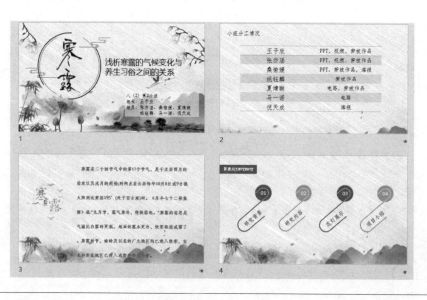

4. 探究报告

冬至节气南北方不同养生方式的探究

一、探究背景

1. 二十四节气是我国非物质文化遗产,研究好二十四节气才能更好地了解社会生活。
2. 冬至作为较为著名的节气,富有一定的时令特色。
3. 不同地域在冬至的时候会有不同的养生方式。

二、探究目的

1. 了解冬至南北方的不同气候以及人们不同的养生方式。
2. 从对冬至的研究延伸到对一些地理、生命科学、社会学科中知识的探究。

三、探究对象

冬至节气南北方的不同气候以及人们不同的养生方式。

四、探究方法

访谈,查询资料。

五、探究过程

确定主题,资料整理,合作探究,协作实施。

六、探究内容

探究冬至时节的南北差异与养生文化

1. 冬至为何不是一年中最冷的时候?冬至就是冬天到了吗?(地理)

2. 为什么北方人冬至聚在一起吃饺子,而南方一些地区盛行吃汤圆?(社会)

3. 冬至前后身体的变化以及如何养生?(生命科学&社会)

七、探究结论

1. 冬至为何不是一年中最冷的时候?【地理】

影响热量条件的重要因素就是正午太阳高度角和昼夜长短,但其他因素也有影响。

(1) 土温的影响。气温主要受地面辐射的影响,冬至前期,地表得到的太阳光热逐渐减少,但还有土壤深层的热量补充,所以还不是全年最冷的时候。冬至日过后,北半球夜长于昼,正午太阳高度角也很小,单位面积的地面受到的日照强度也很小,因此地面每天得到的太阳热量逐渐变少。到了"三九"前后,土壤深层的热量也消耗殆尽,虽然仍有太阳现身,但地面散发的热量多于吸收的热量,很容易出现全年最低气温。

(2) 亚洲高压的影响。每年1月份,西伯利亚地区的冷气团(亚洲高压)往往发展到极为强盛的阶段,强冷空气频频南下,容易导致阶段性低温持续。地温的缓冲作用导致冬至不是最冷日,实际上,最冷的时候是1月份,地面不吸热,天上又有冷空气制冷,双重因素导致1月份更加天寒地冻。

2. 冬至就是冬天到了吗?【地理】

冬至日前后,我国各地基本就进入冬天了。有以下原因:

(1) 冬至日正午太阳高度角最小。冬至日,北回归线及以北地区达到一年中正午太阳高度角的最小值,正午太阳高度角越小,热量条件越差。

(2) 白昼时间最短。冬至日是北半球昼最短、夜最长的日子,这也是影响热量条件的因素。

(3) 冷空气活动频繁。冬至日前后,亚洲高压异常强大,常常驱动冷空气南下,形成大规模降温天气。

3. 为什么北方人冬至聚在一起吃饺子,而南方一些地区盛行吃汤圆?【社会】

吃汤圆在明、清时期已经约定俗成。在南方的习俗中,冬至这天,要"作粉圆"或"粉糯米为丸"。这些在史料上也有正式的记载,称"冬至,粉糯米为丸,名'汤圆'"。做好汤圆后要祀神祭祖,而后合家围吃汤圆,叫做"添岁"。在大部分北方人眼中,冬至拥有和春节同等重要的意义,而北方春节的传统习俗即是吃饺子,于是自然而然地将吃饺子的习俗迁移到了冬至。

4. 冬至前后的身体变化及如何养生?【生命科学&社会】

冬至这天,《易经》有"先王以至日闭关,商旅不行"之说,意思是说这一天黑夜最长,最好是休养生息。

冬至后,白天慢慢变长,是阴阳转化的关键节气,也是夏病冬防、冬病冬治的最好时机。古时冬至也寓意为新生命的开始。

如今,我们都知道冬至这一天,北半球受太阳照射时间最短,因此冬至是一年中白昼最短,夜晚最长的一天。古人很聪明,他们早在春秋时期,就测得冬至日期,并且还从光照与四季寒暖中发明了阴与阳的观念;温热的、运动的、明亮的属于阳;相对静止的、寒冷的、晦暗的属于阴。

为何会"冬至重病"?为何冬天我们的"心"如此脆弱?不妨从阴阳五行以及内经的角度来解读:从阴阳角度来说,夏天的日照时间长,阳气最盛,这时就应该顺应自然界阳长特点,保护好人身上的阳气,反之,人体的阳气受损,不能抵御秋冬寒邪肃杀之气,就会患上属阴性质的虚寒性疾病,到冬天无所封藏,疾病就会进一步复发加重。从五行角度来看,心在五行属火,通应于夏季,若夏季失于养生之道,则心火受伤,冬季属水,水克火,冬至之时(阴气达到极点)心火进一步损伤,发为重病。

2015年,中国慢性病前瞻性研究项目曾公布过一组数据,我国冬季心血管病患者死亡人数比夏天高41%(来源:生命时报)。现代医学给出的解释是:天气寒冷,会促进人的血管收缩,血黏度变稠,冠脉血管阻力增加,很容易造成血压升高、心肌缺血缺氧,由此心血管疾病恶化的几率会增加。

学生感言

撰写人:八(4),第3小组

我们小组成员在进行研究时都十分积极,小组分工也十分明确,并没有耽误一点时间,在做劳技作品等方面,都完成得非常好。但是我们也有许多缺陷,比如说在做微景观时,我们就遇到了在粘贴方面的问题并引发了一些争执,还有在制作PPT方面,由于联络问题,我们不得不在非常短的时间内完成改制。总而言之,这次研究还是十分顺利的。不仅让我们了解到了知识,也让我们小组成员之间有了更好的默契,还学会了多种研究方法,收获满满。

第七章
辛勤耕耘获丰收

多年的实践证明,深度整合式教学不仅极大地激发了学生的学习兴趣和学习动机,促使我校学生的关键能力和综合素质得到了充分提高,还全面优化了教师的教学方式,促进了教师专业化的提升,另外我们也获得了丰收的喜悦,深度整合式教学得到了社会的广泛关注,学校教学改革的经验获得了专家、教育同行的肯定和赞誉,产生了广泛的辐射效应。

一、学生的关键能力大幅度提高

在深度整合式教学中,合作学习成为了学生学习的常态,学生还学会了实践性、探究性和跨学科学习,其认知、合作、创新和职业等关键能力也得到全面发展。

21世纪的教育旨在使学生形成自主思考并解决问题的能力,这已成为共识,其意味着既要考虑学科核心知识,更要关注学科思想及思维方式,亟需借助多学科关键能力产生的"合力"效应,促进学生关键能力的提升。近年来,上海市教委的"学业质量、绿色指标"综合评价结果显示,我校学生的"认知能力""合作能力"指数均显著高于市区平均值,并呈现出良好的发展态势;其他相关指标也反映出我校学生的"创新能力"和"职业能力"得到了显著提升。

(一)认知能力增强

深度整合式教学注重学生的自主学习和体验探究学习,学生基于某个项目充分运用丰富的学习资源进行深入探究,并且在动手操作中,体会到课堂学习的乐趣。这无疑会提升学生多层次、多角度、多学科的认知能力。2018年综合评价结果显示,我校学生高层次思维能力指数(反映学生深度思考、认知能力的高低)远高于市、区平均值的40%、30%,其指标值达最高值"9"(见图7-1)。

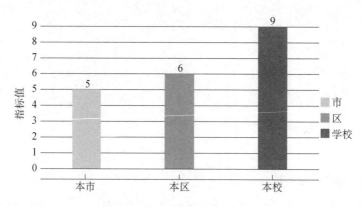

图7-1 学生高层次思维能力指数

(二) 合作能力增强

深度整合式教学注重让学生在观察、讨论、合作的过程中体验学科知识,小组合作、探究、制作等作为基本形式将贯穿于学习过程的始终,让学生在合作学习中提高知识的吸收效率,从而提升教学效率。2018年的综合评价结果也显示,我校学生的同伴关系指数(反映合作能力高低的"接纳与包容,协作与交流,相互理解与尊重")高于市、区平均值10%,达到最高值"9"(见图7-2)。

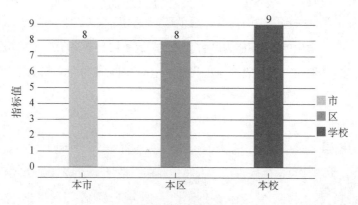

图7-2 学生同伴关系指数

(三) 创新能力增强

我校学生参加上海市中小学信息科技学业水平等级考试的成绩也逐步提高,优秀率从2017年的55.44%上升至2020年的84.79%,取得了较大突破。在校学生都有小制作、小论文、小报告、小发明。随着年级的变化,学生们的创新能力也有显著的提升。此外,我校参加上海市青少年科技创新大赛的学生人数和获奖人数逐年攀升,其中第34届青创赛获奖高达38人次,且有2名学生荣获中国少年科学院小院士,学校也获得了该赛事的团体特等奖。

(四) 职业能力增强

中小学开展劳动技术教育,对于培养品德、智力、体质全面发展的人才具有重要的现实意义和深远的战略意义。当前,劳动技术课作为中学教育阶段实施的唯一一门劳动教育必修课,是本课题重点实践的"覆盖课程"之一。深度整合式教学有效填补了以往学校教育所缺失的动手和动脑并举的职业理解与实践活动,对培养学生的职业能力起到了积极的促进作用。此外,伴随着深度整合式教学的逐步实施与推进,学生对这一课程的感受从"不喜欢"到"最喜欢",无疑是推动了其对职业生涯产生了更为深切的理解。

下面通过汇集八年级一位学生作品的样本,可以发现该生自从接触深度整合式教学以来,其"认知能力""合作能力""创新能力""职业能力"等关键能力得以提升,授课教师也对此予以相当高的评价。

以探究报告为例,该生在六年级深度整合式教学小组合作学习后提交的报告如下:

代表作标题:中国传统节日、节气报告
代表作类型:探究学习报告
指导老师:盛丽芬
承担任务:(50字以内,包括标点符号) 上网查找有关节气的相关资料,调查数据,整理资料,然后完成报告中我负责的那部分PPT。
探究或创作完成时间:2019.2.25
探究或创作的内容、方法、过程等:(500字以内,包括标点符号) 在本次中国传统节日、节气的主题中,我们小组选择了传统节气这一内容进行探究,具体选择的内容是中国二十四个节气里的夏至,选择节气的原因是我们小组内大部分组员对传统节日的了解比节气更深,对节气的相关知识有些缺乏,所以比起节日,我们更需要了解中国的节气。我们小

续　表

组采用了分工行动的方法,两位同学负责搜寻有关资料,剩余的同学则负责撰写 PPT 报告以及美化工作。探究报告的主要内容有夏至的具体时间和名字的由来,以及在夏至期间的天气、气温的变化和人民需要在这期间做些什么事情。方法则是选择了上网搜寻或是问家里的老一辈,比如打开百度,搜索夏至的有关信息,例如夏至的由来、时期,在夏至期间人们需要做些什么或是吃些什么,这种具体的习俗。筛选重要内容,减去重复内容,然后将其复制粘贴到我们小组的研究报告中。或是回家后询问家里的爷爷奶奶和外公外婆,在他们小时候,夏至需要做些什么或是吃些什么,因为年代问题以及地域问题,所以他们那时的习俗和我们现在的习俗可能会有所不同,询问完毕后再将得到的不同内容打入 PPT 中。接着就是给 PPT 找一个和夏至有关的模板,让 PPT 和内容更应景一些。

探究或创作的学习体会与思考: (200 字以内,包括标点符号)

　　在这次制作探究报告的过程中,我学习到了许多关于夏至节气的资料,比如说夏至是二十四节气中最早被确定的一个节气。公元前七世纪,先人采用土圭测日影的方法确定了夏至。自古以来,在夏至当天,各地普遍要吃凉面条,也称过水面,所以民间有"冬至饺子夏至面"的谚语。也可以吃馄饨和麦粥,取混沌和合之意。也更加清楚了自己对于传统节气知识的缺乏,需要加强这一方面的知识。

指导教师的简要评语: (100 字以内,包括标点符号)

　　该同学能与同学们积极探究"夏至"这一节气。她仔细查找详实的资料,乐于和组员分享自己的观点,撰写结构完整的探究学习报告,制作精美的演讲课件,并参与交流汇报。这些学习经历使得她的问题解决能力进一步提高。

　　七年级提交的报告如下:

代表作标题: 新校舍设计方案

代表作类型: 探究学习报告

指导老师: 范春芳

承担任务: (50 字以内,包括标点符号)

　　设计师(空间设计、美化设计)、撰写一部分宣讲稿、制作一部分 PPT。

探究或创作完成时间: 2020.4.20

探究或创作的内容、方法、过程等: (500 字以内,包括标点符号)

　　我们先通过老师下发的资料,了解了新校舍的大致布局和整体样貌。随后和其他几位伙伴一同商讨,大致设计了自己教室与历史活动室的区域平面图以及各个视角的立体图。在此之后,我和伙伴们随时保持着交流,通过手绘的方式展现出了最终的设计成果;此外,我们还共同完成了新校舍 2 楼的区域设计,为了更全面也更直观地体现出最终的成果,我们采用了 3D 的建模方式,对心理咨询室、趣谱教室、五年级教室、教师办公室、教学研究室以及方圆对话室这六个区域进行了效果图的建模。在一次次的讨论修改下,完美地完成了建模。然后是宣讲稿的撰写。宣讲稿分为负责区域、引导语、迎宾位置、区域名称与讲解词五个部分,其中我负责的区域为主楼一楼(阅览

续 表

室/卫生室/教学观摩室/体育老师办公室等)、主楼地下二层(篮球馆/训练馆)、主楼地下一层(报告厅/预演排练室/学生食堂等),我从中抽取了部分场馆并为之撰写了三段宣讲稿。随后设计并制作了附校介绍路线的个人PPT与小组的总结展示PPT。PPT的制作经历了一版版的完善美化,我们最终圆满完成了此次课题研究。

探究或创作的学习体会与思考:(200字以内,包括标点符号)
　　一、活跃了我的创作思维,激发了我的设计思想,锻炼了语言组织能力,也让我学会了如何更直观地通过手绘展现成果以及如何用3D软件建模。
　　二、锻炼了我的小组合作能力,讨论时所产生的矛盾也让我学会了反省自己与积极沟通。同时也让我更想加入美化校园的队伍。最终,作为附校的一份子,我会在将来积极参与各项活动,为附校美化增光添彩。

指导教师的简要评语:(100字以内,包括标点符号)
　　本组的"新校舍设计方案"探究目标清晰,探究目的、任务、对象明确。探究过程紧扣目标,并能以多途径展开探究活动。报告结合作品呈现探究成果。区域方案设计布局合理、实用性强,具有解决实际问题的现实价值。

八年级提交的报告如下:

代表作标题:"立夏蛋,满街甩"——立夏的斗蛋游戏

代表作类型:探究学习报告

指导老师:盛丽芬

承担任务:(50字以内,包括标点符号)
　　担任组长。撰写课题方案表并设计探究活动的总体计划,撰写演讲稿并制作PPT,最后上台进行交流展示。

探究或创作完成时间:2021.3.31

探究或创作的内容、方法、过程等:(500字以内,包括标点符号)
　　探究方法:文献资料法、探索性研究法、跨学科研究法。探究过程:前期完成了课题方案表、活动分工表、课题研究报告与线上讨论(详见作证材料)。探究实验后,分工撰写斗蛋实验报告、制作"蛋的遇难记"视频,立夏斗蛋的书签与海报制作。最后完成演讲稿与PPT,并上台交流展示。实验过程:我们根据不同蛋的性质分为了真蛋组和假蛋组。每次都控制变量,以得到最准确的结果。首先我们进行了生鸡蛋与熟鸡蛋的对决,倒计时刚数完,生鸡蛋便只留下了蛋液,熟鸡蛋获胜。然后我们便开始了熟鸡蛋与咸鸭蛋的碰撞试验,结果"砰"的一声,熟鸡蛋蛋壳的碎裂。接着我们展开了咸鸭蛋与松花蛋的对决。我们猜想:应该还是咸鸭蛋赢,因为它的体积比松花蛋大,而结果却令我们大跌眼镜:松花蛋完好无损,咸鸭蛋负!我们收拾好残局,开始鹅蛋与松花蛋的实验。松花蛋在几次拼搏后,最后还是败下了阵来,于是真蛋组的赢家诞生了——鹅蛋。在假蛋组中,健达奇趣蛋刚开始与鹅蛋势均力敌,但随着碰撞次数的增多,健达奇趣蛋开始变瘪,在最后一次撞击中,

续 表

它从中间裂开,于是鹅蛋胜。最后是真与假的"史诗对决":奥特蛋与鹅蛋的对决。谁知,在之前一直勇夺桂冠的鹅蛋,这次却被奥特蛋打败。
探究或创作的学习体会与思考:(200字以内,包括标点符号) 　　此次活动能够顺利举行,离不开充分的前期准备,更离不开每位组员的大力支持与高效配合。探究实验后,我们得到了初步结论:在实验条件相同的情况下,体积和密度越大的蛋越容易取胜。此次斗蛋所蕴含的童年里特有的开心和刺激,实在是一种难得的乐趣与体验,我们也感受到了其背后传统文化习俗的魅力。作为组长,我也更加体会到如何让每个组员发挥自己长处的重要性,带领组员们自主探究学习、完成课题的整个过程,都使我受益匪浅。
指导教师的简要评语:(100字以内,包括标点符号) 　　该同学带领组员参与"立夏斗蛋游戏"探究学习报告。本报告选题新颖,探究过程条理清晰,运用控制变量拍摄斗蛋实验,制作课件精美,汇报时自信大方,且与组员相处愉悦。可见,该同学的综合素质非常高。

二、学生的自主学习能力显著提高

课题组曾对学生进行了自主开展的课程喜爱度调查,结果显示学生对深度整合式教学(学生称趣谱 TRIP)的喜欢程度竟然占学校开设的所有课程之首(见图7-3)。可见学生们已深深爱上了"深度整合式"教学。究其原因,在于深度整合式教学改变了以教师为主的教学倾向,给予了学生充分发表自己见解的机会。绝大部分学生认为这样的教学对提高自身

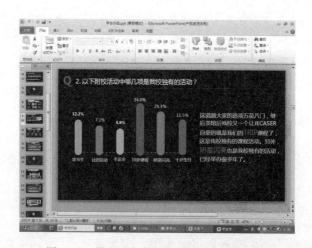

图7-3　学生对自主开展的课程喜爱度调查

学习能力是极其有益的,并且已逐步将深度整合式教学中的合作式、探究式等学习方式有意识地应用于其他课程的学习之中。

许多教师也表示:在学生独立学习之后,小组合作学习更容易满足学生的选择性学习需求,符合其认知规律和学习规律。

(一) 三年级学生经历深度整合式教学感悟

有趣的 TRIP 课

三(1)班 第四小组

组员:邬子涵、肖沁彤、张晨希、宋子豪、李涵祖

这学期,我们的课表中增添了不少凸显实践性、探究性以及跨学科性的综合实践活动课程——TRIP课程。在满心期待中,我们很快便迎来了TRIP课的第一个主题学科活动——"动物之森——宠物小精灵"主题展示活动。

确定作为研究对象的小宠物自然就成为了我们小组在课上拿到课题后第一个需要完成的任务。大家你一言我一语,龙猫、乌龟、小白兔……每个人都有很多想法,迟迟拿不定主意。这时,宋子豪默默地用iPad找了张图片向我们展示,图片上是一只非常漂亮的、五颜六色的小鸟。他告诉我们这叫"七彩文鸟",他家里就养了两只一模一样的。在一声声惊叹声中,我们一致确定了将"七彩文鸟"作为主题活动的研究对象。紧接着,我们便马不停蹄地用iPad开启了百度百科查找模式,搜集各种与七彩文鸟相关的知识;下课时,张晨希还从图书馆借来了《昆虫大百科》。在马老师的引导下,我们不断思考、消化、再思考、再整理,再吸收。期间,我们还运用了制作思维导图的方式来整理素材,串联思维。渐渐地,我们每个人的脑海里都有了一个灵动的七彩文鸟的雏形。

有了素材,如何展示呢?邬子涵提议,我们可以通过自编舞台剧的形式来展示研究成果。每人分演一个角色,通过重现古尔德教授在澳大利亚森林发现七彩文鸟的情景,将学习成果呈现在舞台上。我们很认真地创作了剧本,准备了服装和道具,利用课余时间前后进行了3次彩排。终于,在国庆节前夕的TRIP课上,我们生动有趣的表演,让同学们看得津津有味,得到了大家的一致好评。最后,我们小组荣获了"动物之森——宠物小精灵"主题展示一等奖。

这个荣誉的获得与小组成员间的相互协作、共同努力是分不开的。让我们来听听大家

图 7-4 自编舞台剧表演

对于这次 TRIP 课程主题活动的感想吧。

肖沁彤:这次的 TRIP 课程活动,让我们提升了演讲能力以及手与嘴的配合能力。

张晨希:通过研究七彩文鸟,我懂得了很多知识和道理,真是收获满满啊!

宋子豪:毫无疑问,我们非常喜欢 TRIP 课。这一次的 TRIP 课程活动,我们小组在众多优秀小组中脱颖而出,勇夺桂冠。作为小组的一员,我非常开心!

李涵祖:通过这次 TRIP 课程活动,我发现自己想办法找感兴趣的资料这个过程非常有趣,小组合作的成果也让我们充满了成就感。

邬子涵:经过了这次 TRIP 之旅,我们觉得通过讨论确定主题,进而了解、探究,最后通过某种形式进行成果展示的方式来获取知识,是非常有趣和有意义的事情。

(二) 四年级学生经历深度整合式教学的感悟

TRIP 课感悟

四(3)中队　第一小组

我们已经上了一个学期的 TRIP 课了,TRIP 课一直是我们大家非常喜欢的课程。在这学期中,我们一共做了两个作品,一个是"创意城市",另一个是"地球仪"。

在制作"创意城市"的过程中,我们在一块底板上建造了各种奇形怪状的房子,同学们学会了合作,知道如何分配工作。哪个人做哪幢房子,哪个人负责哪条河道或者哪条马路等。与此同时,我们还锻炼了动手能力。我们使用牙膏盒灵活地裁剪出一幢幢高耸入云的房子,还用自己高超的绘画技能画出了一条条马路。这个作品还能锻炼我们的创造能力,让我们知道如何去构思,能让我们了解怎样去建造一个小区,合理地规划和布局,不能让小区旁边全是医院,或者全是警察局。通过大家的努力,我们的作品还参与了学校"小小城市规划师"主题展示评选活动,让我们收获满满、信心倍增。

第二个作品是"地球仪",在制作"地球仪"的过程中,我们也收获了更多。在小组的齐心协力下,我们做了一大片海洋、七大洲,我们小组分工协作,做了十分精致的地球仪,这锻炼了我们的塑造能力与空间思维能力。做的过程中当然不能贴错大洲的位置。我们用自己的双手捏了很多可爱的小动物,美味的食物和宏伟的建筑物。而且我们都有很强的创造与创新能力,我们小组将地球仪做成了一个笔筒,另外,有些小组的地球仪不是竖着插的,而是横着插的。有的小组甚至将地球仪做成像世界杯的样子呢!这就是我们在这一学期TRIP课上的收获。

我们期待着以后在TRIP课上收获更多精彩!

图7-5 作品展示交流

(三) 五年级学生经历深度整合式教学的感悟

星耀小队微景观制作报告

五(1)班 星耀小队

微景观,就是将生活中的一处美丽景色,缩小比例放置于一处微小的花盆或玻璃瓶中。一般而言,微景观的养护很方便,生态环境的维护也容易,里面的植物存活率较高,同时可以随处摆放,为我们的生活和工作增加乐趣,深受年轻人的喜爱。当然,一盆绿意盎然、缤纷多彩的微景观,既能锻炼我们的动手能力,还有助于调节我们的情绪,当我们疲惫、烦躁时将其捧在手上欣赏一番,仿佛一下就进入了一个自然、纯净的童话世界,让人们忘记了繁杂的学习,心情也随之变得宁静、愉悦。

这样一个微景观的制作离不开精心筹划,我们从设计构思、到材料准备、再到动手制作,每一个步骤都很用心,在具体操作中,小组中每个人又根据专长进行了观察记录、制作、材料分配、总指挥等初步分工。

首先,我们要制定设计的主题和要素。经过小组讨论,大家一致同意制造一个融合植物、动物和梦境为一体的童话世界。

主题确定了,接着我们开始分别准备材料。有的同学从自家花盆里挖来了一些土,有的同学从以往的玩具上剥离了装饰物,有的同学收集了一些迷你版的小动物,还有的同学特意跑到花鸟市场采购了一些砂石、蕨类植物以及多肉植物。

然后就轮到我们大显身手了。第一步是将土、棉花、砂石铺在花盆底部。第二步是种上蕨类植物和多肉植物。最后将围栏、装饰石子以及卡通动物们分别点缀布置在花盆各处。一个美丽精致的童话世界就诞生了。

在整个制作过程中,小组队员既有分工又有合作,创意和想法不断涌现。但我还是最爱星耀小队的童话世界微景观,这是我们放飞想象的秘密基地,是我们队团结合作的成果。

(四) 六年级学生经历深度整合式教学的感悟

有趣又靠谱的开心 TRIP

六(2)班　董思言

作为附校的新鲜血液,六年级的我对附校的一切都充满了好奇,尤其是课表上每周两次、每次三节的 TRIP 课。明明课表上有,可发下来的教材里压根就没有一本叫 TRIP 的课本啊! 不仅是我,同学们都很疑惑,即使老师告诉了我们它的中文名"趣谱",大家还是叽叽喳喳地议论纷纷——在哪里上? 怎么上? 上什么内容? 有趣吗? 靠谱吗? ……太多的问号等着我们来揭晓,没想到每一个问号都是一个惊喜!

第一个惊喜——上课可以用 iPad! 当然不是用它来打游戏的,iPad 里的电子表格、视频编辑、画图等各类工具软件就像是武器库里的武器一样让我们在课上如虎添翼;

第二个惊喜——可以选择自己的好朋友一起组成战队! 往往是一个课题小组大家一起头脑风暴,然后每人领取任务,为了同一个目标而协同努力;

第三个惊喜——课堂竟然是整个学校！第一堂课，就是认识和了解附校！走马观花？NO,这可是有作业的！518是什么功能教室？教导处怎么走？图书馆挂的匾上写的是什么字？这哪里是学习，简直就是探险！

上一周，我们的任务是剪辑一个绳结教学视频。平时都只有被教的份儿，这次要自己当老师、当主播，心里甭提有多激动啦！可慢慢地我发现这是一个大坑——自己做绳结都时对时错，怎么录好视频去教别人？"我放弃啦！"折腾了二十分钟后的我仰天长叹。老师正好从我身旁走过，便对我说："别放弃啊，我看你们小组平时任务完成得都不错，应该可以很好地完成任务的！"老师的话让我冷静了下来，终于在队友的帮助下，我熟练掌握了"双向平结"。

我的强项是当编辑。每个人的基础视频拍好之后，剪辑视频、添加字幕、做音效、加转场、加动画，我把平时积累的功力全传授给了大家。终于，小组的全体成员都顺利完成了所有的视频。别急，还要组内评选呢！队友们热烈讨论、民主投票，把公认最优秀的一份作业交给老师。当老师展示给全班同学看时，不论是熟练度、配乐、特效，还是字幕内容，都得到了大家的一致肯定。"Give me high-five!"按捺不住心中的激动，我们击掌相庆。这是个人的喜悦，更是团队的成功！

什么是快乐星球？在我看来，TRIP就是附校学生的快乐星球！

（五）七年级学生经历深度整合式教学的感悟

不一样的趣谱课

七(5)班　陈哲悦

趣谱课是静教院附校独有的一门课程，可你知道它背后名字的由来吗？记得何老师在开学典礼上讲过，趣谱是由"TRIP"变来的，T是主题(Theme)，R是探究(Research)，I是跨学科(Inter-discipline)，P是实践(Practise)。

我非常喜欢趣谱课，每次上趣谱课都十分放松愉快。趣谱课分为不同的主题，每个主题又分成不同的小组。这大大地锻炼了我们团体合作的能力与意识，在处理一些团队矛盾的时候，我们也学会了解决矛盾的办法。在一次趣谱课中，A和B发生了争执。A认为应将四块木板钉在一起，这样才结实，不会散架。可B却认为把两块木板放在左边，另外两块放在右边更好，说这样更美观。正当双方僵持不下的时候，我提出了用投票的方式解决问题。最终经过全组人的投票，决定采用A的方案。虽然B有些不开心，但还是心甘情愿地接受了。

不仅如此，趣谱课还采用了学生主导老师辅助的教学方式。上学期，我们学习了VR眼镜。在学习的过程中，我们并不只是学习了理论知识，趣谱课上，老师还和我们一起戴上VR眼镜，探索未知的世界。戴上眼镜的那一刻，一个美丽的虚构世界浮现在我眼前。可为什么我们戴上眼镜能看到一个3D的世界呢？老师给我们每一组发了一台全景相机，让给我们自己用全景相机去拍摄附校美景，再投到VR眼镜中。全景相机和普通的相机可不一样，普通的相机一次只能拍一张照片，而全景相机一次可以拍六张照片，并将它们无缝衔接在一起，这才构成了VR眼镜中的3D世界。拍摄照片时我们又遇到了困难。全景相机需要一个支架撑着，可是那个支架的人很难不被拍入照片。因此我们决定将它绑在天花板的钩子上，通过远程操控来记录下校园的美好风光。当我将图片导入VR眼镜后，再次戴上VR眼镜，人在教室里，我们校园里的操场仿佛就在眼前。随着我的移动，周围的景物都在变化。教学楼、花草树木都是立体的，仿佛伸出一只手就能摸到它们一样。而且因为是3D的，所以身临其境的感受很明显。通过全景图片的制作，我了解了神奇的VR世界的原理，通过VR改造了虚拟世界。这样的一堂VR课，让我学到了关于全景相机的使用，了解了VR眼镜能看到的世界是如何制作的。如果我们能通过VR技术建立一个虚拟的教室，那么我们就能在任何地方上课，还能体会到课堂上各种逼真的环境。那么我们生活中的很多场景都能借助互联网完成了。VR课上，我用到了很多物理学知识，我对计算机技术能帮助我们做到哪些事情充满好奇。

趣谱课是一门不一样的课程，更有趣，更生动，更能引发大家的思考。让我们对未知的世界充满好奇。

（六）八年级学生经历深度整合式教学的感悟

喜欢 TRIP 课的理由

八（1）班　郑钰廷

TRIP课是一门跨学科的综合性课程，集劳技、体育、信息科技、地理、社会、生命科学等学科为一体，其缤纷的内容令人目不暇接：身心健康的强化，审美品位的引导，书香诗韵的濡染，前沿科技的追随，社会实践的尝试，个人才艺与学科专长的展示……TRIP课不仅让我们在文字表达、动手和分析能力等方面的积累有了用武之地，也使我们的沟通能力和上台演讲能力有了明显提高。我喜欢TRIP课是基于以下几点理由。

第一,TRIP课堂激发了我们的兴趣。兴趣是最持久的"产生学习动力的机器","二十四节气"课题让大家对节气产生了极大的兴趣,大家不自主地认真听讲、记笔记,因为兴趣推动我们产生了好奇和对知识的渴望,并且还会推动我们去了解关于这个学科的课外知识,读许多超越课本之外的著作。

第二,TRIP课堂能开阔眼界,"魅力魔都"课题让我们了解了上海的历史,感受了上海的海派建筑与文化底蕴,也让我们知道了生活也是学习的课堂,还要在广阔的天地中,开展丰富多彩的实践活动,生活在多变的信息社会中,感受人世间的爱与恨、美与丑。

第三,TRIP课堂还能锻炼合作能力,在实施课题"魅力体育"时,恰逢学校运动会,各班同学用亚克力板和LED灯制作了关于运动会的作品,在老师的指导下,我们合理分配任务,通过感知、体验、实践、参与和合作等方式,完成任务,感受了成功的喜悦与自豪。

第四,TRIP课程展示活动精彩纷呈,开拓了大家的视野和想象力,给了我们很多新的启示,整个学习研究过程让我们在许多方面增长了知识、锻炼了合作与个人能力,在接下来的日子里,我们期待通过TRIP课程学习到更多未知领域的知识,提升探究性学习的能力。

三、教师的教学方式全面优化

深度整合式教学实施的过程中,学校形成了一支能够熟练地对教学方式进行优化的师资队伍。他们并不仅仅是掌握了某一种教学方式,而是能够熟练地把多种教学方式应用到不同教学环节和教学场景之中;他们也不仅仅是将其应用于偶然的几节课,而是应用于全部的教学过程。深度整合式教学极大地提高了我校教师队伍的专业水平。

(一) 教师的教学方式发生了明显转变

上海市教委对全市中小学进行的"学业质量、绿色指标"等综合评价,除了关注"学生学业水平""师生关系"等指数外,还关注"教师教学方式""教师课程领导力"等指数。连续四次的"学业质量、绿色指标"综合评价结果显示,我校"教师教学方式""教师课程领导力"指数均呈现出逐年增长的趋势。2018年综合评价中,在反映"教师在课堂上运用自主、合作、探究等方式进行教学的频率、程度以及学生对教师教学方式满意度"的教师教学方式指数;"将课程意识与教学实践相融合,有效开展课堂教学活动素质"的教师课程领导力指数上,我校教师的表现远高于市、区平均值的20%、30%,指数达最高值"9"(见图7-6和图7-7)。

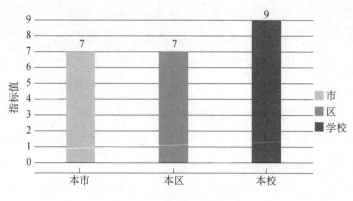

图7-6　教师教学方式指数

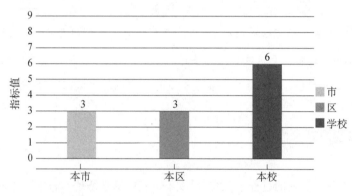

图7-7　教师课程领导力指数

此外,我校不断团结学科组力量,凝聚团队智慧,以全面优化教学方式的课堂教学在各类教学比赛中屡创佳绩,展示了我校教师较强的综合素质和创新教学能力,为学校赢得了诸多荣誉,如获得全国中小学创新课堂教学实践观摩活动教学评比一等奖和现场上课一等奖,全国数学教学大奖赛一等奖等。可见我校广大教师的日常教育教学行为发生了深刻转变,且教学方式的优化已经全面、深入地影响了全体教师,并在课堂教学变革与转型中发挥着重要作用。

(二) 形成了一支优秀的教师队伍

在深度整合式教学的实施过程中,教师们关注学生的学习过程和整体发展,强调学生在学习中的主体地位,重视学生的小组合作、实践动手、批判性思维等高阶能力的培养;弱化纸笔测验,更多地运用表现性评价,有效地提升了教学效能。

自主选择教学环节中学生分组的微方法

1. 时间:2021 年 7 月—10 月
2. 案例:"自主选择"教学环节中学生分组的微方法

我校趣谱(TRIP)教学根据学习方式的转变,课堂教学实施环节主要包括"学习准备""自主选择""合作探究""交流发展"四个方面。在趣谱(TRIP)课程每个主题的开始,学生都要经历自主选择、搭建团队的过程。对于自主选择,教师们有其自身的解读。自主意味着学生自主主动,不受他人支配。选择意味着选取、挑选,既有挑选他人或被他人挑选的机会,也有接受或者拒绝被人挑选的自由。

本期活动以"自主选择"教学环节中学生分组的微方法为例,显现教师的教育智慧及学习成果。

主题分析

一、按问题类别分组

如图 7-8 所示,教师以课题研究的方向为引领,提出"我想研究的问题"并绘制思维导图,通过想要研究相同的课题方向,帮助学生寻找志同道合的学习合作伙伴。思维导图是我校 AiClass 教学平台的功能之一,可以快速地将学生们的疑问、相近观点等快速合并。呈现出相近观点或疑问的学生,会很自然地聚到一起,为接下来的分组提供可信的参考。

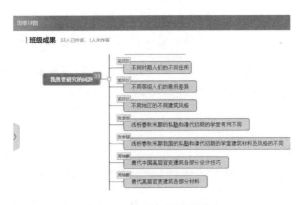

图 7-8 按照问题类别分组

二、按工作岗位分组

按工作岗位分组,是通过竞聘的方式最大化发掘学生的个人潜力。组长的产生方式可以是自荐或相互推荐。在确定组长人选后,激烈的岗位竞聘就开始了。组长摆好招聘摊位后,等待着一位位应聘者。教师作为竞聘活动的组织者和协调者,只需要把控课堂常规纪律即可,即在规定时间内完成岗位竞聘,让学生各自找到适合自己的团队。在竞聘过程中,由于岗位有限,很多学生往往无法从事自己擅长的岗位工作,把自己不擅长的工作完成好,这也从客观上锻炼了学生的综合能力。

三、按心理特征分组

不同心理特征的学生相互配合、协调发展,有利于更好地达成团队目标。如,多血质的人适合作为团队领导者,活泼好动、善于交际。黏液质的人稳重、考虑问题全面,需要培养创造力和行动力。抑郁质的人思考透彻,需要培养其表现力,可适当安排其交流展示任务。胆汁质的人兴奋性高,有活力,需要培养其集中力,帮助其确立目标。

除了心理特征因素以外,男女比例的搭配也很重要。男孩子在力量方面有优势,比较适合劳技材料处理等工作。而女孩子在设计、文字处理、作品美化等方面的表现较为突出。男女生按照一定比例搭配分组,有利于提高学习效率。学生分组时,教师一般除了关注学生的心理特征外,还需建议学生按一定性别比例合理搭配。

四、按个人意愿分组

在实际教学的过程中会发现,大多数情况下,学生在分组时,更倾向于和好朋友在一个组别。好朋友在一起,无论做什么工作都觉得开心,可以避免很多不必要的争执与矛盾。但有时,这种默契也会影响到学习任务的完成,因为他(她)们有太多感兴趣的话题可以交流,课堂任务自然容易受到影响。

五、按组内二次分组

组内二次分组,做到组内有组,责任到人。对于已经组建的小组,教师采用以学习任务分类的二次分组,项目负责增强学生责任意识,责任到人有利于相互监督,提高学习效率。以 TRIP 主题学习为例,学习任务分工见表 7-1。

表 7-1 主题分工情况

学习任务	负责人	分工情况
劳技作品设计制作	A	A 设计；B 材料处理；C 全程拍摄；D 组装搭建；E 美化装饰
课题探究活动	B	A、E 资料收集；B 撰写报告；C、D 资料筛选与分析
图片、视频编辑	C	C 素材收集；A、D 视频编辑；B、E 图片编辑
展示交流 PPT	E	E 展示交流与 PPT 制作；A、D 素材处理；B 全程拍摄；C 资料收集处理
交流展示活动	D	D 主讲；A、C 现场助手；B、D 作品展示与交流互动

自主选择，搭建团队，合作分工。学生在分组时可以根据自己的意愿、兴趣、喜好、个性、特长、能力等因素，通过多种方式进行团队创建，所搭建的团队（分组）是完成后续主题学习的重要载体。在搭建团队时，老师根据实际情况对不同群体的学生进行分组指导，分组的微方法虽然很多，但需要老师根据实际情况灵活选择，融合运用多种方法，因为任何方法的使用都不是独立的。

我校一位教师针对深度整合式教学撰写的一课一研活动记录如下。

2017 年 9 月 7 日，六(1)班第一次课后反思		
学生表现	教学内容	技术支持
纪律控制： 1. 学生们在排队时开始讲话，带笔环节出现问题，女生表现较好。 2. 通过教师把控，将纪律约束渗透到各环节，采用扣小组分的方式，如第一组扣分，第二组则翻倍，或是主题研究中表现突出的小组加分。 3. 个别学生因为受到排挤，没有加入任何小组，教师则指定他们加入人少的小组，并和组长达成协议。 4. 采用聘任制选拔组长。	一、问题导入(15—20 分钟) 问题：展示 6 张手机的图片，从旧到新，引导学生从外形、功能、价格上分析其变化过程并思考分析。学生发现手机的原件逐渐便宜了。 二、合作探究，解决问题 1. 收集资料，整合之后分类，再细化研究的内容。 2. 前后桌四个人进行资料提炼，将方案写在纸上，讨论可行性，小组交流并确定主题。 3. 课题组归类后选课题组组长以及小组成员，每组不超过 6 人。学生可根据擅长的技能应聘，双向选择。	iPad 管理要严格，放在桌角上，非使用时间打开的话要被没收，不随意拍照，拍了的话要删除清空，并向被拍的同学道歉。 Aischool 的 ip 地址没有修改： 10.18.82.83 端口 80。

学生表现	教学内容	技术支持
	三、教学反思 1. 课题表达不规范，课题名称太长；想表达的内容与文字书写不匹配；未按制定的研究计划实施研究。 2. 合作学习中暴露的问题有：小组分工时，学生之间互相不认识；组员之间任务分工不明晰，组长和副组长不知道自己该做什么事情。 3. 学生能力上，通过思维导图归纳文字的能力有待提高。 四、解决问题 1. 小组确定后进行组内个人信息和特长介绍，有针对性地进行任务分工，明晰各自的任务职责。 2. 根据学生存在的学习问题，有针对性地进行指导帮扶。	

六(2)班第一次课后反思

学生表现	教学内容	技术支持
学生整体表现良好，呈现几大亮点： 1. 通过广播管控班级效果良好。 2. 运用了捆绑式评价来加分减分。 3. 提前准备了水壶带下来，确保下课可以饮水； 4. 虽然个别学生受到排斥，但通过组内商量妥善解决；学生被投诉后能自我反省思考。 5. 对机房要求能做到令行禁止。	一、视频导入，设疑提问 观看手机视频，启发思考。 二、搭思维导图，拓思考角度 1. 分组：共分为9个小组，每组4—6个人，共同承担任务，完成表格。 2. 明确主题有难度，撞车的比较多，例如手机的历史、手机与大数据，下节课要在主题上给予指导。	不带u盘，发邮件给自己。

六(3)班第一次课课后反思

学生表现	教学内容	技术支持
六(3)班同学整体表现较好，个别学生需要提醒(27号、34号话较多，29号手一直摸iPad)。	确定主题，小组分工完成了，研究计划还没来得及制定。 1. 回顾了TRIP课程的字母含义，讨论	1. 个别学生的iPad需要登录Apple id才能使用，通过Aischool

续 表

学生表现	教学内容	技术支持
1. 独立学习:令行禁止。 2. 合作学习:捆绑式评价,一荣俱荣、一损俱损。 3. 以表扬学生为主,在黑板上记录每个发言学生的学号。 4. 要求学生只能做与课堂有关的事,有些同学对 iPad 好奇心比较重,甚至打开网页看动漫,实际上,在学校期间,iPad 只是学习工具,而非娱乐工具。 5. 分组讨论灌水较多,部分学生经提醒了之后依然我行我素。班级男同学比较调皮,喜欢插嘴,还有个别男生喜欢得到他人的共鸣。 6. 建议: (1) 机房上课前做头脑操。 (2) 课间让学生们到走廊上安静地休息。 (3) 助教工具:班级优化大师。 (4) 各小组组长负责课后将 iPad 送到楼下。	了这次课题所包含的这四个字母的意义。 2. 引出子主题的制定,引导学生借助 Aischool 教学平台绘制了思维导图,学生差异比较大,好的同学能写出的层级很多,有一个同学没有写出任何一个子主题。 3. 分组讨论功能帮助学生们确定了主题。 4. 学生找组长自由组成小组,不合理之处由老师进行了协调。 5. 小组分工表完成的过程中遇到较多技术问题,所以没有来得及撰写研究计划。学生按照新成立的小组就位。 6. 小组主题涉及:手机的发明历史、中学生使用手机学习功能的探究、手机影音功能的探究、智能手机为什么这么流行、没有手机人类会怎么样、手机的发展。学生有想法,能说出课题来自于生活,但是对于确定主题所要求的条件,例如可行性、科学性、创新性等知之甚少。 7. 通过开火车的形式复习研究流程,学生比较喜欢。	已经解决。 2. 对于 Aischool 平台操作还不熟悉,对于思维导图中添加子主题的问题也不太熟练,不过使用几次之后很快就解决了。 3. 调查问卷的功能比较薄弱,不能多选,建议还是发送网址链接。 4. WPS 文件无法直接上传,只能采用截屏的手段。 5. 接收学生的文件比较麻烦,通过 Airdrop 传文件。
六(4)班第一次课课后反思		
学生表现	教学内容	技术支持
整体不错,可好了!	1. 从思维导图里获取灵感,建立主题,完成课题,进行成果展示。 2. 学生通过三种类型的项目体验,结合亲身感受,进行项目流程总结。 3. 完成第一个小项目——设计产品。 (1) 设计一个学生能动手操作的项目,借助魔幻版游戏的手机壳建立小课题,画概念图,打开思路。明确产品对象,制定计划,设置分值。 (2) 通过组员分工,保证人人、时时有事做。	技术运用: 纳米黑板有镜像,需要解锁。

续表

学生表现	教学内容	技术支持
	（3）基本保证每个小组能做到产品草图的设计，个别小组使用计算机绘制。 （4）学生能够反思团队合作过程中的问题并及时改进。 针对以下活动进行迭代：决策项目类型、设计一次辩论活动、实施辩论赛、制作 PPT。 4. 学习评价主要是课堂表现与课堂作业相结合。	
六(5)班第一次课课后反思		
学生表现	教学内容	技术支持
1. 学生排队慢，所以要在进入机房前讲明要求。 2. 发言积极，思维活跃。 3. 黑板上记录表扬与批评，自己到上面写名字。 4. 有一个同学找不到可以加入的小组，其他组员接纳了他。	1. 播放图片、视频，导入课题。 2. 通过思维导图理解分类概念。学生没有分类概念，教师需要引导学生，包括指导学生归纳文字。 3. 疑惑：速度快慢怎么协调？快的同学反复检查后还比慢的同学要快。 4. 解决办法：规定好时间。	Aischool 平台保存 Word 文档是看不到的，必须提交才能看到。

张校长：
1. 学生能够在自我体验中掌握方法，在做中学，学中思。
2. 学习的最高层次是学生自己想问题做，发挥了学生的主动性。
3. 每节课能紧扣教学目标，教学流程清晰，让学生能明确每节课的学习任务。

TRIP 课程课堂学习行为规范
独立学习——独立思考完成任务，不插嘴，不交流。
合作学习——积极参与，轻声交流，紧扣主题，总结记录。
设备使用：
一切听老师安排，令行禁止。
课间休息：
1. 可以离开专用教室休息，进教室后只能坐在自己的位置上。
2. 不打游戏、不吃东西、不喝饮料。
3. 不做眼保健操，做 iPad 操。
4. 可以继续完成未完成的资料收集等。

需要解决的问题：
1. 地理、历史活动室的位置不够，应根据学生数配相应的桌椅。
2. 电脑房二的计算机有自动重启情况。
3. 电脑房一的 B07、B08、B09 三台电脑会自动重启。

四、深度整合式教学的效应辐射

我校深度整合式教学获得了多方关注,在全国产生了热烈反响。2018年,上海市教委和教研室在我校召开全市的"全面转变教学方式的课程统整现场会",并通过"中国教研网"向全国直播,得到教育同仁的充分肯定。《解放日报》《文汇报》《凤凰网》《澎湃新闻》《上海教育》等主流媒体纷纷报道,《上海教育》甚至以16个版面的篇幅报道了我校的实践和研究成果,影响深远。

(一) 国内外教育同行的高度认同

学校多次在省、市、区级课程建设交流活动中做经验分享,如2018年4月,由上海市教委教研室主办,上海静教院附校承办的"全面转变教学方式的课程统整现场会"在我校召开,全国近400名教育工作者到场观摩,并通过"中国教研网"进行线上全程直播。其间我校部分教师现场展示了"玩泥巴"等TRIP综合实践课程的成果,授课过程目标明确、思路清晰,教学方式方法独特、教学理念新颖,得到了与会领导、专家的一致好评,也得到了教育同仁们的充分肯定和高度赞扬。2021年10月,参与中国教育学会教育管理分会2021年年会的领导、教师们齐聚静安教育学院附属学校,进行了上海市基础教育实践参访与探讨。我校张人利校长以"控制学生作业的量,提高学生作业的质——'双减'背景下的科研视角"为主题进行了学术报告,着重以TRIP综合实践课程为例分享了我校在减轻学生作业负担上的研究与实践,并结合教学、办学经历,总结了宝贵的课程与教学改革经验。与会人员纷纷表示,聆听后很受启发。

此外,深度整合式教学改革模式在为我校打造亮丽名片的同时,也陆续吸引了浙江、贵州、福建等20多个省市的数万名校长、教师前来观摩学习。前来参观学习的老师们深有启发,在观摩记录本上纷纷留下了自己的心得体会:

我在附校浸润学习了整整一个学期。其间,张人利校长常推荐我们去观摩附校的"趣谱"课。我本身就对跨学科综合性学习颇感兴趣,所以荣幸之余,也带着满满的好奇。观摩了几次课,听了几次介绍,参与了几次教研,我发现附校的"趣谱"课程真是不一般。当大家还在奋力探索拓展性课程领域的跨学科学习时,附校在张校长高瞻远瞩的引领下,已经开始扎扎实实地深耕基于学科的综合性学习了。这对教师的专业发展来说,具有非凡的意义。有幸学习,何其感恩!

——杭州市卖鱼桥小学 宋洁

静教院附校的"趣谱"课,科学合理地整合优化了基础课程和学校特色课程,为孩子们提供了一个相对独立的生态化学习空间。参加"趣谱"课程的孩子们能够以学习目标和团队为中心,自主推动活动的进行,而教师则作为课程的设计者、指导者和协调者,为学生提供学习辅助和导引。该课程着眼于发展学生的综合实践能力、创新精神和探究能力,为"双减"背景下的课程设计提供了重要示范,也祝贺附校的老师们在教育创新之路上,越走越敞亮,越走越轻松!

——浙江湖州市吴兴实验中学 洪强

2021年,我有幸在上海静安区教育学院附属学校跟岗半年,在这个过程中,我对学校的"趣谱课"尤感兴趣,连续跟踪听课一学期,感触颇深。这种课程在其他学校偶尔会见到,不过一般只是点缀与补充,没想到这在静教院附校竟是主课,有正式的课程评价,计入学业成绩。"趣谱课"中的学生不仅神态生动、思维灵动、实践主动,更是常常闪现创意火花、不断创新佳品,培养学生的高阶思维与核心素养,让学生们"像专家一样思考、像工程师一样创造",是静教院附校的切实目标。

——杭州市拱墅区教育研究院 何丽红

(二) 有效发挥了示范与辐射效应

学校研究组认为,在共同改革的方向下,不同学校应该面对不同学生,灵活应用深度整合式教学成果,以达到拓展深度整合式教学、发展各校特色的共赢目标。为此,学校积极提炼学校课程改革建设成果,通过开展"手拉手"送课到校、微信公众号推送、课程观摩等实践活动,力求将先进的教学理念和良好的经验方法传递给其他兄弟学校。同时,学校通过各重大教育项目,推动深度整合式教学在其他学校实施,实践显示,与我校建立合作关系的深度整合式教学"研究共同体"的学校都在日常交流、观摩学习中获得了新的提高。

强校联教班是上海市五四中学与静教院附校共同实施教学的班级,为了让强校联教班的学生进一步了解静教院附校、融入静教院附校,学校特别为同学们开设了"走进附校"主题趣谱课。转眼间,"走进附校"主题学习已经结束,同学们以项目活动的形式认识了附校新校舍,通过手绘的方式,绘制了各个楼层的平面图;亦参观了图书馆,以任务单的形式了解了图书馆的借阅规则,学习了文件检索方法;聆听了讲座,学习了研究的方法。最后更是以汇报的形式,向大家介绍了附校。下面就让我们看看同学们关于这个主题的学习总结与感悟吧。

走进附校　走进附校生活

强校联教3班　陈奕豪

　　附校,大家都不陌生了吧!一天中,我们绝大多数时间都与它待在一起,我们生活在其中,但是如果要你作为带队学生去接待来访人员,并带领他们参观学校,你可以做到吗?你可以简明扼要地介绍附校,立马指出红领巾议事厅、贵宾接待室的位置吗?

图7-9　学生在学校活动室、图书室

　　我们每天都会进入附校,但在这次TRIP活动中,我们切实走进了附校,走进附校的建筑特征,走进附校的建校历史,走进附校的治学理念与改革。活动的开展并不是一帆风顺的,尽管老师给了我们很多的可选项和技术支持,可是选择困难症的我们仍苦恼于要从哪些方面了解附校,又要从哪里获取一手且可靠的信息和数据。除了课堂时间,我们还利用在学校的课余时间进行了很长时间的头脑风暴与讨论,最终通过投票确定了调查的方向。

　　调查方向的确定使我们的任务完成了一半,在此基础上,我们又进行了协调分工,各自开始了如火如荼的征程,我们通力合作,最终形成了一份较为全面的PPT汇报材料,但是这仍是不够的,于是我们反复排练,编写演讲稿,最终圆满地完成了这次汇报,也真正走进了附校,走进了附校中的学习生活。

　　除了这个主题,强校联教班的同学们还一起在"热带雨林"主题中,体验了VR,观看了热带雨林的景观,然后查找资料,选择自己感兴趣的热带雨林地区进行研究,并且设计制作了热带雨林的微缩景观。学期末,同学们还参加了附校七年级组的趣谱交流展示活动。

图 7-10　学生体验 VR 技术与自主探究

图 7-11　学生展示作品场景

以下是我校通过上海市加强初中工程在其他学校推行深度整合式教学的实践状况,具体见表 7-2。

表 7-2　我校在其他学校推行深度整合式教学的实践状况

学校名称	实践背景	实践过程	实践成效
上海音乐学院实验学校	2017 年 11 月,学校组织 35 名青年教师赴静教院附校听课,并学习趣普课程开设的相关经验。随后,学校开始学习静教院附校的先进理念,并全面跟进附校的 TRIP 课程。	2018 年 9 月,学校在学习借鉴的基础上,自主开发实施了学校的校本综合实践课程。在附校深度整合式教学理念的引领下,学校的综合课程建设逐渐走向跨学科的深度整合。	迄今为止,学校已在四个年级全面开设综合实践课程,收效十分明显。其中,"竹乐器"课程已成为市级共享课程,并被立项为首届上海市基础教育信息化课题,已在上海市千余所学校推广实施。

续 表

学校名称	实践背景	实践过程	实践成效
上海市五四中学	2018年4月，学校参加静教院附校承办的"全面转变教学方式的课程统整"现场会，经过现场会的启发，学校决定借鉴静教院附校TRIP课程项目的成功经验，以相关课程为抓手，推进深度整合式教学研究与实践。	2019年9月，学校在预备年级正式开设TRIP课程。课程内容包括校史文化的传承与城中环保袋的制作等。师资队伍也经历了从学科教师跨学科统整到教学团队的日臻完善。	经实践发现，学生在小组合作学习中的表现更为活跃，探索精神的引导会使课堂更为精彩，学生的活动体验也从初步的心理满足提升到自我效能的展现。
上海市崇明区裕安中学	在上海市加强初中建设工程中，学校有幸成为上海市静安区教育学院附属学校的结对学校。在趣谱课程的课程建设理念和课程架构的启发下，我们梳理重构了学校的"湿地家园"校本课程，以突破学校发展瓶颈。	根据课程实施需要，在校园中设置了开放性的学习情境，同时，将学生参与学习的态度、学习过程、取得的成果等转化为争章活动的评价指标，并在六、七、八年级分别设置了不同级别的争章认定。	学校"湿地家园"校本课程的优化与完善，提升了学生学习的自主性、积极性，赢得了家长的支持。
上海市闵行区浦江第三中学	学校于2012年引进静教院附校后"茶馆式"教学模式，并于上海市城乡携手互助项目中与静教院附校再次结对，2018年12月，学校计划引进了静教院附校趣谱课程的理论，并在其理论基础上开发了基于本校的TRIP课程。	随后，学校成功组建了TRIP课程团队，并顺利开发了基于本校学情的TRIP课程，学校TRIP团队愈加成熟，2019年至今开展了2次教师汇报活动，并举行了3场学生展示活动，至今有近800名学生参与到TRIP课程的项目化学习中。	在与静教院附校交流学习的过程中，TRIP课程已经成为浦江三中整体课程体系的重要组成部分，为学校教育改革与可持续发展奠定了坚实的基础。
上海市实验学校西校	2019年9月18—19日，学校选派信息中心组全体教师，积极参与静教院附校深度整合式教学（趣谱TRIP）课程应用培训与对话，在深入了解后，学校决定借鉴静教院附校趣谱课程项目的成功经验，着手进行TRIP课程教学研究。	学校从2019年9月起在六年级信息科技、劳技学科中进行了课程融合的项目化教学实践活动。教研组以劳技学科为主线、信息科技学科为辅助，重新对知识技能点进行梳理，开发了系列项目主题，进行教学实践。	通过TRIP课程的开展，教学逐渐实现从学科学习转变为项目学习，从独立学习转变为合作学习，从间接知识学习转变为直接知识学习，从组织方式、内容方式、活动方式等方面彻底改变了学校固有的教学模式，效果良好。

续表

学校名称	实践背景	实践过程	实践成效
奉贤肇文学校	2018年，借奉贤区"卓越教师"培养工程项目，校长万建平有幸成为张人利特级校长工作室的学员，近距离地学习了张人利校长及其团队潜心多年研究的趣谱课程，并将其整合到学校已有的实践基础，学以致用，融会贯通。	学校提炼静教院附校"积分银行"的优秀做法，同年成立石榴银行项目小组，试行"石榴银行"机制，建立学生综合评价体系，同时对学校原有的"肇启奉城古城文化"课程进行了二度开发，将原有章节内容融入趣谱课程，对其进行深度挖掘内化，形成了"五大主题、一大节庆"学生实践活动。	近年来，得益于静教院附校趣谱（TRIP）课程的灵感和经验共享，我校教师、学生的获奖情况喜人。2019年，学校创设的"'古城印象'跨学科课程"被评为奉贤区首批"品牌计划"特色实验校项目；2020年12月，"寻根古城贤韵：奉城制盐"课程获得上海市中小学中青年教师教学评选活动一等奖。
上海市崇明区城桥中学附属明志初级中学	2018学年，学校有幸加入城乡学校互助成长项目，依托静安教育学院附属学校的优质资源助力学校发展；2018年4月，学校参加静教院附校承办的"全面转变教学方式的课程统整"现场会。通过对静教院附校深度整合式教学（趣谱TPIP）课程教学的深入了解，学校决定借鉴静教院附校趣谱课程项目的成功经验，着手进行深度整合式教学研究。	2019年9月，学校组织劳技、美术、陶艺教师组成明志中学趣谱课程团队，积极实践探索趣谱课程教学。	通过实践探索发现学生在小组合作学习中的表现更为活跃，探索精神的引导使课堂更为精彩。此外，师生的陶艺作品在市、区级各类比赛中多次获奖，如我校倪诗雨同学的彩泥作品"上海援鄂医疗队"在上海市青少年创意彩泥"海派文化，生活在上海"主题的比赛中荣获一等奖。
上海金山区教师进修学院附属中学	2018年起，学校校长作为张人利校长的带教徒弟，践行张人利校长的办学理念，移植静教院附校的优秀教改成果，推进学校课程建设。	2019年9月，学校在预备年级和初一年级正式开设趣谱课程（如"小小建筑师：3D亲手建校""金山地区宗教寺庙探究"等一系列课程），实现了语文、数学、物理、信息技术、历史、地理、美术、体育、手工制作等学科的整合，使许多原本单一的学科知识之间实现了深度链接。	学校开展深度整合式教学探索和实践，丰富了学生的学习经历，提高了学生的学习兴趣和探究欲望，培养了学生的综合素质和关键能力。同时促进了学校学科教师间的联系和合作，拓宽了教师的教学眼界，促进了教师的专业成长。此外，我校师生的部分作品参加上海市相关比赛活动，获得了很好的名次。

续　表

学校名称	实践背景	实践过程	实践成效
上海市崇明区大新中学	2018年4月，学校组织部分行政人员和组长观摩了静教院附校承办的"全面转变教学方式的课程统整"现场会，通过聆听张校长的报告和现场观课，大家转变了有关学校教学改革的认识，进一步推进了学校的教学实践改革。	2019年9月，学校立足本校"树文化"特色，在预备年级正式开设以树文化探究为系列主题的趣谱课程。从叶脉书签的制作、树叶贴画、校史文化探究等课程开始一步步摸索，从学科教师跨学科统整到成立树文化探究的教学团队，一步步改进完善。	教师们慢慢在课堂上发现，学生在小组合作学习时的表现更为活跃，探索精神的引导也使得课堂更为精彩。同时趣谱课程形成的学习成果也为学生综合素质评价的创新精神和实践能力板块提供了丰富的资料。

第八章
吾将上下而求索

深度整合式教学研究取得了一定的成效,它注重对知识技能的综合运用,强化经验和生活对学生发展的价值。它从培养学生关键能力的视角出发定位课堂教学改革目标,形成了较为完整的教育教学体系并将其付诸教学实践。实践中又聚焦基于证据的教学改进,以行动研究为基础不断优化实施框架。这一系列的教改成效也促使学校在实践研究中不断反思:深度整合式教学力求重构、整合多门综合课程,那么综合实践活动的本质特征是什么?当前课程改革存在的问题又是什么?深度整合式教学实施的可行性及创新性体现在哪些方面?

一、课程综合化改革的突破

综合实践活动课程是我国新课程改革的结构性突破。它由地方统筹管理和指导,内容以学校开发为主,在重建新时代的课程观、教学观、学习观方面具有巨大的潜力。二十多年来,综合实践活动课程改革取得了巨大的成就,但在取得丰硕的理论和实践成果的同时,许多教师对综合实践活动课程改革的认识仍然模糊,我们还需要对其作出进一步的厘清与实践探索。

教育部于2017年颁布的《中小学综合实践活动课程指导纲要》明确指出:"综合实践活动是从学生的真实生活和发展需求出发,从生活情境中发现问题并将其转化为活动主题,通过探究、服务、制作、体验等方式,培养学生综合素质的跨学科实践性课程。"可见,综合实践活动课首先是一门课程,是国家规定的必修课,它与其他学科课程并列设置,是基础教育课程体系的重要组成部分。所以,综合实践活动课程的实施与否,并不需要讨论,这门课程必须开设甚至是创造条件开设。它与其他课程一样,发挥着各自独特的育人作用。其次,它是一门实践性课程,其实践性一方面体现在探究、服务、制作、体验等课程开设方式上,另一方面体现在依托主题开展活动的课程基本样态上,实践性是该课程的核心特征。最后,它是一门综合性课程。课程内容应从学生的真实生活和发展需要出发,提出问题,创设任务,学生要完成基于真实情境的活动任务,解决现实问题,必然需要运用多学科的知识和能力,这就要求学生具备多学科素养。毋庸置疑,跨学科的综合是该课程的基本特征。

二、反思课程综合化改革

中国学生发展核心素养以"全面发展的人"为核心,分为文化基础、自主发展、社会参与三个方面,综合表现为人文底蕴、科学精神、学会学习、健康生活、责任担当、实践创新六大素养,全面体现了国家对培养具有核心素养创新型人才的高度重视。综合实践活动课程作为一门着眼于学生直接经验、回归学生生活世界、关注学生亲身实践的课程,其目标是培养"具有价值体认、责任担当、问题解决、创意物化等方面的意识和能力"的创新型人才。由于该课程在内容和实施方式上与传统学科课程存在巨大差异,也鉴于没有国家统编教材,缺乏专职教师,教师对于课程的性质不能准确把握等原因,许多学校在课程教学过程中仍存在诸多问题:

(1) 课程地位边缘化。综合实践活动课作为一门综合型、经验型课程,可以在很大程度上弥补分科课程的缺失,本应该受到广大学校的充分重视。但在"分数至上"、应试教育依然盛行的今天,综合实践活动经常被"主课"挤占、取代,特别是在初中和高中阶段,综合实践活动课程基本难以正常开设,在整个学校课程体系中处于"边缘"地位。

(2) 课程内容狭窄化。综合实践活动课程的内容要面向学生的整体世界,教师要基于学生已有的经验、兴趣等问题,打破学科界限,选择综合性的活动内容,鼓励学生开展跨领域、跨学科学习。但是在现实中,很多学校直接用单纯的劳技课、信息技术课或团队活动替代综合实践活动,使得课程内容被严重窄化。

(3) 教学方式滞后化。传统分科教育由来已久,综合实践活动课的老师在教学观念和教学方式上难以摆脱惯性,教学能力远远达不到课程的要求。在实践过程中,常常会出现教师代替学生选择研究主题,在制定方案、组织活动和汇报展示等环节也大包大揽等情况。还有很多老师直接用学科中惯用的教授法来给学生讲综合实践课,根本不给学生自主活动、探究的机会,这种滞后的教学方式直接影响课程价值的实现。

三、深度整合式教学的创新价值

为推动师生教学观念和方式的转变,提升综合实践活动课程的教学实效,我校对多门适合主题教学的国家综合课程进行统整实施,形成了国家课程校本文化实施新样态——深度整合式教学,它有效契合了综合实践活动课程的价值追求。

一是成功地进行了学生关键能力培育的实践探索,直面我国基础教育中的"短板",并形成具有普适性的深度整合式教学样态。

二是为过程性评价、多维度评价提供了一个可操作的课程样式。趣谱(TRIP)课程注重形成性评价,着眼于课程的实施过程和学生的发展状态,力图通过评价内容、评价方式的多元化来促进课程体系及实施环境的优化,促进学生的主体性发展。

三是成功地以学校自身的力量,打造了一支能全面优化教学方式并在不同教学场景中恰当应用的师资队伍。

四是成功地赋予信息科技高度的教育智慧,从而构建适合"做中学"的教、学、评、融为一体的信息化教学平台,创设满足学生多种学习方式需求的现代学习空间。

四、改革无涯,踔厉前行

近代思想家梁启超呼吁,"少年强,则中国强",揭示了国家富强的根本依据。中国现代化教育的目标在于培养社会主义强国建设与民族复兴的优秀人才,也就是说,只有中国的少年成长为新时代富有时代精神与创新精神的强者,中国的现代化才有希望。这个宏伟目标的实现不仅需要全社会无比重视青少年的成长,还需要我们的教育为宏伟目标的实现奠定坚实的基础。我校此项"深度整合式教学"研究就是为了实现上述目标作出基础教育的贡献。虽然我们已经取得一些成绩,但教育改革的历程是漫长与艰辛的。伟大的革命导师马克思说过,在科学的道路上,只有在崎岖的道路上艰苦探索与不断攀登,才能达到理想的彼岸。我与我的同伴们永远将导师的名言作为行动的座右铭,发扬"吾将上下而求索"的精神,踔厉奋行,为教育事业作出应有的贡献。

后　记

捧着散发油墨清香的书稿,我感慨万千。"深度整合式教学"研究能取得今天的成功,得益于静教院附校数十年如一日的良好教改氛围,得益于张人利校长引领下学校形成的大胆创新、敢为天下先的精神品质。浸染在这种浓厚的求真、求实的科研环境中,我与我的同事们努力地在实践探索中培养自身的科研素养,在教育改革的道路上茁壮成长。本书完稿后,我深深地感悟到,在教育事业的理念方面,应有人民教育家陶行知先生的"捧着一颗心来,不带半根草去"的献身精神;在科学理性的求证方面,应站在"巨人的肩膀上"借鉴传承前辈与先哲的科研成果;在追求人民教育事业发展的道路上,应有鲁迅先生"俯首甘为孺子牛"的淡泊名利,埋头苦干的做人品质。

中国近代国学大师王国维先生曾生动地描述学术研究的三重境界:第一境界是"昨夜西风凋碧树,独上高楼,望尽天涯路",非常契合我们这项研究,包括开始前的规划、执着的追求、坚定的信念、高瞻远瞩且明确的奋斗目标;第二境界是"衣带渐宽终不悔,为伊消得人憔悴",这句话真切地描述了我与同事们在实践探索中的心路历程,以及不惜一切对事业进行追求的勇气和执着;第三境界是"众里寻他千百度,蓦然回首,那人却在灯火阑珊处",我们的研究经过多年的辛苦,多次磨砺和周折,终于寻觅到真理的光芒,并收获成功的喜悦。

本书稿的面世恰如呱呱坠地的新生儿,昭示着强盛与朝气蓬勃的生命力。我与我的同事们将在教改的道路上一如既往,不断追寻,正如三千年前爱国主义诗人屈原曾呐喊的"路漫漫其修远兮,吾将上下而求索",我们将不负人民与教育前辈的殷切希望,让基础教育改革绽放迷人的光彩。

高　燕
2022 年 12 月